本教材受到宁波大学公共管理专业研究生教育创新实践基地和研究生重点建设课程资助

Management Communication

高等院校工商管理系列

管理沟通

理论与实践

赵振宇 /主编

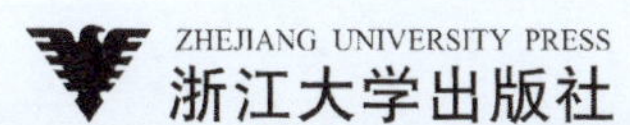
ZHEJIANG UNIVERSITY PRESS
浙江大学出版社

图书在版编目（CIP）数据

管理沟通：理论与实践／赵振宇主编. —杭州：浙江大学出版社，2014.12（2022.7 重印）

ISBN 978-7-308-14054-6

Ⅰ.①管… Ⅱ.①赵… Ⅲ.①管理学 Ⅳ.①C93

中国版本图书馆 CIP 数据核字（2014）第 265567 号

管理沟通：理论与实践

主编　赵振宇

责任编辑　朱　玲
封面设计　春天书装
出版发行　浙江大学出版社
（杭州市天目山路 148 号　邮政编码 310007）
（网址：http://www.zjupress.com）
排　　版　杭州青翊图文设计有限公司
印　　刷　广东虎彩云印刷有限公司绍兴分公司
开　　本　787mm×1092mm　1/16
印　　张　15.25
字　　数　360 千
版 印 次　2014 年 12 月第 1 版　2022 年 7 月第 6 次印刷
书　　号　ISBN 978-7-308-14054-6
定　　价　49.00 元

前 言

在现代管理过程中，沟通比以往任何时候都显得更为重要，以至于说管理过程即为沟通过程一点也不为过。在管理过程中，如何确保沟通渠道畅通？在工作中如何与上司、下属、同事进行有效沟通？管理者怎样进行有说服力的演讲？在管理过程中如何做到有效倾听？在遭遇突如其来的危机时，面对媒体如何进行有效沟通？当存在多元文化差异时，如何应用跨文化沟通技巧化解矛盾？这些都是各层面的管理者所面临的共同问题。结合这些问题，尤其是结合管理沟通教学实践，编者编写了这本《管理沟通：理论与实践》。本书在介绍西方管理沟通理论的同时，加入了中国传统文化——国学精华，作为中国式管理沟通的文化基础，从中西方文化融合的角度阐述真正贴合本土实际的沟通原则与策略，并通过对大量本土案例的分析，为读者打开沟通方法的融会贯通之门。

《管理沟通：理论与实践》分为四篇，总共十六章。第一篇：管理沟通基本理论。包括沟通概述、管理沟通、建设性沟通、沟通环境分析等四章，阐述管理沟通的基本理论，为管理实践操作奠定基础。第二篇：管理沟通基本策略。包括沟通风格与应对策略、沟通障碍与突破、沟通主体策略、沟通客体策略等四章，从组织沟通策略的层面探讨管理沟通的实战技巧，案例尽可能贴近管理实践。第三篇：管理沟通基本技能，包括面谈、说服、演讲、倾听、书面沟通等五章，从沟通技能提升的角度，运用大量实战案例进行阐述分析，力求切合管理实际。第四篇：管理沟通热点问题。包括危机沟通、团队沟通、跨文化沟通等三章，通过对管理沟通热点问题的分析以及策略的提出，为学习者在管理实践中更好地运用沟通策略提供借鉴。

本书主要特点有两个方面。首先，理论阐述简明扼要。长期以来，在“管理沟通”课程的教学中往往偏重技巧训练，忽视对理论的关注。经过国内外学者几十年的不懈努力，比较成熟、完整的管理沟通理论体系已经形成，其表现形式已由单项层级命令链式的沟通模式转向双向互动交流式的沟通模式。本书较为系统地介绍了管理沟通相关理论，这样不仅有利于学习者完整而系统地把握管理沟通理论，而且为学习者有效地学习和掌握沟通技巧奠定了坚实的基础。其次，实际操作性强。“管理沟通”是一门实践性很强的课程,管理沟通与其说是一门科学,不如说是一门艺术。掌握一门艺术离不开实践和积累。本书设计的情景模拟、实战演练、角色扮演以及案例分析等环节,都是为了增加本书的可操作性,使学习者在学习中更好地掌握沟通技巧,并加深对沟通理论的理解。

《管理沟通:理论与实践》不仅是编者多年企业、机关、社区管理实训经验的浓缩与总结,也是多年 MBA、MPA 与本科教学经验的积累,不仅仅面向高等院校经济管理类专业本科生与研究生,而且也适合机关企事业单位中希望进行高效沟通的各层次管理人员,普通读者也可通过《管理沟通:理论与实践》了解沟通基本技巧并提高自己的沟通技能,从而提高沟通效率。

本书有些观点是编者在教学科研中的点滴体会,不一定成熟,敬请专家、同仁及广大读者提出宝贵意见。

赵振宇

2014 年 8 月

目　录

第一篇　管理沟通基本理论

第二篇　管理沟通基本策略

第三篇　管理沟通基本技能

第四篇 管理沟通热点问题

管理沟通基本理论

第一章　沟通概述

第一节　沟通基本原理

一、认识沟通

在我们的日常生活中，沟通无处不在。下面以编者某一天的日常生活、工作为例，列举我们身边的沟通现象：

1. 早上7:00，早饭的时候和女儿聊聊最近她的学习情况。
2. 早上7:30，上班之前要和妻子谈谈岳母大病初愈后的身体情况。
3. 上午8:30，和研究生谈谈论文的选题和结构。
4. 上午9:30，和院领导商量一下有关省重点专业建设汇报工作。
5. 中午12:30，和妻子商量购买住房的贷款问题。
6. 下午1:30，要和同事商量有关学科建设的问题。
7. 下午3:00，作为教师代表参加学校组织的青年教工座谈会。
8. 晚上6:00，给学生上《管理沟通》。

这几乎是每一个大学老师，每天都要面对的工作。我们来看看，有多少事情需要沟通？

我们身边的亲人、朋友、同事、领导也经常提到要和某某人沟通沟通。各行各业，无论是会计、社会工作者、工程师，还是医生、护士、教师、推销员、管理者，有效的沟通对于他们都非常重要。正如著名学者埃利斯和威廷顿指出的那样，很少有哪项工作不需要相互沟通，特别是从事管理工作的人在与其他部门或人进行工作接触时，沟通的技能显得非常重要。显然我们可以得出一个结论：沟通无处不在。但是，这里所讲的沟通与生活中我们经常提到的沟通存在一定的差别，或者说部分读者在学习这门课之前可能存在对沟通的几种认识误区。

第一种误区：沟通就是讲话、聊天。

比如：某天早上，一位下属见到领导打声招呼的行为，算不算沟通？中国人早上见面经常打招呼，比如："吃了吗？"其实这是一句客套话，相当于外国人早上见面说"Morning"或者"Hello"，他并不关心领导吃还是没吃。但是，如果我们利用和领导早上偶然相遇的机会，口头汇报一件重要的工作，取得领导的认可和支持，这就是沟通。

沟通除了讲话，还可以通过文字进行，例如：

在繁华的巴黎大街的路旁,站着一个衣衫褴褛、头发斑白、双目失明的老人。她不像其他乞丐那样伸手向过路行人乞讨,而是在身旁立一块木牌,上面写着:"我什么也看不见!"街上过往的行人很多,那些穿着华丽的绅士、贵妇,那些打扮漂亮的少男少女们,看了木牌上的字都无动于衷,有的还淡淡一笑,便姗姗而去了。

这天中午,法国著名诗人让·彼浩勒也经过这里。他看看木牌上的字,问盲老人:"老人家,今天上午有人给你钱吗?"

"唉!"老人叹息着回答,"我,我什么也没有得到。"

让·彼浩勒听了,沉吟了一下,把木牌悄悄翻过来,拿起笔写上"春天到了,可是我什么也看不见!"几个字,之后把自己的钱给了她,说:"够您吃一顿饭了。"然后就匆匆地离去了。

晚上,让·彼浩勒又经过这里,询问老人下午的收入情况,老人笑着对诗人说:"先生,不知为什么,下午给我钱的人多极了!"让·彼浩勒听了,也摸着胡子满意地笑了。

"春天到了,可是我什么也看不见!"这富有诗意的语言,产生这么大的作用,就在于它有非常浓厚的感情色彩。是的,春天是多么美好,那蓝天白云,那绿树红花,那教堂尖顶的莺歌燕舞,那塞纳河畔嬉戏的孩子,怎能不叫人陶醉呢?但这良辰美景,对于一个双目失明的人来说,只是一片漆黑。这是多么令人心酸呀!当人们想到这个盲老人连万紫千红的春天都看不到,怎能不对他产生同情之心呢?

除了口头沟通、书面沟通,还可以通过肢体行为进行沟通。比如:办公室同事刚刚挨领导批评了,你忙上前安慰,可能你的同事未必领情。你不妨让她冷静冷静,然后端上一杯咖啡。也许这个举动很快就能拉近你和同事的关系,正所谓"此时无声胜有声"。

第二种误区:沟通很简单,随时随地可以进行。

沟通不是简单学来的,而是用心修来的。如果不做充足的精神准备,贸然和对方接触,往往会导致沟通失败;如果不进行沟通品质的提升,想在一夜之间成为沟通高手,也是天方夜谭。沟通首先一定要有目标,通过沟通不仅可以传递和获取信息、改善人际关系,而且可以提高组织管理绩效。所以沟通必须经过精心设计和巧妙安排,特别是在管理过程中的沟通。

第三种误区:沟通就是顺风说好话。

沟通不是顺风说好话,更不是见人说人话,见鬼说鬼话。如果有人与我们意见不同,不少人认为此人未能完全领会我们的看法,换句话说,很多人认为良好的沟通是使别人接受自己的观点。事实上,沟通双方能否达成一致协议,别人是否接受自己的观点,往往并不是沟通良好与否这一个因素决定的,它还涉及双方根本利益是否一致、价值观念是否类同等其他关键因素。例如在谈判过程中,如果双方存在着根本利益的冲突,即使沟通过程中不存在任何噪声干扰,谈判双方沟通技巧十分娴熟,往往也不能达成一致协议,即使沟通双方每个人都已充分理解了对方的观点和意见。所以,沟通是在合适的时间、合适的地点(场合),表达合适的观点,最终的目的是让沟通对象理解你、接受你。从这个角度理解,

“沟”就是信息的交流，“通”则是达成共识。

美国著名财经杂志《产业周刊》评选的全球最佳 CEO——乔尔玛·奥利拉说，一个称职的 CEO 要具备的素质有两条：首先是沟通的能力；还有就是对人进行管理的能力。

美国著名学府普林斯顿大学对 1 万份人事档案进行分析，发现：“智慧”、“专业技术”和“经验”只占成功因素的 25%，其余 75%决定于良好的人际沟通。

哈佛大学就业指导小组调查结果显示，在 500 名被解职的男女中，因沟通不良而导致工作不称职者占 82%。①

二、沟通过程

沟通是一个经常使用的术语。对于什么是沟通，美国威斯康星大学的 F. 丹斯教授曾统计过：人们关于沟通的定义，已达 126 种之多。他把沟通定义为：某一信息（或意思）传递给客体或对象，以期取得客体做出相应反应效果的整个过程。完整的沟通过程包括八个要素，我们可以用图 1-1 来表示。

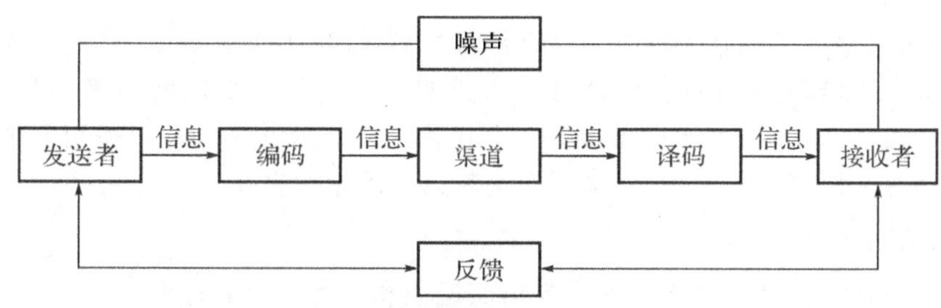

图 1-1　沟通的一般过程

(1)发送者，即沟通的主体。

(2)信息，发送者将要传递的真实内容。

(3)编码，指沟通主体对将要发出的信息进行加工和整理的过程。

(4)渠道，或称沟通媒介。

(5)接收者，即沟通的客体。

(6)译码，指客体对接收到的信息做出解释、理解的过程。

(7)反馈，接收者对信息的反向传递过程，可以确定信息被理解程度。

(8)噪声，或称沟通障碍，在整个沟通过程中，所有的环节都受到各种障碍的干扰。障碍是妨碍信息沟通的任何因素，它存在于沟通过程的各个环节，并有可能造成信息失真。如模棱两可的语言、难以辨认的字迹、不同的文化背景等都是障碍。

从沟通过程可以看出，有效沟通应该是一个双向互动、循环往复的闭合过程。

---

① 姚晓君. 企业管理中的有效沟通分析. 辽宁行政学院学报，2009(11).

三、沟通分类

在沟通过程中,根据沟通符号的不同,沟通分为语言沟通和非语言沟通,语言沟通又包括书面沟通与口头沟通;根据沟通的结构性和系统性,沟通分为正式沟通和非正式沟通;根据在群体或组织中沟通传递的方向,沟通分为向上沟通、向下沟通和平行沟通;根据沟通中的互动性,沟通分为单向沟通与双向沟通;根据发送者和接收者的角度,沟通分为自我沟通、人际沟通与群体沟通。

1. 语言沟通与非语言沟通

根据沟通符号的不同,沟通分为语言沟通和非语言沟通,最有效的沟通是语言沟通和非语言沟通的结合。

(1)语言沟通

语言本身就是力量,语言技巧是我们最强有力的工具。就像"花言巧语"可以帮助一个人获得他人的感情,一个敢于站起来说话的人可能成为领导者等。语言可以帮助你获得他人的理解,并使你与他人的沟通变成了可能。

(2)非语言沟通

美国加州大学洛杉矶分院(UCLA)的研究者发现,在面谈中,信息的55%来自于身体语言,38%来自于语调,而仅有7%来自于真正的语言。可见表达能力绝不只是你的"口才",非语言表达方式和语言同样重要,有时作用甚至更加明显。人们控制要说的话比较容易,而控制身体语言却不容易,身体语言会将人的思想暴露无遗。

2. 口头沟通与书面沟通

按照语言载体的不同,语言沟通又有口头沟通和书面沟通两种形式。

(1)口头沟通

最常用的信息传递方式是口头沟通,可以通过面谈、小组讨论、电话等方式与人进行口头沟通。口头沟通的优点在于快速传递和快速反馈,信息可在最短的时间内进行传送,并在最短的时间内得到回复,及早发现错误,使信息准确传递。但是,口头沟通失真的潜在可能性很大。

(2)书面沟通

书面沟通包括信函、各种出版物、传真、平面广告、浏览网页、电子邮件、即时通信、备忘录、报告和报表等任何传递书面文字或符号的手段。选择书面沟通是因为它有形而且可以核实。对于复杂或长期的沟通来说,书面沟通可以查询信息内容记录。书面沟通还可以使人更周密地思考,因为其往往会更为严谨、逻辑性强。当然书面沟通也存在耗费时间、缺乏反馈等缺陷。

3. 正式沟通和非正式沟通

根据沟通的结构性和系统性,沟通分为正式沟通和非正式沟通。

(1)正式沟通

正式沟通就是按照组织结构所规定的路线和程序进行的信息传递和交流,如组织间的信函往来、组织内部的文件传达、汇报制度等。但是正式沟通往往比较刻板,沟通速度很慢,层层传递之后存在信息失真或扭曲的可能。

(2)非正式沟通

非正式沟通就是运用组织结构以外的渠道所进行的信息传递与交流，如员工私下交谈、小道消息等。非正式沟通具有迅速、交互性强、反馈直接、较灵活等特点。其缺点是沟通难以控制、传递信息容易失真，而且还有可能影响组织的凝聚力和向心力。

4. 向上沟通、向下沟通和平行沟通

根据在群体中沟通传递的方向，沟通分为向上沟通、向下沟通和平行沟通。

(1)向上沟通

向上沟通是指居下者向居上者陈述实情、表达意见，如臣对君、子对父、下属对上司等。积极的向上沟通可以为员工提供参与管理的机会，营造开放式氛围，提高企业创新能力。

(2)向下沟通

向下沟通与向上沟通正好相反，是居上者向居下者传达意见、发号施令等。要想沟通顺畅，上司要降低自己的姿态，不能端架子，避免下属产生不愿意沟通的反感情绪。

(3)平行沟通

平行沟通是指同阶层人员的横向联系，如公司内部同级部门之间都需要平行沟通，以促进彼此的了解、加强合作，免得产生隔阂、影响团结。平行沟通的目的是交换意见，以求心意相通。

向上沟通、向下沟通，彼此之间比较容易找到合理的平衡点。平级之间却很容易产生“谁怕谁”的心态，对沟通十分不利。中国人是讲交互的，“你敬我一尺，我敬你一丈”，所以，要先从自己做起，你尊重对方，对方也自然会尊重你，这样才方便沟通。

5. 单向沟通与双向沟通

根据沟通的互动性，沟通分为单向沟通和双向沟通，两者各有优缺点，应学会在不同的情况下选择合适的沟通方式。

(1)单向沟通与双向沟通的含义

单向沟通是指在沟通过程中，信息发送者负责发送信息，信息接收者负责接收信息，信息在全过程中单向传递，没有反馈。双向沟通是指信息发出者和接收者之间进行双向信息传递与交流。在沟通中双方位置不断变换，沟通双方往往既是发送者又是接收者。

(2)单向沟通与双向沟通的比较

单向沟通与双向沟通的比较如表 1-1 所示。

表 1-1　单向沟通与双向沟通的比较

项　目	比　较
时间	双向沟通比单向沟通耗费更多的时间
信息准确度	双向沟通中，信息发送与接收的准确性大大提高
沟通者的自信度	双向沟通的接收者产生平等感和参与感，增加自信心和责任心，双方都比较相信自己对信息的理解

续表

项　目	比　较
满意度	双向沟通的双方对沟通的满意度一般更高
噪声	双向沟通中与主题无关的信息较易进入沟通过程,双向沟通的噪声比单向沟通要大得多

管理者应当学会在不同情景下适当地选择单向沟通与双向沟通。一个组织如果只重视工作的快速与成员的秩序,宜采用单向沟通;如果要求工作的正确性高、重视成员的人际关系,则宜采用双向沟通。从领导者个人来讲,如果经验不足,无法当机立断,或者不愿下属指责自己无能,想保全权威,那么单向沟通对他有利。

6. 自我沟通、人际沟通与群体沟通

自我沟通是人们自身内在的沟通,包括思想、情感、看待自己的方式;人际沟通是一对一的沟通;群体沟通是少数人聚在一起解决某个问题。

(1)自我沟通

自我沟通是指人的思想、情感以及看待自己的方式。你是唯一的发送者和接收者,信息由思想和情感构成,大脑是渠道,使所思所想时刻发生改变。

(2)人际沟通

人际沟通是指人和人之间所进行的信息和情感的传递与交流。人际沟通在形成组织规范、协调人际关系、实现组织目标和加强组织领导方面是一个举足轻重的因素。

(3)群体沟通

群体沟通是指组织中两个或两个以上相互作用、相互依赖的个体,为了达到基于其各自目的的群体特定目标而组成的集合体,并在此集合体中进行交流。群体沟通具有维持群体、评价和导向成员思想和行为以及限制成员思想和行为的功能。

四、沟通网络

沟通网络指的是信息流动的通道。这种通道主要有两种。

1. 正式沟通网络

正式沟通网络一般是垂直的,遵循权力系统,并只进行与工作相关的信息沟通。图 1-2描述了 5 种主要的小群体网络类型:链式、轮式、环式、Y 式和全通道式。

(1)链式

链式是信息在组织成员间只进行单线、顺序传递的犹如链条状的沟通网络形态。在这种单线串联的沟通网络中,居于两端的成员只能与其内侧的一个人联系,居中的成员则可分别与两侧的两个人联系。成员之间的联系面很窄,平均满意度较低。信息经层层传递、筛选,容易失真,最终一个环节所收到的信息往往与初始环节发送的信息差距很大。在现实组织中,严格按直线职权关系和指挥链系统而在各级主管人员间逐级进行的信息传递就是链式沟通网络应用的实例。

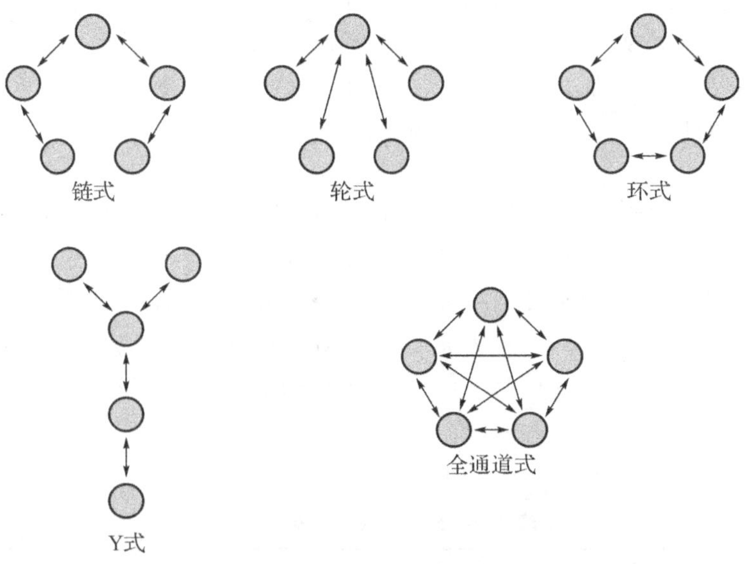

图 1-2 正式沟通网络

(2)轮式

轮式网络中的信息是经由中心人物而向周围多线传递的,其结构形状因为像轮盘而得名。在现实中,轮式沟通网络大致相当于一个领导直接面向有关组织成员进行沟通的仅两个层次的组织沟通系统。此网络中只有领导人物是各种信息的汇集点与传递点,其他成员之间没有相互的交流关系,所有信息都是通过他们共同的领导人进行交流,因此,信息沟通的准确度高,解决问题速度快,主管人员控制力强,但其他成员满意度低。轮式网络是着眼于加强组织控制而采取的一种沟通结构形式,此网络中的领导者在成为信息交流和控制中心的同时可能面临着信息超载的负担。一般来说,轮式网络适合于组织接受紧急任务,需要进行严密控制,同时又要争取时间和速度的情形。

(3)环式

环式网络可以看作是将链式形态下两头沟通环节相连接而形成的一种封闭式结构,它表示组织所有成员间都不分彼此地依次联络和传递信息。环式网络中的每个人都可同时与两侧的人沟通信息,因此大家地位平等,不存在信息沟通中的领导或中心人物。采用环式沟通网络的组织,集中化程度比较低,组织成员具有较高的满意度。但由于沟通的渠道窄、环节多,信息沟通的速度和准确性都难有保证。如果组织中需要创造一种能激发高昂士气的气氛来实现组织目标,环式沟通是一种行之有效的方式。

(4)Y 式

Y 式实际上是轮式与链式相结合的纵向沟通网络。与轮式网络一样,Y 式网络中也有一个成员位于沟通网络的中心,成为网络中因拥有信息量大而具有权威感和满足感的人。现实中经常看到的是倒 Y 式网络形态。比如,主管、秘书和几位下属构成的倒 Y 式网络,就是秘书处于沟通网络中心地位的一个实例,由此我们不难理解为何秘书的职位并不高却常拥有相当大的权力。组织中的直线职能系统,也是一种变形的 Y 式网络,它大致相当于主管领导从几位参谋人员处收集信息和建议,形成决定后再向下级人员传达命令这样一种信息联系方式。通常,当主管人员的工作任务十分繁重,需要有人协助筛选信息和提供决策依据,同时又要对组织实行有效控制的时候,适合采用这种 Y 式沟通网络。此网络组织中人员的士气比较低,同时,与轮式网络相比较,因为增加了中间的过滤和中转环节,容易导致信息曲解或失真,因此沟通的准确性也受到影响。

(5)全通道式

这是一个全方位开放式的沟通网络系统,所有成员之间都能进行相互的不受限制的信息沟通与联系。采取这种沟通网络的组织,集中化程度低,成员地位差异小,所以有利于提高成员士气和培养合作精神。同时,这种网络中具有宽阔的信息沟通渠道,成员可以直接、自由而充分地发表意见,有利于集思广益,提高沟通的准确性。因此,全通道式沟通网络在沟通过程中通常费时较长,从而会影响工作的效率。以委员会方式来运作的组织,就是全通道式沟通网络的应用实例。①

五种沟通网络效能比较如表 1-2 所示。

表 1-2 五种沟通网络效能比较

评价标准	链式	Y 式	轮式	环式	全通道式
集中性	适中	较高	高	低	很低
速度	适中	快	1. 快(简单任务) 2. 慢(复杂任务)	慢	快
正确性	高	较高	1. 高(简单任务) 2. 低(复杂任务)	低	适中
领导能力	适中	高	很高	低	很低
团队成员满意	适中	较低	低	高	很高
示例	命令 链锁	领导任务 繁重	主管对四个部属	工作任务 小组	非正式沟通 (秘密消息)

每一种网络的有效性取决于你所关注的因变量是什么。如果管理者看重解决问题的速度,那么使用轮式和全通道式是最好的;如果看重信息传递的精确度,那么链式、Y 式和轮式是最好的;如果看重领导者的产生,则需要用轮式沟通模式;如果看重通过信息沟通来增加员工的满足感,则最好使用环式和全通式。故没有一种网络在所有的情况下都是最好的。

2. 非正式沟通网络

非正式沟通网络指的是以社会关系为基础,与组织内部明文规章制度无关系的沟通渠道。这种沟通不受组织监督,也没有层次上的限制,是由员工自行选择进行的,如员工之间的交谈,议论某人某事,传播小道消息、流言等等。非正式沟通传播的信息又称"小道消息"。

非正式沟通渠道虽不是由组织明文规定建立的,但非正式沟通不仅能真实地表露或

---

① 张迎跃. M 公司管理沟通研究. 云南大学硕士学位论文,2013.

反映人们的思想动机，而且往往提供了正式沟通难以获得或不便获得的信息，同时，非正式沟通的速度也是正式沟通所无法比拟的。如打一个电话向另外一个部门请教一个问题，只需几分钟就可以解决，但若依照正式沟通的程序来进行，需要层层批准，则可能要花上一整天的时间。

非正式沟通有以下基本特征：

第一，非正式沟通渠道内的信息是不完整的，无规律可循，不能作为决策的依据。

第二，非正式沟通涉及较多的有关情感和情绪的问题，有很强的个人感情色彩，容易被出自不同动机的人所利用。

第三，非正式沟通的建立与个性的相似性有关，"趣味相投"者更容易沟通，更易形成合作、凝聚力强的工作群体或小团体。

第四，非正式沟通传播速度较快，如果信息与他本人或其亲朋好友有关，则传递得更好。

第五，非正式沟通是正式沟通状态的晴雨表。一般来讲，在企业内正式沟通不畅时，非正式沟通才会丰富起来，正式沟通越不畅，非正式沟通越活跃。

与正式沟通渠道一样，非正式沟通渠道也有自己的沟通模式。非正式沟通模式主要有单串型、饶舌型、集合型和随机型，如图 1-3 所示。

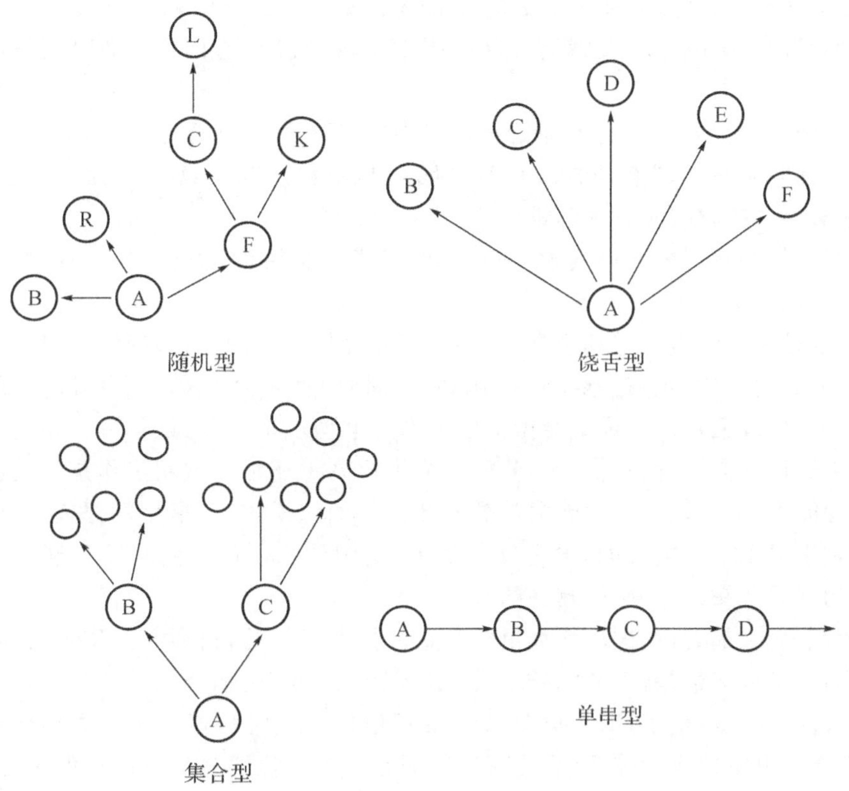

图 1-3　非正式沟通网络

（1）单串型：在个人之间相互转告。信息在非正式渠道中依次传递，把信息传播到最终的接收者。

(2)饶舌型:某人告诉大家。信息由A传递给每个人,A是非正式渠道中的关键人物,他主动把信息传播给其他很多人。

(3)集合型:一些人有选择性地转告他人。信息由A传递到几个特定的人B、C、D,然后再由他们传递给另一些人。

(4)随机型:个人之间随机地相互转告。信息由A随机地传递给某些人,某些人再随机地传递给另一些人。

任何组织都或多或少地存在着非正式沟通途径。对于这种沟通方式,主管者既不能完全依赖用以获得必需的信息,也不能完全加以忽视,而是应当密切注意错误或不实信息发生的原因,设法提供给组织人员正确而清晰的事实,对错误或不实信息的传播加以防止。

第二节　沟通品质修炼

一个学生总是在老师午夜休息的时候给他打电话,请教关于毕业论文的问题。老师总想找个机会善意地提醒他一次。终于机会来了。在一次师生聚会的时候,有同学问候老师的身体健康状况。他说:"虽然已进不惑之年,但是各项指标都还不错。只是睡眠很差,尤其怕深夜有人打电话,接了电话就再也睡不着了。"话音刚落,这个学生站起来,说了句:"老师你可以尝试吃一点安眠药。"这个同学不仅错误地选择了沟通时间,也缺乏必备的沟通品质。

还有一个学生在QQ上给老师留言:"你在吗?"老师当时看见了,马上回了句:"我不在。"他说:"你明明在呀。"老师答道:"我明明就是不在。"其实这个学员失去了沟通的前提,那就是对信息接收者起码的尊重。

所以有些问题我百思不得其解:我每天给各类学员讲课,去讲"如何有效沟通",但讲完之后,大多数学员还是老一套,我行我素。后来我明白了一个道理:沟通与其说是一门技术,不如说是一种能力。与其说是学来的,不如说是修来的。技术是可能通过短期的培训,在较短的时间内达到一定水平的。比如说你做饭做不好,给你几个月的时间,看看菜谱,练习练习,也许家常便饭你就会做。如果你的电脑水平很差,送你一台笔记本电脑,练习了半年之后你就会了,而且估计你的操作能力比高手还强。这些工作是一门技术,但是沟通是一种能力,但凡任何一种能力都需要几十年的积累,甚至毕生的修炼。高深的技术对于领导者来说不是最重要的,但是领导能力、组织能力、管理能力、协调能力、沟通能力对于优秀的领导者来讲,是必须具备的。

《西游记》大家都看过,这里面孙悟空就是做技术工作的,唐僧的工作主要体现在能力上。唐僧的技术水平很差,不会降妖伏魔,不会七十二变,更不会腾云驾雾,每次不是被大风刮跑了,就是掉水坑里了,看了几集我们发现唐僧好衰呀!但是不管遇到任何挫折、任何困难,唐僧总是坚持着,"徒儿们,往西!"往西是什么?往西是目标啊!但是孙悟空就不然了,孙悟空这个人技术水平很好,每次都是他出的力最多,但这个人的能力特别是沟通能力很差。所以唐僧是领导者,孙悟空是被领导者。《西游记》没有孙悟空可能无所谓,照样取经,只不过十年取不了,要二十年、三十年。但是没有唐僧,《西游记》就不是西游记了,充其量算"铿锵三人行"。因此,作为一个优秀的管理者来讲,首先要培养和提高的就是沟通能力。

有关媒体做了一项调查:“《西游记》里四个主人公,不算那匹白马,哪一个最受欢迎?”调查结果出乎很多人的意料,答案是猪八戒。猪八戒有什么能力啊?协调能力。猪八戒群众基础非常好,协调能力强,不给别人增加压力,常常暴露一些小缺点。这些都为他赢得了不少的好评。

为了掌握高品质的沟通能力,不仅需要学习一些基本技巧和方法,更需要沟通品质的自我修炼。

在开始沟通品质修炼之前,下面请各位读者做一个简单的自我测试,看看自身的沟通品质到底是一种什么样的状态。

自我测试(每道题 10 分,共 100 分)

如果下面我提到的,您一点都做不到,那就给自己打 1 分;做不到,打 3 分;基本做不到,打 5 分;基本做得到,打 7 分;做得到,打 9 分;完全做得到,打 10 分。

1. 如果你的同事取得了成绩,你会真心为他喝彩吗?　(　　)

2. 如果你的同事把本该做好的事搞砸了,你一定会鼓励他吗?　(　　)

3. 面对有困难的人,你会给予力所能及的帮助吗?　(　　)

4. 当你和他人讨论问题时,始终能就事论事,而非针对个人吗?　(　　)

5. 如果你的团队出现了危机,你能始终保持自信的勇气和乐观的态度吗?　(　　)

6. 当你是领导,而下级把事情搞砸了,你会鼓励他们吗?　(　　)

7. 在你与他人沟通时,你会用微笑激发出对方的自我价值和自尊意识吗?　(　　)

8. 如果你开车经过小区门口,门卫向你致敬,你一定会点头或者鸣笛示意吗?　(　　)

9. 最近你给员工分配了一项新的工作,但他的工作情况却令人失望,你会帮他解决问题吗?　(　　)

10. 因为你决策上的失误使团队蒙受损失,作为领导你会主动承担责任,并积极采取措施应对吗?　(　　)

如果您的分数在 85～100 分,说明您具备高品质的沟通修养,只要掌握一定技巧一定会成为沟通高手;如果您的分数在 65～85 分,说明您的沟通品质略高于平均水平,有些修养尚需要提高;如果您的分数在 65 分以下,说明您需要努力提高您的沟通修养,距离成为沟通高手还有很长的路要走。

到底沟通需要哪些沟通品质的修炼呢?下面从三个方面来谈。

一、正心:真诚、尊重

1. 真诚

傅雷——一个人只要真诚,总能打动人。

A 君是一家保险公司的资深业务员,他已从事保险营销工作 6 年了,他的业绩一直是全公司最好的。

别人问他成功的秘诀是什么? 他笑笑说:“我没有什么秘诀可言,即使有也是广为人知的秘诀。我所用的方法是做别人不愿做、做不到的事。我给顾客的承诺是全天 24 小时服务。我做到了言行一致。即使是深更半夜打电话都能找到我。”

一天午夜 12 点,他的行动电话响了,他立即接通电话,对方没有声音,一分钟后,电话挂断。凌晨 2 点,他的手机又响了,他接通电话,对方没有声音,一分钟后,挂了。凌晨 4 点,他的手机又响了,他接通电话,对方没有声音,一分钟后,挂了。早上 6 点,天蒙蒙亮,手机又响了,他仍然非常热情地说:“请问先生哪位,有什么事需要我做的吗?”对方没有说话,挂了。

上午 10 点,他在办公室上班,突然接到一通电话,“20 万的支票已准备好,请带保单过来签约。”而客户原来就是那个午夜打电话却不说话的人。

刘备得到诸葛亮死心塌地辅佐靠的就是真诚。三顾茅庐是一种真诚,其后诸葛亮舌战群儒,说服江东霸主孙权与当时还是光杆司令的刘备联手抗曹,事后共享胜利的果实;白帝城托孤,刘备一句“若嗣子可辅,则辅之;如其不才,君可自为成都之主”,就让诸葛亮“鞠躬尽瘁,死而后已”。

2. 尊重

孟子——爱人者,人恒爱之,敬人者,人恒敬之。

相互尊重是沟通的前提,你只有尊重别人,别人才愿意和你沟通。

一位商人看到一个衣衫褴褛的铅笔推销员,顿生一股怜悯之情。他不假思索地将 10 元钱塞到卖铅笔人的手中,然后头也不回地走开了。走了没几步,他忽然觉得这样做不妥,于是连忙返回来,并抱歉地解释说自己忘了取笔,希望不要介意。最后,他郑重其事地说:“你和我一样,都是商人。”

一年之后,在一个商贾云集、热烈隆重的社交场合,一位西装革履、风度翩翩的推销商迎上这位商人,不无感激地自我介绍道:“您可能早已忘记我了,而我也不知道您的名字,但我永远不会忘记您。您就是那位重新给了我自尊和自信的人。我一直觉得自己是个推销铅笔的乞丐,直到您亲口对我说,我和您一样都是商人为止。”

没想到商人这么一句简简单单的话,竟使一个非常自卑的人顿然树立起了自尊,使一个处境窘迫的人重新找回了自信。正是有了这种自尊与自信,才使他看到了自己的价值和优势,终于通过努力获得了成功。不难想象,倘若当初没有那么一句尊重鼓励的话,纵然给他几千元也无济于事,断不会出现从自认乞丐到自信自强的巨变。这就是尊重,这就是尊重的力量!①

二、养性:自信、自省

1. 自信

布鲁金斯学会创建于 1972 年,以培养世界上最杰出的推销员著称于世。这

① http://blog.sina.com.cn/s/blog_51b851250102dsq3.html.

个学会有一个传统，在每期学员毕业时，设计一道最能体现推销员能力的实习题，让学生去完成。2001 年学会出了这样一道题目：谁能把斧子卖给美国总统？

许多学员知难而退。他们认为：现在的总统什么都不缺，就是他需要购买，也不一定正赶上你去推销的时候。然而一位名叫乔治·赫伯特的学员当即给小布什总统写了一封信，信上说：我有幸参观过您在得克萨斯州的农场，发现那里种着许多矢菊树，有些已经死掉。我想，您一定需要一把斧头，但是从您现在的体质来看，您大概需要一把不甚锋利的老斧头。现在我这儿正好有一把这样的斧头，它是我祖父留给我的，很适合砍伐枯树，假若你有兴趣的话，请按这封信所留的信箱，给予回复……结果呢，小布什总统很快给赫伯特寄来了 15 美元，买下了这把斧头。于是，布鲁金斯学会在 2001 年 5 月 20 日，把刻有"最伟大推销员"的一只金靴子赠予了乔治·赫伯特。学会在表彰他的时候说，金靴子奖已空置了 26 年。26 年间学会培养了数以万计的推销员，造就了数以百计的百万富翁，这只金靴子之所以没有授予他们，是我们一直想寻找这么一个人，这个人从不因为有人说某一目标不能实现而放弃，也从不因为某件事情难以办到而失去自信。①

一个人能否成功，关键在于你自己。如果你对自己都信心不足，自暴自弃，不求进取，尽管有人像太阳一样温暖你，你自己不生长也没有用。相反的，一个人如果有了自信，就像把树根深深扎在自己的土地上，无论风雨，无论霜雪，都动摇不了你踏踏实实、蓬蓬勃勃成长的信念。到了这个时候，在你的思维里，你就会自信地丢掉一切"不可能"；而在你的行动上，你会不断地去尝试，把阻挡你前进的一切"不可能"都努力地变为"可能"！

2. 自省

正所谓：知人者智，自知者明。这句话的言外之意就是自省。荀子认为，君子可以智慧聪明，行无大过的前提就是"君子博学而日三省乎己"。君子正是通过不断反思、批判旧我，才能不断自我完善，成为新我。儒家有句话说"知耻近乎勇"，进步就是不断地和过去的我做斗争。没有自省的人，心灵的境界不可能登高望远。

善于反思的人才能做到不自以为是，学会换位思考，学会"己所不欲，勿施于人"。

管理过程中领导在批评下属之前，建议先要自省。领导者只有在工作表现、道德操守等方面给下属做榜样，才能够不断提升自己的威信和领导力。

三、弘德：胸怀、感恩

1. 胸怀

编者认为胸怀包括三个方面的内涵：

(1)谦虚

红军长征到陕北后，对马匪作战打了大胜仗，为党中央在西北地区站稳脚跟创造了好环境。为此，毛泽东作诗赞扬了指挥得当的彭德怀："山高路远坑深，大

① http://blog.sina.com.cn/s/blog_4b707a8001000977.html.

军纵横驰奔。谁敢横刀立马,惟我彭大将军。”彭德怀同志看后,提笔将最后一句改为“惟我英勇红军”。

满招损,谦受益。缺少谦虚就是缺少见识。谦虚更能够拉近人与人之间的距离,距离近了,沟通就更方便了。

(2)包容

楚庄王举办宴会,突然一阵风吹来,吹灭了火把,四周一片漆黑。一位喝醉了的将军,慌忙之下抓住了楚庄王爱妃的手,那位妃子扯下那位将军的缨带,跑到楚庄王面前告密,要楚庄王严惩那位将军,楚庄王却下令让所有人都解下缨带。火把重新亮了起来之后,宴会照常举行。后来,那位将军为了报答楚庄王,便十分为国效力。正因为楚庄王的宽容才换来这么一位良将。

古往今来,但凡成大事者,都是有包容心的人。别人对你的不好,应该很快把它忘记,要学会放下。但是别人对你的好,你要努力地把他记住。这对于任何一个人在成长过程中都至关重要。

作为领导要像父亲对待孩子一样对待你的下级。下级做得好,第一时间赞美他;下级做得不好,第一时间鼓励他。所以编者常说:在家里能够做一个好儿子的,在单位就能当一个好下属;在家里能够做一个好长辈的,在单位就能当一个好领导;在家能够做一个好兄弟的,在单位就能做一个好同事。老子讲“治大国若烹小鲜”,说的恐怕就是这个道理。

(3)心态

一个小男孩高兴地拿着一个大蛋卷冰淇淋,一边走一边吃,好不快活。忽然一个不小心,整个可口的冰淇淋掉到地上,散成一片。男孩待在那里不知所措,甚至也哭不出来,只是睁大了眼睛看着一地的冰淇淋。这时有个老太太走过来,对小男孩说:好吧,既然你碰到这样坏的遭遇,脱下鞋子,我给你看一件有意思的事情。老太太说:用脚踩冰淇淋,重重地踩,看冰淇淋从你脚趾缝隙中冒出来。小男孩照着她的话做。老太太高兴地笑:我敢打赌,这里没有一个孩子尝过脚踩冰淇淋的滋味。现在跑回家去,把这有趣的经验告诉你妈妈。她接着说:要记住,不管遭遇什么,你总可以在其中找到乐趣。

有的人当别人取得成绩的时候,总把它归因于环境,常想“他之所以有今天是因为有一个有钱的老爸。他有今天是因为他有一个很好的背景”。当自己取得成绩的时候,总把它归因于能力,常想“我有今天因为我能力强。可惜我命运不济啊,如果有好的条件,我会更好”。这实际上多多少少都是些心态方面的问题。如果组织管理的过程当中,我们的员工都是这样的人,这个领导的工作就没法干,组织的绩效水平也无法提高。

最近编者经常捉摸一个问题:现在的领导为什么这么累?很多领导总是在想怎么能让下属多干活,少给他钱。下属总是在想怎么才能少干活多拿钱,甚至不干活也拿钱。领导和员工之间就像在玩猫捉老鼠的博弈游戏。领导有事都不敢出去,就在单位守着。因为领导在,员工就好好干;领导不在,员工就不好好干。什么样的领导是最聪明的领导、最英明的领导呢?就是不加班的领导。领导在不在,进度一样快,这才是优秀的领导。说明领导之下有一个凝聚力非常强的团队。

如果一个人心态不好,你能指望他说出来的话动听吗?心态不好说出来的话一定恶语伤人。相反,如果一个人的心态很健康、很阳光,我想他说出来的话一定会妙语连珠、口吐莲花。所以平时我们就应该修炼自己健康的心态。

什么才是一种好心态呢?那就是允许别人比你差,更应该允许别人比你强。别人比你差的时候,你尽己所能多多少少帮助他;如果别人比你强,你能打心眼儿里,发自肺腑地赞美他,向他学习,取其所长,补己所短。这就是一种良好的心态。

监狱中有两个犯人服刑期满,马上要出狱了。监狱长就把两个人叫了出来,其中第一个被带到了窗户跟前,监狱长问:下面是什么?这个犯人说:烂泥潭。监狱长就很不高兴,说:回去吧,再关10年。第二个犯人也往窗前一站,监狱长说:你看到什么?第二个犯人说:我看见了大海。监狱长说:好!刑满释放。为什么结果差得这么多呢?因为楼下确实是一片海滩,离我们最近的地方确实是一片烂泥潭,但是离我们很远的地方确实是一片大海。如果你的心胸宽广,你看到的就是大海;如果你的心胸狭隘,可能你看到的就是泥潭。

2.感恩

古人云:滴水之恩,当涌泉相报。结草衔环是古人对于再生恩德的感念,伯牙摔琴是对知遇之恩的报答。

美国的罗斯福总统就常怀感恩之心。据说有一次他家里失窃,被偷去了许多东西。一位朋友闻讯后,忙写信安慰他。罗斯福在回信中写道:"亲爱的朋友,谢谢你来信安慰我,我现在很好,感谢上帝:因为第一,贼偷去的是我的东西,而没有伤害我的生命;第二,贼只偷去我部分东西,而不是全部;第三,最值得庆幸的是,做贼的是他,而不是我。"对任何一个人来说,失窃绝对是不幸的事,而罗斯福却找出了感恩的三条理由。

有一位单身女子刚搬了家,她发现隔壁住了一户穷人家,一个寡妇与两个小孩子。有天晚上,那一带忽然停了电,那位女子只好自己点起了蜡烛。没一会儿,忽然听到有人敲门。原来是隔壁邻居的小孩子,只听他紧张地问:"阿姨,请问你家有蜡烛吗?"女子心想:"他们家竟穷到连蜡烛都没有吗?千万别借他们,免得被他们依赖了!"

于是,对孩子吼了一声说:"没有!"正当她准备关上门时,那穷小孩展开关爱的笑容说:"我就知道你家一定没有!"说完,竟从怀里拿出两根蜡烛,说:"妈妈和我怕你一个人住又没有蜡烛,所以我带两根来送你。"

此刻女子自责、感动得热泪盈眶,将那小孩子紧紧地拥在怀里。

一个人以感恩的情怀去沟通,他的言行,会自然而然地流露出朴实真诚,即使他口才一般,也会打动对方,获得对方的信任,实现有效的沟通,促使对方心甘情愿地采取行动,而且产生强大的执行力。而缺失感恩情怀的人,必然会花言巧语蒙骗对方,难以赢得对方的信任,对方怎么会立即采取行动呢?

案例分析

小王的烦恼①

离职再就业

2007 年 7 月，小王从国内一所知名大学毕业进入某名企工作。2009 年，由于不能接受在金融危机中被降薪，小王冒着金融危机尚未解除、工作难找的风险，在下一家公司没有找好的情况下，愤然离职。此时的他，满怀着对第一家公司的不满，抱着对美好未来的憧憬，迷茫地寻找属于自己的未来，甚至写了一篇洋洋洒洒的决心书来激励自己，表示对未来充满信心，绝不后悔。

小王离职一个月之后，接到一个 offer。尽管该 offer 的工作内容与他之前的工作"八竿子打不着边"，但由于正值金融危机之时工作难找，而且小王觉得自己适应能力很强，换个行业自己也完全可以适应，且考虑到那个行业看上去属于比较朝阳的行业，也是一个名企。如此再三考虑后，小王还是去了。

加班的烦恼

工作的第一天，小王对公司情况有了一个大致了解，接受了一些内部培训。一周以后便开始上岗。小王所在的部门是市场部，该部门市场总监是个工作狂，据说经常连续工作到凌晨。小王发现，整个公司的"加班文化"特别严重，下午 5 点下班以后，几乎没有人会走，不管有事没事都要留到 8 点以后。刚开始几天，小王心想反正家里也没什么事情，就尽量加班，跟同事们同一时间下班。一个周五，小王要回到第一份工作时的住处搬家，由于路程较远，5 点一到，他就下班走人了，没和任何人打招呼。后来同事打电话说："市场总监找你有事，你不在，他很不高兴。"此事在小王心中造成了小小的阴影，他觉得这个领导很可怕，以后不管什么情况都尽量等领导走了之后自己再回家。

首次任务

两周过去了，小王逐渐熟悉了公司的情况。领导开始给小王派任务了，交给小王的第一个任务他不是特别熟悉，并被告知一周后完成。由于不熟悉，他感到无从下手。但领导此时出差在外，小王心想不便打扰，所以并没有向领导请教。他自己就浪费了几天时间搜集资料来做一些大致的了解。一周之后，领导回来了，跟小王要资料，小王说这个任务他不是特别懂，希望领导给他点意见。谁知领导非常生气地训斥他："不懂可以打电话问，或者发邮件也可以，但是绝对不可以一周什么事情也不做！要主动和领导沟通！"当时小王就傻了，但是也没多说什么，请领导多给一周时间，他会尽力做好。

① 杜慕群. 管理沟通案例. 北京：清华大学出版社，2013.

与外部门沟通

由于此次任务有很多事项需要和其他部门沟通，小王心想自己跟他们不熟，采用发邮件的方式会好一些，只要把事情说明白就应该没有太大问题。因此，小王给别的部门同事发了邮件，其中有些还是外省公司代表处的。部分同事反应很快，将小王要的资料迅速回复给他。但是外省公司的，可能由于经常在外面有销售活动未能及时回复，小王又发送邮件催了一次，对方依旧没有回复。这样，三天过去了，小王开始急了，赶紧给他们打电话。电话那头，同事还算客气，但是他说："不好意思，你要的这些资料我这里暂时没有，而且我在外地出差，如果需要的话三天以后才有可能发给你，如果早点告诉我，情况会好点。"小王这次傻眼了，因为两天后，领导就要资料，时间根本来不及。

又过了一周，领导问小王要报告。小王说，由于部分分公司资料没给齐，暂时做不出来，需要延后几天。领导质问：两周时间，他们资料还没给齐？小王没有多做辩解，只是跟领导保证过几天将任务完成。

与领导沟通

又过了三天，小王好不容易将报告做出来了，他用邮件发给了领导。他以为有什么问题领导肯定会来找他要求他修改，因此就闲在那里等领导回复。但是两天过去了，一点动静都没有。小王心想：难道领导没收到邮件？因此又检查了一下邮箱，确定领导的确收到了邮件。一周过去了，领导又问他那份报告的事情，小王说一周前就给您发过去了。领导埋怨说做完了怎么也不告诉他，他邮件很多，有时不一定会看到他发的邮件。小王觉得很委屈，明明自己辛苦完成的工作，发给你了，是你自己没看，还怪我。

坐冷板凳

做完这份报告之后，领导也没提什么修改意见，也没安排什么任务，过了几天就又出差去了。小王就有了属于自己的空闲时间，上上网、看看新闻，觉得日子很舒服，不知道上班要干点什么。两天之后，领导回来了，小王本以为领导会安排点任务给他，谁知道领导也没来找他，他还是照样偷偷摸摸地上网、聊天，等着领导给他安排任务。一周过去了，小王依然没有接到任何任务，领导似乎也不管他了。他开始有点担心了，但又顾忌到领导太忙，自己不敢去找领导、主动要求安排任务，因此他就继续等待。晚上同事们加班，他也不得不留下来，尽管无事可做，但还是在那里耗时间。

沟通不畅，离职

又过了一周，小王进公司大概有一个月的时间了，领导总算来找小王了，小王十分忐忑，不知道领导会给他安排什么任务。可这次领导并没有提到工作的事情，只是跟小王谈工作态度问题。领导说："小王啊，你来公司也已经有一个月了，有什么工作业绩没有啊？"小王说："没什么，就完成了一个报告，还在等着您给我下任务呢。"领导说："小王，你是我一手招进来的人才，名校毕业，又在那么大的公司做了两年，本来我很看好你的，想让你当我的左右手，然而我经过观察发现，你做事情最大的一个缺点就是不够积极主动，什么时候都要人家给你布置任务,你为什么不能主动来找我沟通工作问题呢?"小王此刻深受启发。但由于自己以前在民营企业,都是领导安排任务,自己按部就班地完成即可,因此在与领导的沟通上依旧没有什么大的改观。又过了一个月,试用期要结束了,小王也觉得在这里工作不受重用,没有什么激情,因此试用期没过,小王就主动提出了离职,再次投身金融危机之后的求职人群中。

案例总结

由于沟通不畅,小王在工作中频频失误,使领导不满,进而失去了这份工作。尽管这是不愉快的工作经历,不过,小王从中吸取了不少经验教训,意识到了自己沟通能力的不足和沟通技巧的欠缺。在下一份工作中,小王不管遇到什么问题,都能够做到主动与领导及同事沟通,进步很快。

沟通,可以拉近你和领导的距离,让双方及时了解并解决工作中的问题,如果总是畏前惧后、犹犹豫豫、停滞不前,领导难以知道你的想法,工作效率会大幅降低,直接影响到任务的完成。作为下属,应该学会主动与领导沟通。同时,也要注意与同事的积极沟通,这些会让我们受益匪浅。

思考题

1. 据此案例,你认为沟通的意义体现在哪里?
2. 在案例中,与小王沟通的有哪几类人?分别属于利益相关者网络中的哪类角色?
3. 你认为小王的沟通方式存在哪些问题?应如何改进?
4. 你如何看待双向沟通的重要性?

第二章　管理沟通

第一节　管理沟通的内涵

一、管理沟通的定义

管理沟通是沟通者为了获取沟通对象的反应和反馈而向对方传递信息的全部过程。管理沟通作为一种特殊的沟通类型，首先，它必须基于反应的双向沟通；其次，在沟通过程中需要媒介来联结沟通双方。

二、管理沟通的特点

管理沟通作为特殊的沟通类型，与其他类型的沟通相比，具有以下特点：

(1)沟通以语言或文字的方式实现；

(2)沟通内容包括信息沟通和情感、思想、观点与态度的交流；

(3)沟通过程中心理因素发挥重要作用，信息发送者和接收者之间要考虑对方的动机和目的，而结果会改变人的行为；

(4)沟通中会出现特殊的沟通障碍，这些障碍一方面来自信息的失真，另一方面来自特有的心理障碍(如偏见和爱好、背景与经历、政治与意识等)。

三、管理沟通的意义

从以下几个方面，我们可以了解管理沟通的重要意义：

(1)20 世纪 70 年代，管理学家明茨伯格提出了管理者的 10 个方面作用，认为管理者的工作内容包括头领、领导者、联合者、监督者、扩散者、传播者、企业家、矛盾处理者、资源协调者、谈判者等。有人把这 10 个方面功能综合为愿景设计者、激励者和推动者三个方面的角色。明茨伯格还认为，有效的沟通，无论是处理危机或为服务于长期计划，都必须以听众的激励作为成功的开端。明茨伯格论述的角色分类揭示了管理沟通的重要意义。管理者作为愿景设计者，必须要把自己设定的愿景转化为下属共同的愿景，这就要求以高超的沟通技巧作为前提；而管理者的愿景要能够对员工产生激励，其必要条件是员工的目标能够与管理者的愿景兼容，让愿景产生内在激励效应，这就进一步强化了沟通在管理中的功能。通过管理者大量的沟通活动，促使下属员工朝设定的愿景奋斗，推动组织工作绩效的提高。因此，管理者要完成愿景设计者、激励者和推动者三个方面角色，有效的沟通技能是必要条件。①

著名管理学大师彼得·德鲁克就明确把沟通作为管理的一项基本职能,无论是决策前的调研与论证,还是计划的制定、工作的组织、人事的管理、部门间的协调、与外界的交流等都离不开沟通。组织管理过程中沟通贯穿始终。

从管理者的时间分配来看,有研究得出结论,管理者在各项工作的时间分配上如图 2-1所示。从图 2-1 中可以看出,沟通对于成功的管理者和有效的管理者都具有重要的意义。

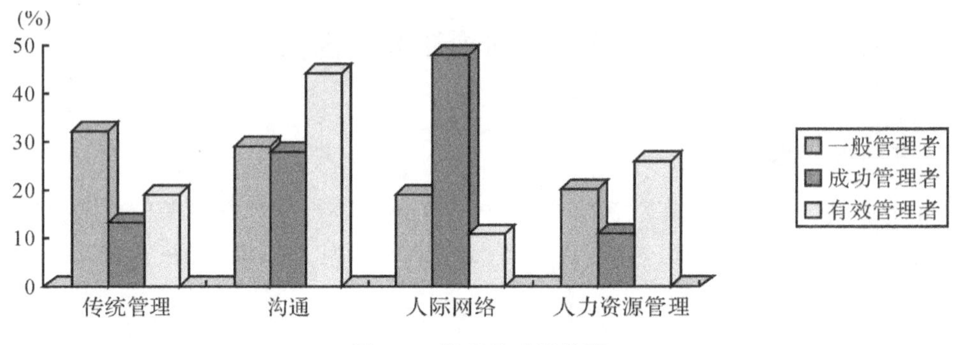

图 2-1 管理者时间分配

(2)沟通能力在一定程度上对个人的职业发展有很大影响。有效沟通的能力往往是决定某一个人能否得到提升的一个最关键的性格特征。尽管每项活动的能力都很重要,但对大多数管理者来说,面对面、一对一的沟通在成功管理中起着决定性的作用。

(3)管理沟通对变革的支持。管理的根本目的在于变革,而变革过程必然会遇到各种阻力和障碍,管理沟通的目的就在于消除障碍,实现变革。管理变革和愿景设计是两个紧密相关的概念,设计愿景的实现就是一个管理变革的过程,对于变革过程出现的这样或那样的矛盾和阻碍,管理者就应该运用沟通的方式消除这些障碍,或消除阻碍力量,或中立阻碍力量,甚至把不利因素转化为有利因素。

第二节 管理沟通的一般策略

一、管理沟通的策略框架

根据管理沟通的要素分析,管理者要实现有效的沟通,应该从管理沟通的八要素入手,系统全面地考虑管理沟通的策略。在这八要素中,发送者往往是沟通的主体,主体策略作为特殊的策略,在“沟通主体策略”一章中将做深入论述。沟通目标策略将结合客体策略做分析,信息反馈策略在“建设性沟通策略”中进行分析。在此简要地就信息策略、渠道选择策略和文化背景策略进行概述。

① 宋翔.浅谈企业管理沟通中的文化差异.华东理工大学硕士学位论文,2011.

二、信息策略

信息策略的制定，关键在于怎样强调信息、如何组织信息两个方面。

1. 怎样强调信息

根据记忆曲线的研究，信息的开头和结尾部分最易为受众记住，因此在信息的组织上，可以采用以下两种策略：

(1)开头策略

在开头就阐述重点，又称直接切入主题。若采用这种策略，沟通者要先将最后的结论放在开头。这种策略的优点在于：

第一，增进对全部信息的掌握。受众一开始就了解结论，有助于人们吸收和理解全文内容。

第二，以受众为导向。直接切入主题强调了分析的结果或最终的做法，使得整个沟通面向受众，而不是以沟通者自我为中心。

第三，有利于节省时间。由于直接切入主题的结构能更快、更容易地被接受，所以在商务场合中应尽可能多地采用。

开头策略主要适合在以下场合中使用：①对于无感情倾向的不敏感信息的处理；②对于受众具有正面倾向的敏感内容的处理；③对于受众更为关注结论时对敏感信息的处理；④沟通者可信度特别高时对敏感信息的处理。

(2)结尾策略

在结尾说明重点，又称间接切入主题。该策略是指在记忆曲线末端才列出结论，包括先列举各类论证后以结论或总结收尾。这种策略的优点在于：

第一，循序渐进，以理服人；

第二，缓和因观点不同可能引起的冲突；

第三，能够逐步转变受众的态度，步步推进，达到“推销”自己观点和主张的目的。

这种策略可以在以下状态中采用：①信息中含有敏感内容(含主观情感成分)；②这种内容对受众有负面影响；③受众很注重分析过程；④沟通者的可信度较低。

2. 如何组织信息

沟通者在每次沟通之前，可能会遇到很多素材或信息，这些素材和信息中有好的、坏的，完整的、零碎的，论据性的、结论性的。如何组织好这些信息是沟通者沟通策略制定的关键组成部分。只有当沟通者强调并组织一个清晰的概念传达给受众时，才能实现有效的沟通。这个清晰概念的组织包括目标确定、观点明确、内容和结构安排等三个方面。

(1)目标确定

每位沟通者在沟通之前必须要有一个明确的目标。沟通目标可以是规定一个问题，使你的建议被采纳或赢得下属(同事或领导)的尊重。所有的目标可以归结为两大类：

第一，指导性策略。要求受众接受沟通者的观点或产生所预期的行为或结果。

第二，咨询性策略。为了获取某种信息、得到某个结论或者是得到对方的支持。

(2)观点明确

沟通中最困难的问题是说服你的反对方最后赞成你的观点。在观点的明确上,沟通者要把自己的观点融入行动中去,因此要注意以下几个提出观点的基本要求:

第一,明确自己的立场,并分析反对方的立场;

第二,就评价一种状态提出发现和建议所蕴含的愿景;

第三,提供可靠的信息;

第四,提供不同的(常常是冲突的)价值观和利益;

第五,其他观察者和参与者的意见;

第六,要着眼于事实、价值、意见,不能采取中性的态度。

(3)内容和结构安排

信息内容组织的两个基本原则是:

第一,以最简单的语言告知你的目标,让他人能理解并能与你沟通;

第二,"沟通是你被理解了什么而不是说了什么",即要求沟通者根据不同对象修正沟通的信息表达方式和内容的结构安排。

在信息结构的安排上,要分析内容、论证和结构的组合与统一。具体来说,要从信息的论证分析,提出具有说服力的论据(如事实和数据、共同知识、普遍认同的例子和权威观点等),并对信息结构进行合理安排。

三、渠道选择策略

沟通渠道的选择是指对传播信息的媒体选择。过去,这一策略的选择基本上局限于两种渠道:口头和笔头。现在,还包括传真、电子邮件、语音信箱、视频会议、电话、电话会议、电子公告板、新闻小组等。这些新的渠道改变了我们对于沟通渠道的传统认识。因此,当分析沟通渠道策略时,除了考虑口头和书面策略外,还应考虑现代技术发展背景下的新型沟通渠道的开发和利用。沟通渠道的主要类型及其影响因素有:

(1)书面沟通或口头沟通渠道。书面沟通一般发生在沟通信息需要记录和保存,处理大量细节问题,采用精确的用词或让受众更迅速地接收信息时采用。而口头沟通一般发生在需要更为丰富的表达效果,在严格与持久性方面的要求较少、无须永久记录时采用。

(2)正式沟通或非正式沟通渠道。正式沟通渠道一般适用于法律问题的谈判或关键要点和事实的表达,它具有精确、内敛、技术性与逻辑性强、内容集中、有条理、信息量大、概括性强、果断、着重于行动、重点突出、力度大等特点。非正式沟通渠道适合于获取新的观念和新的知识的场合,它具有迅速、交互性强、反馈直接、有创造力、开放、直接、流动性强、较灵活等特点。它包括电子邮件、通知、个人之间的口头交流(面对面交流、语音信箱)等。

(3)个体沟通或群体沟通渠道。个体沟通适用于个人关系的构造,获知他人的反应,获取属于隐私或机密的信息。具体形式有当面交流、电话沟通、传真和电子邮件等。群体沟通则适用于团体形象和关系的构建,取得团队反应,防止排除某人并确保团体中的每个成员都同时接收了你的信息,如各种会议形式。

四、文化背景策略

每一个沟通策略的制定都要受到国家、地区、行业、组织、性别、人种、工作团体之间不同文化内涵的影响。管理沟通基本策略中的主体策略、客体策略、信息策略和沟通渠道策略，无一例外地都要受到文化因素的影响。因此在文化背景的分析思路上，要分析沟通对象的文化背景、沟通者的文化背景、信息中包含的文化背景和渠道选择中的文化背景。[①]关于沟通的文化问题，将在第十六章作具体阐述。

案例分析

一个从岗位调整演变成办公室暴力的事件[②]

案例摘要

李组长以资深技术专家自居，在工作中倚老卖老，不尊重领导，更不重视下属。他的自以为是致使他所负责的项目进展迟缓，也致使他遭到了新上任的杨经理的无情免职。他对此异常恼火，向杨经理的上级领导秦总监投诉，投诉无果后又越级向郑副总经理投诉，仍然无果，最终他向总经理进行投诉。在没有得到满意答复后，他开始怠工，甚至出手打人，极大程度地耽误了项目的进展，最终迫使公司做出辞退他的决定。

背景介绍

一般企业通常需要通过 ISO9000 质量体系认证，而软件企业尤其是国外大型 IT 企业则要求通过能力成熟度模型集成(Capability Maturity Model Integration，CMMI)认证。ISO9000 强调可接收的质量体系的最低标准，而 CMMI 强调软件开发过程的成熟度，即过程的不断改进和提高。2007 年年初，某公司进行战略调整，向大型 IT 公司的目标迈进，并计划打入海外市场。为提高公司软件项目管理水平，通过 CMMI3 认证，公司花重金挖来一些资深质量保障(Quality Assurance，QA)工程师组成 QA 小组来负责推进此次项目。该团队共 8 人，李先生任组长。QA 小组隶属于公司研发中心的质量管理部，研发中心经理为秦先生，质量管理部经理为唐先生。

2007 年 5 月，QA 人员基本到位后，就马上开始了评估机构的招标工作，经过几轮筛选，选定了业界比较出名的培训机构公司。公司管理层很快召开了 CMMI3 认证动员大会，要求各个部门配合质量管理部建立好质量管理体系，该项目涉及公司重要部门相关人员多达四五十人，包括各个中心经理、部门经理、核心骨干、项目经理、架构师等。

---

① 谢卫娟．渤海石油职业学院师生沟通策略研究．河北工业大学硕士学位论文，2008．

② 杜慕群．管理沟通案例．北京：清华大学出版社，2013．

矛盾苗头

QA组长李先生凭借多年的质量管理经验,着手开始了一系列CMMI认证工作,但此人有一个特点:脾气不好,说话太直接,不善于聆听,总是摆出专家身份或是领导架子。无论是对内沟通还是对外交流,他总是居高临下,给人盛气凌人之感。这导致公司与培训机构的培训师闹得非常不愉快,还因为关系闹僵导致项目暂停半年。在公司内部,有些高层领导由于不了解实际情况而对此工作表示不理解、不支持,李组长却固执己见,缺乏科学引导,甚至经常跟分管副总在办公室大吵大闹。另外,李组长总是用发号施令的口吻要求各个部门的核心项目经理写标准文档,如需求分析书、架构设计文档等,整个质量体系大概有上百个文档需要编制,而且这些文档每份都需要进行多次修改及评审后才能发文,因而任务量很大,而这些核心项目经理及开发经理原本的项目工作就非常忙碌,根本无暇顾及这些本职工作之外的文档制定工作,导致该方面工作推进起来非常吃力。负责这个部门的唐经理是技术研发出身,不熟悉这块工作,因而也没有与李组长就此事进行有效的沟通,导致诸多问题堆积。

由此造成的内部影响与外部影响共同作用,导致CMMI认证项目的实际进展远远滞后于计划进展,到2008年年底时基本毫无起色,公司不得不采取措施,更换分管这块业务的副总,转由杨经理负责管理这个部门。杨经理的作风雷厉风行,目标计划性明确,执行力强。刚开始杨经理对这块工作也不熟悉,她一方面跟李组长了解目前的工作情况,另一方面从这个小组找了一个大家评价都比较高的QA人员——小刘,让小刘详细列出一份她所负责的工作清单,包括每天、每周、每月产出物是什么都要明确列出,修改完善后将其作为样例模板,要求全组人员按照这个模板列出自己的工作清单。另外,要求每人写一份工作报告,指出现存的工作问题并提出改进建议。同时,杨经理主动拜访其他部门的一些项目经理及开发经理,主动咨询培训机构的培训讲师,共同探讨此项目,通过一轮全面的调查研究,杨经理基本熟悉了现在的工作情况,也获知了存在的问题。

经仔细分析,杨经理认为该项目亟待解决的是沟通问题,相关人员的管理工作不到位,使得此项目得不到高层的支持认可,得不到其他部门的配合,与外部培训机构闹僵,且小组内部成员不服这个组长,因而项目矛盾重重,停滞不前。想要达到新副总所定的目标——2009年年底必须通过CMMI3认证,那就只有一条路——更换组长,调整工作方法。

杨经理把想法跟中心经理秦总监沟通了一下,认为提升另外一个QA人员小刘当组长会更合适,一方面,她做事情比较认真负责,相关经验丰富;另一方面,她懂得团队合作,没有领导架子,最为重要的是有较强的沟通能力,其他部门项目经理对她的评价也比较高。经秦总监同意,杨经理在QA小组例会上向大家宣布QA小组组长以后由小刘担任,李组长负责自己原本的工作而无须进行小组管理,所有对外沟通的工作都由小刘负责。李组长听到这个工作调整后满脸不悦,一声不响地走出了会议室。

矛盾升级

李组长回到位置上,马上写了一封质问邮件给中心经理秦总监,投诉杨经理此举不妥。事先没有跟他做任何沟通，就直接撤掉他的职务，这种做法严重伤害到他的自尊心，即使是要裁掉他，也不能用这么卑鄙的手段。

第二天，秦总监收到这封邮件后只是进行了简单的回复，因为他同意杨经理的人事调整意见，所以他采取了默认态度。秦总监找来李组长谈话，讲明此次调整是工作需要并无将他辞退之意。之后秦总监还叫来了杨经理，并批评她在此次事件中没有做好与李组长的沟通工作。

第三天早上，李组长越想心里越不是滋味，他直接把邮件发送给郑副总经理，邮件内容升级为投诉中心经理不作为，且与部门经理合伙来撤掉他的职务，明确提出，如果不给他一个合理的解释，他将会找总经理谈话。郑副总跟他的关系一直不好，两人甚至还在办公室发生过争端。郑副总工作作风强硬，根本容忍不了如此威胁他的员工，于是采取了漠视的态度，并将此事交由秦总监来负责处理。

李组长发现副总不怎么理会之后，将此事投诉到老总那里，表达了对郑副总的不满，举报他的不作为行为。杨经理之前并没有料想到事情会发展到这个地步，她并不想事态扩大，于是亲自找了李组长谈话，并当面道歉，表明公司和她个人并无辞退李组长之意，只是做了一些工作调整以便他能更加专注于自己所长，发挥个人能力来发现并整改质量体系工作中所出现的问题，小刘只是负责部门的沟通工作，希望对他的工作能够起到帮辅作用。此番谈话下来，李组长非但不领情，还在接下来的工作中表现出了明显的怠慢，不参加小组例会，也不接受安排的工作，使得其他组员被摊派了更多的工作任务，而且严重影响了工作的正常运行。整个小组对他极其不满。

矛盾激化

李组长的越级投诉行为、对副总的威胁行为、对工作的刻意怠慢，这一系列恶劣行径致使公司做出将其辞退的决定。秦总监找了李组长过来谈话，说："现在你有两条路可选，一是你继续做好目前的工作，配合小组长顺利完成工作，我们既往不咎；二是你如果认为适应不了可以主动离职走人。"李组长听后面红耳赤，生气地说："这样不合理，我要到劳动局去申请仲裁，投诉你！现在是你辞退我，按照《中华人民共和国劳动合同法》你需要赔偿我三个月的工资！"这次谈话就这样不愉快地匆匆结束了。

秦总监难以忍受李组长对他的威胁，且认为主要责任在于李组长个人，凭什么要赔他几个月工资，心里越想越不爽，但由于李组长不愿意主动提出离职，因而如果要辞退他就需要收集足够的证据。于是，秦总监安排杨经理去处理此事，要求她务必收集足够的证据。

秦总监接下来要求杨经理制定了 QA 小组的考核细则。每周进行一次考核，对每个工作任务进行打分，月底汇总考核分数。考核细则里面明确标明，若组内成员对某项工作计划或每周工作成果有异议，组长跟组员协商讨论后如若不能达成一致意见，则由组长组织组内成员对工作计划和工作周报内容进行集体评审。评审通过准则：以组内成员举手表决，同意票超过应到会人数半数为通过。若员工对该评审结果不同意，则通过组织中心职工代表召开会议评审表决该结果。表决人数超过半数为通过，以举手表决方式进行。员工个人必须服从集体的表决决定，拒绝服从的按公司员工奖惩办法执行。这个细则制定完毕后,QA小组全体成员与该项目相关领导秦总监、杨经理等人参加了评审,并且邀请了党委书记、工会主席前来监督。对于该细则的执行与否,大家发表了意见,李组长个人的反对扭转不了其他所有人的支持态度,因而该细则正式成为QA小组工作人员的考核标准。同时,为收集证据,秦总监将QA日常工作全部打印出来请相关人员签字确认。另外,人力资源部咨询了公司法律顾问,了解了打官司的胜算概率及有可能对公司造成的影响。同时,还派人员去劳动部门了解了劳动仲裁过程。

而李组长在这期间也没有闲着,他搁置了所有工作,只是每天坐在位置上查阅《中华人民共和国劳动合同法》,了解员工申请劳动仲裁的过程,天天在单位闲耗时间。他知道,反正他一天不离职,公司就得继续发工资给他。李组长就这样耗着,公司碍于证据不齐,暂时没采取措施。

矛盾升级为暴力

很快到了第一次评审小组任务完成情况反馈的时候,评审会议上大家都给李组长评了很低的分数。很快又一个月过去了,月度考核评审会议开始,大家把本月4周的分数累加起来,其他人都达到了80分以上,但李组长只得到了40多分。之后每个成员都在小组成绩汇总表上签字,李组长意识到这个证据对自己不利,于是情绪突然激动起来,试图从小刘手里抢过那张签字的汇总表,但由于小刘没有撒手,他激动得直接挥拳过去打了小刘,小刘大声叫了一下,手上出现一大块瘀血迹象。李组长抢到那个汇总表并当场将其撕毁。如此一来,事件性质就上升为办公室暴力,性质极为恶劣。此事很快传遍了公司,公司领导决心处理。

事件结局

李组长的暴力行为震惊了公司的管理层及工会主席,为避免事态扩大给公司带来不利影响,工会主席出面与他谈离职条件,经多轮讨价还价,他答应了公司赔偿他两个月薪酬的条件,公司将提前开好的离职证明给他,明确是员工主动提出离职而不是公司辞退。

就这样,李组长终于离开了公司,质量管理部终于平静下来了,但是留下来的反思是深刻的……

思考题

1. 你认为案例中存在沟通问题的有哪些人?有哪些问题?
2. 结合沟通一般过程,你认为案例中的沟通障碍有哪些?
3. 案例中涉及了哪几种沟通类型?
4. 如果你是秦总监,在矛盾的不同阶段,你会采取什么样的处理方式?

第三章　建设性沟通

第一节　建设性沟通概述

一、建设性沟通的含义与特征

1. 建设性沟通的概念

建设性沟通是指在不损害甚至在改善和巩固人际关系的前提下，帮助管理者进行确切、诚实的人际沟通方式。

2. 建设性沟通的特征

建设性沟通主要有以下三方面的重要特征：

(1)信息的准确传递。沟通主体要围绕沟通的目标，在沟通过程中准确、高效地传递信息，避免信息与主题的偏离，也避免给受众传递错误的信息。

(2)积极的人际关系。沟通双方的关系因为交流而得到巩固与加强。

(3)沟通目标是为了解决实际问题，而不仅仅在于讨他人喜爱，或被社会承认。

二、建设性沟通的本质

建设性沟通的本质就是换位思考。无论在何时何地，无论与谁沟通，也无论采取何种方式沟通，要取得成功，唯一的诀窍就是能够站在对方的立场思考问题。在沟通中，运用换位思考的方式，可以使沟通更有说服力，同时也会树立良好的信誉。在沟通过程中能够站在对方立场思考问题，能够以“对方需要什么”作为思考的起点，不但有助于问题的解决，而且能够更好地建立并强化良好的人际关系，达到建设性沟通的目标。

在换位思考的基础上，要进一步把这样的思考方式贯彻到自己的沟通语言、沟通行为和沟通过程中，遵循建设性沟通的三大基本原则——信息组织原则、合理定位原则和尊重他人原则。①

---

① 张军果，任浩.有效沟通的障碍及对策研究.煤炭经济研究，2005(10).

第二节　信息组织原则

一、全面对称

在信息组织原则中坚持全面对称原则包含两层含义。

1.信息的完全性

沟通中之所以会出现不完全的信息，是因为沟通过程的信息接收者和发送者之间由于背景、观点、需要、经历、态度、地位以及心理差别，信息发送者如果没有向接收者发出完全的信息，那么信息接收者就不能完全理解信息发送者所发出信息的含义，产生信息失真，或信息不对称。为强调有效沟通的完全性原则，建议沟通者在沟通过程中掌握三个方面的信息组织原则：

(1)沟通中是否提供全部的必要信息。必要信息的含义是指要向沟通对象提供5W1H，即谁(Who)、什么时候(When)、什么(What)、为什么(Why)、哪里(Where)和如何做(How)等六个方面的信息。在提供全面信息的同时，沟通者还要分析所提供信息的精确性，如分析数据是否足够、信息解释是否正确、关键因素是什么等问题。

(2)沟通中是否回答咨询的全部问题。信息的完全性要求沟通者回答全部问题，以诚实、真诚取信于人。

(3)沟通中是否在需要时提供额外信息。即根据沟通对象的要求，结合沟通的具体策略向沟通对象提供原来信息中不具有的信息或不完全信息。

2.信息的精确性

沟通信息的精确性要求沟通者根据沟通环境和对象的不同，采取相应的语言表达方式，并采用正确的数据资料，让沟通对方精确领会全部信息。沟通信息不精确的主要原因有：

(1)沟通双方传递和接收信息的不对称。许多研究普遍认为沟通过程中的信息在传播和接收过程中基本不改变或不偏离原意，是有效沟通的基本要求。

(2)沟通双方在文化和语言上的不对称。来自不同国家或地区的沟通者，由于语言含义的不对称而导致沟通信息出现偏差的事例比比皆是。如从语言方面看，中国的语言语意比较含蓄，美国比较直白。从文化方面看，美国商务人员非常讲究效率，谈判过程往往不吃午饭，搞连续作战；但阿拉伯民族的商务人员讲究轻松的环境，不太讲究效率。所以，美国人的行为在亚洲文化背景中常被视为粗鲁、无教养。随着信息技术的不断发展，信息传播的精确性(包括信息的清晰度和准确性)等有了很大的进步。未来的商业决策和竞争优势几乎将依赖于这种现代沟通手段的精确性。

(3)信息发送者提供的原始数据的可靠性与接收者所理解的数据可靠性之间的不对称。在我国，由于统计部门在制度上的不规范，以及数据采集上的巨大工作量，不得不在数据采集时大量依赖于最基层所提供的原始数据。事实上，这样的数据可靠性是很小的。

由此导致数据真实性的不对称，也严重影响了沟通的精确性。①

为实现沟通信息的精确性，要求沟通者做到以下几个方面：

(1)采用正确的语言层次，根据沟通对象和沟通场合的不同，选择相应的沟通信息编码方式。沟通的语言层次可以分为正式语言、非正式语言和非规范语言三个层次。以笔头沟通为例，正式语言如学术论文、法律文件、政府文件等。非正式语言更多地出现在商业活动中，如外贸函电、一般信件等。非规范语言在笔头沟通中一般不出现，但在口头沟通中出现得较多，如口语化的语言。

(2)注意信息内容的正确性，如检查图表、事实和语言是否正确使用。例如，在市场分析报告、学术论文中，要正确表明每一个数据的来源，并采用正确的表述方式进行信息编码。

(3)采用能为信息接收者所接受的写作模式。如同样是严格规范的学术性文章，在同行专家之间进行交流时，可用严格的术语表达，但在科普性的文章中，就要避免学术味太浓的语言风格，要把这种语言转化为大家可以接受的语言，但这种语言风格仍然是逻辑严密的。

二、简明清晰

所谓简明性，就是在沟通时要用尽可能少的语言，提高沟通的效率。实现沟通信息的简明性，其作用在于：一方面，节约双方时间；另一方面，表现出对对方的尊重。沟通者要善于从受众的角度去思考信息的组织方式，要认识到受众在付出时间听取你所提供的信息后所能获得的实际效用，尊重他人的时间。

尊重简明性原则，一般可以从三个方面考虑：

(1)避免冗长乏味的语言表达；

(2)避免不必要的重复；

(3)组织的信息中只包括相关的有用信息。

清晰性原则要求沟通者认真准备沟通的信息，包括清晰的思考和清晰的表达两个方面。贯彻清晰性原则要求：首先，选择精确、具体、熟悉的词语，避免深奥、晦涩的语言。其次，构筑有效的语句和段落，包括长度、统一度、内在关系逻辑、重点四个要素。长度方面要求一个句子不能太长。统一度方面就是一个句子只能是一个意思。强调逻辑关系，就是要运用演绎推理和归纳等语言学技巧，增强语言的说服力。强调重点，就是在信息组织时要突出重点，而且在表达时也要突出重点。

三、具体生动

具体生动强调语言的具体、生动、活泼，而不要用模糊的、一般性的说法。在沟通过程中，应该运用风趣幽默的语言。在具体的沟通信息组织上，可以运用以下三个方式：

(1)用具体的事实和数据图表，并运用对比的方法加强语言的感染力。例如，今年同期销售额比去年有大幅度的增长，去年同期为300万元，今年为358万元，增长近20%。

(2)强调句子中的动词，或突出关键词。这样会给人明确、人格化、简洁等感觉。

---

① 张军果，任浩.有效沟通的障碍及对策研究.煤炭经济研究，2005(10).

(3)选择活泼的、有想象力的词语。如海尔集团董事局主席兼首席执行官张瑞敏提出"有了思路才有出路,没有思路只有死路"、"人才,人才,人人是才"。[①]

四、注重礼节

注重礼节包含以下两方面的含义:一方面要求沟通主体在传递信息时,考虑对方的情感因素,做到真诚、有礼貌;另一方面要求沟通者在信息内容的组织上,能站在对方立场来传递信息,在理念上能够全面周到。

(1)注重礼节,首先要求沟通者不但要意识到听众的观点和期望,还应考虑听众的感情。沟通者应做到:

①真诚、机智、全面周到、感人。

②以尊重人的语气表达沟通的信息。

③选择非歧视性的表达方式。

④尤其是在对待下级时,要坚持平等、信任并有平常心的原则。

(2)注重礼节,还要求沟通者从信息接收者的角度去准备每一个沟通的信息,要设法站在受众的位置去思考问题,充分关注受众的背景和需要,尽可能向受众提供全面系统的信息,也即要求沟通者以全面周到的理念去传递信息。为此,提出以下三方面的建议:

①理念上要着重于"你"而不是"我"、"我们"。也就是要求沟通者站在对方的立场去考虑问题,但在表达时,有时用"我们"则又表现出客体导向,用"你"显示排斥情绪。因此,在思想上永远是"你",而言行上是"我们"。要恰当地处理和运用好"你"、"我"的关系。

②关注并告知受众的兴趣和利益。这是着重"你"的最本质的特征,语言是表面的,而利益是内在的。

③运用肯定的、令人愉悦的陈述。要学会肯定对方,要善于从对方的语言中提炼出正确的思想,肯定对方是对对方的尊重,不要显示自己高人一等,好为人师。同时,一定要根据不同的沟通对象选择相应的陈述方式。

第三节 合理定位原则

一、问题导向定位

所谓问题导向,指的是沟通关注的是问题本身,关注的是如何处理和解决好问题。人们在沟通过程中常会出现的导向有两种:问题导向和人身导向。人身导向的沟通关注的是个人品质而不是问题本身,沟通者以给他人的人身做评判的方式进行沟通。建设性沟通的"对事不对人"原则就是要求沟通双方不要搞人身攻击。不要轻易给人下结论,要学会克制自己,从解决问题的角度考虑沟通策略。即使在进行以行为和事件为中心的人事评估时,问题导向的沟通还是有用的,如果以人身导向的沟通方式发出信息,还是解决不了问题。

---

① http://www.docin.com/p-70472263.html.

人身导向一般着眼于对方的动机，而忽视问题本身。人身导向沟通的结果是，人们能改变他们的行为却很少能改变他们的个性，因为人身导向沟通通常没有什么具体措施，这种方式往往导致人际关系的恶化而不是解决问题。如你对下属说，“你是一个不合格的经理、一个懒惰的人或一个感觉迟钝的办事员”。结果是引起下属的反感和防卫心理，因为大多数人对自身是认可的，即使沟通所表达的意思是正向的，如“你是个出色的人”，若没有与行为或成就联系在一起，也可能被认为是虚言。可以说，没有具体指向的人身评判是人身导向沟通的最大弱点。

问题导向的沟通，关注的是问题的发生、发展和解决，以事实说话，来表达沟通者的思想。“我不参与决策”、“我们并不那么认为”这样的语言，往往是从描述问题出发的，常常是问题导向沟通的表达方式。问题导向着眼于描述外部行为，为实现问题导向的沟通原则，沟通者应与普遍接受的标准或期望结合起来，而不应是个人观点，通过与行为、外部标准比较得出的陈述，给人以信服感。

二、责任导向定位

所谓责任导向原则，即自我显性的原则，是指在沟通中，承认思想源泉属于个人而非他人或集体，承担个人评论的责任。在沟通过程中，使用第一人称“我”、“我的”，以表明自我显性的沟通。如果采用第三人称或第一人称复数，如“我们想”、“他们说”或“有人说”，则是自我隐性的沟通。自我隐性的沟通将信息归之于不为人知的第三者、群体或外部环境，而沟通者就逃避了对信息承担责任，因而也就逃避进入真正的交流。自我隐性的沟通，给对方这样一个信息：沟通者很淡漠，或者对对方漠不关心，或者对所说的话没有足够的自信以承担责任。而自我显性的沟通表明希望建立联系，希望成为伙伴或帮助者的意愿。

当下属采用自我隐性的沟通方式时，作为领导既要给下属说话的权利，同时应通过要求对方举例的方式，引导下属走向自我显性的沟通方式。

三、事实导向定位

描述性沟通尽量避免给人做评价和下结论，并避免相互防卫的倾向。

1.描述性沟通的步骤

实现描述性沟通的过程可分为三步：

(1)描述需要做修改的事情或行为。这种描述应指明能为他人承认的行为要素，而且这种要修正的行为应与被接受的标准做比较，而不要以个人好恶做取向，要避免对他人动机做主观判断。与评价一个行为相反，描述一个行为是相对中性的，需要管理者的态度与要传播的信息一致。

(2)描述对行为或结果的反应。这种描述的核心集中于行为所产生的反应或结果，要求沟通者能明确界定自己应有的反应，并描述出来。比如，“我很关心我们的生产率”，“你的这个工作成绩使我感到灰心”。这种描述，着重于结果及自我的感受，其效果可以减少防卫心理的产生，因为问题被限定在沟通者的感觉或客观结论之中，而不是针对个人的态度。如果感受或结论的描述不是以一种苛刻责备的方式出现，沟通者就会考虑怎么集中精力解决问题,而不是先为自己构筑心理防卫。

(3)建议一种更可接受的替代方式。把行为主体和行为分开来,能帮助行为主体保住面子,并感到自身是有价值的,因为行为主体觉得自尊已得到了维护,需要改进的仅仅是行为。此时,沟通者就应强调去寻找一种都能接受的解决方案,而不要去判定谁对谁错或谁应改谁可不改等无关主旨的问题。如沟通者可以提出,“我建议让我们定期会面来帮助你完成本月新增的六个计划”或“我愿意帮你分析妨碍你取得更好业绩的原因”。[①]

要说明的是,在现实中,并不是要每个人都通过描述性沟通的这三个步骤,达到改变对方所有行为的目的,常常达到的是双方都满意的中间状态,如某人对一些敌意行为能更加容忍;某人对工作变得比以前努力了。

2.评价性沟通的原则

如果沟通时必须要做评价性的描述,则要注意以下三个方面原则:

(1)评价应以一些已建立的规则为基础。如“你的行为并不符合公司现有规定的要求,会在同事中留下不好的影响”。

(2)以可能的结果为基础。如“你的行为继续下去会导致更糟的结果”。

(3)与同一人先前的行为做比较,如“你做得没以前好”。

上述三个方面的原则,最重要的一点在于要避免引起对方的不信任或激起防卫心理。

3.针对性沟通

在沟通中要坚持客观描述性原则,一个有效的策略是沟通的信息具有针对性,沟通主体能针对具体问题与对方交流自己的看法。总的来说,沟通语言越有针对性,就越能起到良好的沟通效果。先比较下面的两种说法:

(1)“你不会利用时间”;

(2)“你今天花了一小时安排会议,这可以由秘书去干的”。

这两种说法中,前一种说法太泛了,作用不大,对方不会认可,甚至很可能会反驳这种说法。后一种说法则很有针对性,能帮助对方认识自己的行为,并对以后工作的开展提供启示。

针对性的沟通,要求采用特定的陈述方式。比如,“这次活动,你60%的时间都用于评价性议论,而描述仅占10%”。就具体问题做特定的描述,远比非特定性的“你需要提高沟通技巧”这种说法有效得多。特定的陈述可以避免走极端和绝对化;相反,极端的陈述将会导致防卫心理,而使对方难以接受。

针对性的沟通,还要求避免绝对化的选择句式。例如:“你要么照我说的去做,要么辞职”。这种极端化和选择性的陈述否认了任何其他可能性,使得沟通接收者可能的答复受到限制,如果对方反对或否认,则又往往会导致防卫性争论。

在建设性沟通中,特定而非一般的陈述,因为它们关注行为事件本身,对帮助解决问题非常有用。在前面的一组例子中,如果采用针对性的表述,结果就会大不一样。

第一组 A:“你昨天做的决定没有征求我的意见。”

---

① 赵善庆.怎样与下属进行有效沟通.领导科学,2005(4).

B:“是的。尽管我通常征求您的意见,但我原以为这件事不重要。”

第二组 A:“你给我们的答复带着讽刺,让我觉得你不太考虑我们的感受。”

B:“真对不起！我也知道自己常常讽刺他人而不顾其感受。”

第三组 A:“按时完工的压力影响了我工作的质量。”

B:“按时完工是我们工作的一部分,让我们想想办法来减轻压力。”

第四节　尊重他人原则

沟通过程中要达到既解决问题,又强化良性人际关系的目的,很重要一点就是要学会尊重他人。沟通过程中主张尊重他人,就要做到表里一致、认同对方、双向沟通。[①]

一、表里一致原则

优秀的人际沟通和人际关系的基础是沟通双方在所传达的和所思考的之间具有一致性,就是说,语言和非语言的交流应与个人的所思所感一致。

表里不一致主要表现为以下三种情形:

(1)沟通双方处事的态度与他们所意识到的态度之间的不一致。一个专注于自我的人可能不会意识到他的语言和方式正构成对别人的威胁,而对方已经感到非常难堪,比如一个事业有成的人向一个不很熟悉的、同时工作遇到不顺心的人大谈自己如何富裕,无意识中使得对方心理难以接受。

(2)个人的感觉与所表达的不一致。例如,个人可能感到愤怒但又拒绝承认自己的心态。

(3)所说的内容与举止、口气的不一致。如果想表达对某件事物的自我真实看法,但你用一种含糊、嘲讽,或者玩世不恭的口气说出这种想法,对方就会对你思想的真实性表示怀疑,尤其是沟通双方的关系在历史上曾有过“不良记录”,更会反映出这样的情况。

有研究者认为,沟通的一致性处于人际关系的中心位置。沟通者的实际状况、感受和言语越一致,与沟通对象所形成的关系就越可能产生相互一致性倾向,双方能够共同正确理解沟通对方的心理倾向,提高双方心理适应性,并不断提高和强化对相互关系的满意度。相反地,实际情况与感觉状况越不一致,所形成的关系越可能会影响到沟通的质量,导致相互之间的适应性下降,对双方之间关系的不满意度提高。

当然,致力于表里一致性并不意味着要压制自己的一切不良情感,如愤怒、失望、攻击等,也不是强调一致性原则至上论。在实际沟通过程中,其他建设性沟通的原则要综合起来考虑,不能为了追求一致性原则,而抛弃其他原则,这往往会得不偿失。如在交换意见时,有时过于直截了当的说法会使对方下不了台,或者自己在“真实地回答”和“冒犯对方”之间难以取得平衡,此时还是应该考虑其他建设性沟通的原则。

---

① http://www.docin.com/p-255161692.html.

二、认同性原则

当我们去观察他人甚至自己的沟通时，会发现人们对别人的话总是不愿花时间去听、去理解，而经常会打断他人的谈话，或者对他人的谈话漠不关心。但自己在讲的时候，往往说话啰嗦、不连贯、不诚实或教条化。如果你的下属不注意听你的讲话，你就会认为这样的下属没有积极性和上进心。那么，为什么会有这样的心态呢？从建设性沟通的角度看，就是在沟通过程中没有遵循认同性原则，对沟通对方在心理上产生排斥情绪。

认同性的沟通使对方感到自己被认可、被承认、被接受和有价值。而排斥性沟通常会使对方在自我价值、认知能力和人际关系处理能力上产生消极情绪，这种沟通实际上否认了他人的存在，否认了他人的独特性和重要性。

排斥性沟通最突出表现是沟通者的自我优越感、冷漠、严厉和冥顽不化。

1. 排斥性沟通的表现

(1)优越感导向的沟通。优越感导向的沟通给人一个印象就是谈话一方是博学、合格、胜任而有力的；另一方却是无知、不合理、不胜任而无力的，这在双方间造成了障碍。优越感导向的沟通，主要表现形式有：

①奚落。这样使沟通者显得很棒，而对方却显得很糟。或表现为救世主的态度，在别人的敬意中抬高自己。

②自夸。如“如果你懂得像我一样多，就不会这样了”。

③事后诸葛亮。如“如果你早跟我说，我就会告诉你这计划是通不过的”。

④以行话、惯用语、术语等形式将圈外人排除在外，形成关系障碍。医生、律师、政府员工，还有其他许多职员都是以使用行话、缩语来排斥他人抬高自己而闻名。在不懂外语的人面前讲外语也给人一种高高在上的印象。要记住，在大多数场合，用听者不懂的词或语言是不礼貌的，因为你在排斥他人。

(2)过于严厉的沟通。过于严厉的沟通表现为绝对不容怀疑、不容质问；对其他观点不加考虑。在独断的气氛中，排斥性沟通会降低对他人成绩的认可，甚至会使他人对自我价值产生怀疑。除了独断态度外，还有下面的一些态度也会导致沟通过于严厉：

①根据自己的意愿和观点去重新解释他人的观点；

②从不说“我不知道”，对每一件事都要表现出自己在行而提供答案；

③不愿忍受批评或接受其他观点；

④复杂问题简单化，在他人面前要显示出自己“非凡”的洞察力，总是设法给复杂的事情下简单定义或加以归纳。

喜欢在讨论之后做总结性发言，并设法要在他人心目中制造一种该总结是结论性的、完全的和绝对的印象。

(3)冷漠。冷漠一般发生在他人的存在或重要性未被承认的情况下。人也许会表现出沉默，不做语言回答，不做眼睛接触或无任何面部表情，经常打断他人，用非指称性词汇(用“人不应该”而不是“你不应该”)，或在交谈中干别的无关的事。信息传达表现为对他人不关心，给人以对他人情感或愿望漠不关心的印象。

漠不关心意味着信息传达者不承认他人的感情或观点。他人或被贴上非法的标签

"你不该那样认为"或"你的看法是错的",或被贴上天真的标签"你不懂""你被误导了"或"你的观点是误导的(更糟)"。

2. 建设性沟通中的认同性原则

与排斥性相对应的,建设性沟通应强调认同性原则。认同性原则要求在沟通过程中做到尊重对方、灵活开放、双向沟通。

(1)尊重对方,就是不管与谁沟通,要设法克服自己的优越感导向,尤其在管理者给下属做指导或提建议时,如果心理自我感觉与下属有明显的等级差距,下属就很容易感到一种被排斥感。相反,建设性沟通者在尊重人的基础上,通过平等交流的方式,使下属意识到双方是在讨论问题,而不是简单下达指令;而上级凭借自身的修养、知识和洞察力,树立在下属中的威信,使下属意识到存在的问题,从而设法提高自身解决问题的能力。①

(2)灵活开放。管理者如果将下属看作是有价值的、能胜任的、有洞察力的问题解决者,就会从理念上强调合作解决问题,而不是高高在上。要做到这一点,有效的建设性沟通者应采用灵活开放的沟通方法和用语。沟通中的灵活就是沟通者要从内心里承认,除了自己已经想到的解决问题的可能办法外,还可能存在别的数据和方法,承认他人也能为解决问题和建立良好的关系做出贡献。这是一种真正的谦虚,是一种对新观点的开放态度。如本杰明所说,"认识到无知是走向有知的第一步"。沟通中的开放,打破自我的心智模式,不要以自我为中心,沟通的目的在于双方达成良好的合作解决问题的意愿,而不是要控制他人或自视为师长、传教士,不要把自己的观点或假设当作真理来宣布,而应该认识到自身由于知识、资料和信息的有限性,应该从他人处获得更多的信息支持。

(3)双向沟通是尊重和灵活的自然结果。当沟通双方都给予对方自由表达观点的机会,并参与到问题解决的过程中来,他们的价值就得到了认同。双向交流就达到了认可下属的价值,使团队气氛的形成成为可能。为了达到双向沟通的目的,建设性沟通策略有:

第一,在沟通时先提炼出对方的主要观点,而后是其他零碎的看法。

第二,先指出沟通双方的一致之处,后讨论不同之处。

第三,先肯定下属观点和行为中的优点,后对缺点提出批评。

第四,先提出下一步解决问题时可采取的正确做法,后指出以前的错误。

第五,先帮助下属确立他们的自我价值与自信,使他们实现自我激励,然后让他们考虑如何提高工作业绩。

三、积极倾听原则

积极倾听是有效领导者的第一素质。积极倾听既是解决问题的有效方式,也是提升自我意识的有效工具。每个人在形成对某种事物和观念的正确判断之前,往往只有一些模糊的、朴素的认识,这些认识往往是与混沌和秩序、随机和准则、自由和约束、感性和理性等矛盾概念按照某种特定的方式组合在一起。在矛盾交织的心境下,依靠自己的思考很难找出"到底是什么"的答案。在这种状况下,积极倾听有助于从他人的理念、思维模式和思考途径中去探寻适合自身的结果。这种写照反映在积极倾听过程中,就是自我思想

---

① http://www.docin.com/p-236629774.html.

和他人思想的交融过程,一方面可以不断廓清自己的思维;另一方面,思想的交叉是产生灵感的最有效途径。一旦沟通对方的思想撞击你原来的观念,就产生了新的思想,这就是创造性思维活动。关于倾听的原则、技巧和方法详见第十二章。

案例分析

李华的人际沟通①

李华是一个典型的北方姑娘,在她身上可以明显地感受到北方人的热情和直率,她为人坦诚,有什么说什么,总是愿意把自己的想法说出来和大家一起讨论,正是因为这个特点她在上学期间很受老师和同学的欢迎。今年,李华从西安某大学的人力资源管理专业毕业。她认为,经过四年的学习,自己不但掌握了扎实的人力资源管理专业知识,而且具备了较强的人际沟通技能,因此她对自己的未来期望很高。为了实现自己的梦想,她毅然只身去广州求职。经过将近一个月的反复投简历和面试,在权衡了多种因素的情况下,李华最终选定了东莞市的一家研究生产食品添加剂的公司。她之所以选择这家公司是因为该公司规模适中、发展速度很快,最重要的是该公司的人力资源管理工作还处于起步阶段,如果李华加入她将是人力资源部的第一个人,因此她认为自己施展能力的空间很大。但是到公司实习一个星期后,李华就陷入了困境中。原来该公司是一个典型的小型家族企业,企业中的关键职位基本上都由老板的亲属担任,其中充满了各种裙带关系。尤其是老板给李华安排了他的大儿子做李华的临时上级,而这个人主要负责公司的研发工作,根本没有管理理念,更不用说人力资源管理理念,在他的眼里,只有技术最重要,公司只要能赚钱其他的一切都无所谓。但是李华认为越是这样就越有自己发挥能力的空间,因此在到公司的第五天李华拿着自己的建议书走向了直接上级的办公室。"王经理,我到公司已经快一个星期了,我有一些想法想和您谈谈,您有时间吗?"李华走到经理办公桌前说。"来来来,小李,本来早就应该和你谈谈了,只是最近一直扎在实验室里就把这件事忘了。""王经理,对于一个企业尤其是处于上升阶段的企业来说,要持续企业的发展必须在管理上狠下功夫。我来公司已经快一个星期了,据我目前对公司的了解,我认为公司主要的问题在于职责界定不清;雇员的自主权力太小,致使员工觉得公司对他们缺乏信任;员工薪酬结构和水平的制定随意性较强,缺乏科学合理的基础,因此薪酬的公平性和激励性都较低。"李华按照自己事先所列的提纲开始逐条向王经理叙述。王经理微微皱了一下眉头说:"你说的这些问题我们公司确实存在,但是你必须承认一个事实——我们公司在赢利。这就说明我们公司目前实行的体制有它的合理性。""可是,眼前的发展并不等于将来也可以发展,许多家族企业都是败在管理上。""好了,那你有具体方案吗?""目前还没有,这些还只是我的一点想法而已,但是如果得到了您的支持,我想方案只是时间问题。""那你先回去做方案,把你的材料放这儿,我先看看然后给你答复。"说完王经理的注意力又回到了研

① http://www.yycgw.com/article/q/200910/943.html.

究报告上。李华此时真切地感受到了不被认可的失落，她似乎已经预测到了自己第一次提建议的结局。果然，李华的建议书石沉大海，王经理好像完全不记得建议书的事。李华陷入了困惑之中，她不知道自己是应该继续和上级沟通还是干脆放弃这份工作，另找一个发展空间？

思考题

1. 从管理沟通的目标、原则、策略等角度分析本案例中沟通失败的原因，并在此基础上提出几点沟通建议。

2. 如果你是李华，你将如何和王经理沟通？请你设计一下你和王经理的沟通情景。

第四章　沟通环境分析

第一节　内部环境分析

一、内部环境分析的要素

组织内部环境因素包括有形和无形两个方面。有形环境如组织内部结构和组织有形资源(包括技术环境、物质环境和人力资源等)。无形环境如组织文化和组织无形资源(如价值观、思维方式和经营理念等)。具体地,组织内部的环境可以从组织结构、组织文化和内部技术环境三个方面来考察。

1. 组织结构

企业内部组织结构反映了组织成员的权力关系、信息沟通渠道和业务流程等,它在本质上反映的是组织内部人与人之间的关系和联结方式。为了更好地解决好权力关系、保证信息沟通的顺畅和业务流程的优化,就需要采取有效的沟通技能。如根据组织结构的形成条件、过程和作用机理的不同,可以分为正式组织和非正式组织两类。为此,需要针对这两种不同的组织选择相应的策略。

2. 组织文化

组织文化是组织内部全体员工共同遵守的行为规范、思维方式、意识形态、风俗习惯等,组织文化的本质是组织内部的价值观。由于每个组织及其子组织都有自身的文化或子文化,也需要结合不同组织内部文化环境的特点选择相应的策略。

3. 技术环境

在技术环境(这里只指狭义的生产管理工具和技术手段)方面,20 世纪 70 年代末出现个人电脑以来,组织广泛应用计算机系统协助解决组织内部问题,在 20 世纪 80 年代中后期,组织出现崭新的沟通方式——网介沟通(computer-mediated communication)。近年来,网介沟通迅猛发展,有预言称,网介沟通在 21 世纪将成为组织最活跃的沟通模式。这一发展趋势一方面得益于组织内部、组织之间信息交换在空间上的不断扩展,使组织虚拟化生存成为可能和必然;另一方面,是由组织管理从刚性的制度、规则管理走向个性化、柔性化管理所致。有人把组织的这种管理变迁归结为组织从“社会人”走向“文化人”的过程。从这个意义上讲,网介沟通不能被简单地作为“新观念传播”或“新媒介”来看待,它所改变的可能是沟通的一块基石。事实上,随着企业因特网、局域网的普遍采用,正在根本上改变着人的沟通模式。

从组织内部上述三个方面考察环境的变化，可以帮助我们采取针对性的沟通策略。从管理沟通的角度讲，由于沟通对象是非常明确的人，而人所存在的直接环境是组织，因此，在内部沟通技能上，重点在于解决不同组织环境及其文化环境下的沟通策略。

二、内部环境分析的必要性

内部沟通的必要性在于内部沟通是员工的需要。

经常有员工这样抱怨：我们部门内部甚至公司内部，人与人之间都戴着面具，相互之间存在很大隔阂。可以说，这是一种比较常见的现象，但这种现象越来越使我们伤心——它撕碎了现代人的心，也使现代人生活在压抑、沮丧的环境中；它使人产生被遗弃感和孤独感，这种感觉强化了员工与企业的貌合神离，被隔绝的员工由于不了解企业，也就无法和企业建立亲密的关系，也正是由于这种原因，员工们的奉献精神减少了，互相不关心和不信任的现象抬头，整个公司的生产力陷于停顿。

那么，是什么导致上述局面的呢？几乎每一个员工（包括自己）刚到公司时，都是那么的充满热情，觉得自己是这个新组织的一员，应该要好好干，也会告诉自己，要把自己的全部时间、精力和心思投入到公司的发展中去。事实呢？如果你来到了一家与你的预期相吻合的企业里，那么，即使在企业碰到困难时，你也会和公司取得相互理解，会奋不顾身地为公司目标奋斗，你会尽最大努力去做好自己的工作，因为你觉得自己是企业的一部分。但结果往往是你来到了一家与你的预期很不吻合的企业里工作，因为企业内部管理者关心更多的不是你的心境和愿望，而是企业的利润，或者自己的利益。他们总是说没有时间与你交流，他们往往很少对你给予足够的关注，使得你对组织越来越失望。

现在，假设你终于走上了管理岗位，成为一名管理者。你又是如何考虑组织内部沟通的呢？是否还记得你在作为普通员工时的期望？是否还关注你的下属的期望？正如你自己一样，普通员工也在渴望着和公司紧密相连，他们也在希望自己和公司的关系不是一张工资单的关系；他们也在希望自己成为“圈内人”，能深入到公司内部，对公司各部门的情况有所了解；他们更希望自己不只是被雇佣的一双手或仅仅是机器上的一个零件，随时可以被更换；他们期待着来自组织坦诚交流而产生的那种结合在一起的特殊感觉。解决好这些问题，寻求组织内部有效沟通的技能是成为成功管理者所必须面临的课题。

三、内部沟通障碍分析

要寻求有效的内部沟通技能，首先要分析常见的内部沟通障碍。一般来讲，内部沟通环境中的障碍包括主观障碍、客观障碍和沟通方式障碍三个方面。

1.主观障碍

主观障碍来自以下六个方面：

(1)个人的性格、气质、态度、情绪、见解等的差别，使信息在沟通过程中受个人的主观心理因素的制约。

(2)信息沟通中，如双方在经验水平和知识结构上差距过大，就会产生沟通的障碍。

(3)信息往往是依据组织系统分层次逐级传递的。而在按层次传达同一条信息时，往往会受到个人的记忆、思维能力、价值观等影响，从而降低信息沟通的效率。

(4)对信息的态度不同,使有些员工和主管人员忽视对自己不重要的信息,不关心组织目标、管理决策等信息,而只重视和关心与他们物质利益有关的信息,使沟通发生障碍。

(5)主管人员和下级之间相互不信任。这主要是由于主管人员考虑不周,伤害了员工的自尊心,或决策错误所造成的,而相互不信任则会影响沟通的顺利进行。

(6)下级人员的畏惧感也会造成障碍。这主要是由于主管人员管理严格、咄咄逼人和下级人员本身的素质所决定的。

2. 客观障碍

客观障碍主要包括以下两个方面:

(1)信息的发送者和接收者如果空间距离太远、接触机会少,就会造成沟通障碍。社会文化背景不同、种族不同而形成的社会距离也会影响信息沟通。

(2)组织机构过于庞大,中间层次太多,信息从最高决策层传递到下级基层单位,中间过程易产生失真,而且还会浪费时间,影响其及时性。这是由于组织机构不完善所带来的障碍。

3. 沟通方式障碍

沟通联络方式的障碍可以概括为以下两个方面:

沟通方式选择不当,原则、方法使用不灵活所造成的障碍。沟通的形态和网络多种多样,它们都有各自的优缺点。如果不根据组织目标及其实现策略来进行选择,不灵活运用有关原则、方法,沟通就不可能畅通进行。在管理工作实践中,存在着信息的沟通,也就必然存在沟通障碍。主管人员的任务在于正视这些障碍,采取一切可能的方法消除这些障碍,为有效的信息沟通创造条件。

语言系统所造成的障碍。语言是沟通的工具。人们通过语言、文字及其他符号将信息经过沟通渠道来沟通。但是语言使用不当就会造成沟通障碍。这主要表现在以下三个方面:

第一是误解。这是由于发送者在提供信息时表达不清楚,或者是由于接收者接收失误所造成的。

第二是歪曲。这是由于对语言符号的记忆模糊所导致的信息失真。

第三是信息表达方式不当。这表现为措辞不当、词不达意、丢字少句、空话连篇、文字松散、句子结构别扭、使用方言、土语、千篇一律等。这些都会增加沟通双方的心理负担,影响沟通的进行。

人际冲突在组织中是客观的、无处不在的。现实中,大量的企业都趋向于劳动力的多样化、全球化,合资企业大量涌现。因此,来自不同组织和文化背景的管理者走到一起时,如何处理好内部沟通已日益成为一个重要的问题。任何一个内部存在过度不和谐因素的组织,都将在竞争的环境中处于难堪的境地(组织内的成员过于强调完全一致,以致懒于去适应变化的外部环境,或者过于强调对上级的服从而没有看到要改进现状的需要,都属于不和谐的状态)。事实上,适度的冲突正是活跃的、有进取性的、有激励的组织的生命血液,它能够激发出人的创造力,激发整个组织的创新精神。为此,就需要管理者在正确看待内部沟通障碍的前提下,运用适当的策略建设性地做好内部沟通工作。①

---

① 杨文士.管理学原理(第二版).北京:中国人民大学出版社,2004.

第二节　外部环境分析

一、外部环境分析的要素

组织外部因素可以从宏观环境因素和中观环境因素两个方面分析，其中宏观环境可以分为政治法律(politics)、经济政策(economy)、社会文化(society)、技术进步和技术政策(technology)四个环境因素，有时也称PEST分析和自然环境五个方面；中观环境一般是指行业环境。

1. *政治法律环境分析*(P—political)

政治法律环境是指一个国家或地区的政治制度、体制、方针政策、法律法规等方面。这些因素常常制约、影响企业的经营行为，尤其是影响企业较长期的投资行为。

(1)政治环境分析的主要因素

政治环境主要分析国内的政治环境和国际的政治环境。国内的政治环境包括以下一些要素：政治制度、政党和政党制度、政治性团体、党和国家的方针政策、政治气氛。国际政治环境主要包括：国际政治局势；国际关系；目标国的国内政治环境。

(2)法律环境分析的主要因素

第一，法律规范，特别是和企业经营密切相关的经济法律法规，如我国的《公司法》《中外合资经营企业法》《合同法》《专利法》《商标法》《税法》《企业破产法》等。

第二，国家司法执法机关。在我国主要有法院、检察院、公安机关以及各种行政执法机关。与企业关系较为密切的行政执法机关有工商行政管理机关、税务机关、物价机关、计量管理机关、技术质量管理机关、专利机关、环境保护管理机关、政府审计机关。此外，还有一些临时性的行政执法机关，如各级政府的财政、税收、物价检查组织等。

第三，企业的法律意识。企业的法律意识是法律观、法律感和法律思想的总称，是企业对法律制度的认识和评价。企业的法律意识，最终都会物化为一定性质的法律行为，并造成一定的行为后果，从而构成每个企业不得不面对的法律环境。

第四，国际法所规定的国际法律环境和目标国的国内法律环境。

(3)政治法律环境对企业的影响特点。

第一，直接性。即国家政治法律环境直接影响着企业的经营状况。

第二，难以预测性。对于企业来说，很难预测国家政治法律环境的变化趋势。

第三，不可逆转性。政治法律环境因素一旦影响到企业，就会使企业发生十分迅速和明显的变化，而这一变化，企业是驾驭不了的。

第四，强制性。政治法律环境要素对企业来说带有强制性的约束力，只有适应这些环境的需要，使自己的行为符合国家的政治路线、政策、法令、法规的要求，企业才能生存和发展。

2. *经济环境分析*(E—economic)

经济环境是指构成组织生存和发展的社会经济状况和国家经济政策。社会经济状况包括经济要素的性质、水平、结构、变动趋势等多方面的内容,涉及国家、社会、市场及自然等多个领域。国家经济政策是国家履行经济管理职能,调控国家宏观经济水平、结构,实施国家经济发展战略的指导方针,对组织经济环境有着重要的影响。

组织的经济环境主要由社会经济结构、经济发展水平、经济体制和宏观经济政策等四个要素构成。

(1)社会经济结构。社会经济结构是指国民经济中不同的经济成分、不同的产业部门以及社会再生产各个方面在组成国民经济整体时相互的适应性、量的比例及排列关联的状况。社会经济结构主要包括五方面的内容,即产业结构、分配结构、交换结构、消费结构和技术结构,其中最重要的是产业结构。

(2)经济发展水平。经济发展水平是指一个国家经济发展的规模、速度和所达到的水准。反映一个国家经济发展水平的常用指标有国民生产总值、国民收入、人均国民收入、经济发展速度、经济增长速度。

(3)经济体制。经济体制是指国家经济组织的形式。经济体制规定了国家与组织、组织与组织、组织与各经济部门的关系,并通过一定的管理手段和方法,调控或影响社会经济流动的范围、内容和方式等。

(4)宏观经济政策。宏观经济政策是指国家、政党制定的一定时期国家经济发展目标实现的战略与策略,它包括综合性的全国经济发展战略和产业政策、国民收入分配政策、价格政策、物资流通政策、金融货币政策、劳动工资政策、对外贸易政策等。

组织的经济环境分析就是要对以上的各个要素进行分析,运用各种指标,以准确地分析宏观经济环境对组织的影响,从而制定出正确的组织经营战略。

3.社会文化及自然环境分析(S—social)

社会文化环境包括一个国家或地区的社会性质、人们共享的价值观,人口状况、教育程度、风俗习惯、宗教信仰等各个方面。自然环境包括地区或市场的地理、气候、资源、生态等因素。[①]

从影响组织战略制定的角度来看,社会文化环境可分解为人口、文化两个方面。

(1)人口因素。人口因素对组织战略的制定有重大影响。例如,人口总数直接影响着社会生产总规模;人口的地理分布影响着组织的厂址选择;人口的性别比例和年龄结构在一定程度上决定了社会需求结构,进而影响社会供给结构和组织生产;人口的教育文化水平直接影响着组织的人力资源状况;家庭户数及其结构的变化与耐用消费品的需求和变化趋势密切相关,因而也就影响到耐用消费品的生产规模等。对人口因素的分析可以使用以下一些变量:离婚率、出生和死亡率,人口的平均寿命,人口的年龄和地区分布,人口在民族和性别上的比例变化,人口和地区在教育水平和生活方式上的差异等。

(2)文化环境。文化环境对组织的影响是间接的、潜在的和持久的。文化的基本要素包括哲学、宗教、语言与文字、文学艺术等,它们共同构筑成文化系统,对组织文化有重大的影响。

第一,哲学。哲学是文化的核心部分,在整个文化中起着主导作用。我国的传统哲学

① 吴辉.网上巴蜀学校营销战略研究.重庆大学硕士学位论文,2004.

基本上由宇宙论、本体论、知识论、历史哲学及人生论(道德哲学)五个方面构成,它们以各种微妙的方式渗透到文化的各个方面,发挥着强大的作用。

第二,宗教。宗教作为文化的一个侧面,在长期发展过程中与传统文化有密切的联系。在我国文化中,宗教所占的地位并不像西方那样显著,宗教情绪也不像西方那样强烈,但其作用仍不可忽视。

第三,语言和文化艺术。语言文字和文化艺术是文化的具体表现,是社会现实生活的反映,对组织职工的心理、人生观、价值观、性格、道德及审美观点的影响及导向是不容忽视的。

组织对文化环境的分析过程是组织文化建设的一个重要步骤,组织对文化环境分析的目的是要把社会文化内化为组织的内部文化,使组织的一切生产经营活动都符合环境文化的价值检验,另外,组织对文化的分析与关注最终要落实到对人的关注上,从而有效地激励员工,有效地为顾客服务。[①]

(3)自然环境。自然环境是组织赖以生存的基本环境。自然环境的优劣不仅影响到组织的生产经营活动,而且影响一个国家的经济结构和发展水平,使经济环境和人口环境等均受到联动影响。

4.技术环境分析(T—technological)

组织的技术环境指的是组织所处的社会环境中的科技要素及与该要素直接相关的各种社会现象的集合。

粗略划分组织的科技环境,大体包括四个基本要素:社会科技水平、社会科技力量、国家科技体制、国家科技政策和科技立法。

(1)社会科技水平。社会科技水平是构成科技环境的首要因素,它包括科技研究的领域、科技研究成果门类分布及先进程度和科技成果的推广与应用三个方面。

(2)社会科技力量。社会科技力量是指一个国家或地区的科技研究与开发的实力。

(3)国家科技体制。科技体制是指一个国家社会科技系统的结构、运行方式及其与国民经济其他部门的关系状态的总称,主要包括科技事业与科技人员的社会地位,科技机构的设置原则与运行方式、科技管理制度、科技推广渠道等。

(4)国家科技政策和科技立法。国家的科技政策与科技立法指的是国家凭借行政权力与立法权力,对科技事业履行管理、指导职能的途径。

技术变革的作用:

第一,新技术可以破坏,也可以创造一个产业。

第二,新技术会造成技术工人的短缺。

第三,新技术使以前无关的组织联系起来。

第四,创新是组织的再生之本。

第五,技术创新能力和现金支付能力是衡量组织活力和实力的两个最重要标志。

如今,变革性的技术正对组织的经营活动产生巨大的影响。组织要密切关注与本组织的产品有关的科学技术的现有水平、发展趋势及发展速度,对于新的硬技术,如新材料、

---

① 盛利.东方地球物理勘探有限责任公司国际化经营战略研究.天津大学硕士学位论文,2004.

新工艺、新设备,组织必须随时跟踪掌握,对于新的软技术,如现代管理思想、管理方法、管理技术等,组织要积极学习、吸收和运用。①

二、外部环境分析的必要性

1. 国际商务发展趋势视角

从国际商务发展趋势来看,无论是制造业还是信息产业,已变得越来越全球化,在全球性经营活动过程中,常碰到很多跨文化沟通的问题,因此,管理者应该清楚了解其他文化的行为准则。比如,尽管现在英语正接近于成为国际通用语言,但是美国和英国在个人行为与社交方面的评判标准仍差别很大,更不用说英国和中国之间的差距。在一个国家,邀请别人共进晚餐可能被认为是人们所期望的一种礼貌表现,但在另一个国家,可能就是对同事个人私有时间的侵犯。问候某人的家人,在一个国家可能是必要的,而在另一个国家可能是对别人严重的冒犯。如在美国,邀请他人到自己家里吃饭可能是很高的礼节,但在中国如果你只是在家里请他人吃饭,他人会认为你对自己不够重视,而到酒店吃饭,他们会觉得你非常客气。

2. 国内不同地区之间的市场经营活动视角

从国内不同地区之间的市场经营活动来看,即使都是在国内市场的开拓上,广告商为了在同类产品竞争时取胜,也不得不采取差异化的广告策略。比如,他们在东部地区采取的广告策略与西部地区就不一样;在上海的广告策略与在北京的广告策略也不相同。如同样的手机产品,在某些地区宣传的是它的方便,在另外一些地区宣传的则是它的身份象征。

3. 不同组织的沟通目标视角

从不同组织的沟通目标上看,由于本身性质的不同,其所采取的沟通策略也不一样。如在宣传目标上,政府机构或非营利性组织总是希望自己的服务对象包括所有不同阶层、不同民族以及不同信仰的社会群体;而对于娱乐业的营销人员,他们总是希望倡导“时尚一族”的特有文化,并专门为这些“时尚弄潮儿”提供服务。所有这些因素,都是组织在考虑其产品定位和服务定位时应充分考虑的。

案例分析

一个“80后”家庭的沟通困境②

案例摘要

小王和媳妇结婚已经5年了,随着小两口的努力工作,在上海这样的大城市也算基本

① 郭利军.工程咨询企业核心竞争力研究.天津大学学位论文,2005.

② 杜慕群.管理沟通案例.北京:清华大学出版社,2013.

立足了，双方都有了稳定的工作，买了房子、车子，也有了一定的积蓄，最近媳妇生了一个大胖儿子，更是让全家人乐得合不拢嘴，按理说已经是非常幸福的一个家庭了，可是最近发生的一些事情让小王苦恼不已，也感到困惑。婚姻不是两个人的事，两个家庭的组合带来了诸多困扰。

小王是地道的南方人，但是近来和来自东北的岳母的关系很僵，岳母大发脾气，本来在这边帮忙带孩子，但闹着要回老家，小王的父母都尚未退休，又在外地，一时之间也不方便放弃工作来照顾孙子。

1.孩子出生时的争吵

孩子出生时，双方父母都来到上海，由于岳母在城市生活多年，和从小城镇来的小王父母沟通不大顺畅，不论是语言上，还是文化上，都产生了障碍。小王父母从小城镇来，普通话讲得生硬，表达困难，这让岳母听起来很别扭，有时会显出一些不屑与玩笑，这在小王这边看来，似乎有种嘲弄与鄙视。尤其是岳母喜欢发表关于孩子、生活细节、饮食等所有事情的言论，这种带着教训口吻的姿态让寡言少语的小王父母只有点头唯诺。生活上的琐事本来就无所谓对错，左右并无绝对界限，所以有时言论前后出入很大，小王父母变得有点无所适从。这种尴尬的局面让小王心里有了芥蒂，觉得父母为自己受了太多委屈，这种长期积累的怨气终于爆发了，媳妇待产时，产房外面，所有的人焦急地等待了24小时仍然对病房内的情况一无所知，大家的忍耐力逐渐下降，焦急的岳母对小王父母的指责与各种喋喋不休终于让小王忍无可忍，开始了第一次正面争吵。岳母认为小王的顶撞侮辱了她，开始当着大家的面哭诉小王的种种不是，包括各种生活方式以及个人缺点……小王父母只得尴尬地在众人面前安抚亲家，以求息事宁人，好在孩子顺利出生，新生命的到来暂时缓解了气氛，大家各自压压火，冲突暂时告一段落。

2.关于孩子的日常饮食与健康问题

孩子出生以后，关于孩子的吃喝拉撒，人人在心里都有一套观念，很难说谁对谁错，但小王认为岳母过于强势，要求全家人按照她的理念方式照顾小孩，尤其是她的急性子总是不断地下达一个接一个的指令，一旦某个指令得不到立即执行，就唠叨个不停，这甚至引起亲生女儿的痛苦，虽然她明知道对方是刀子嘴、豆腐心，但又怕惹老人不高兴，家里气氛变得阴郁，总归不好。

最痛苦的是担心孩子生病，其实孩子感冒发烧本来很正常，但现在的老人可能过于紧张，一见到孩子发烧，就要求吃退烧药、打吊针，可是小王夫妇坚持优先采用物理退烧。这导致小王岳母的强烈不满，指责小王夫妇不关心孩子、不贴心，认为“我走过的桥比你们走过的路还要多”，你们为什么不能理解我们老人的心情，我们带孩子，诚惶诚恐的，生怕出什么问题，多不容易！

小王的烦恼在于：下班回家，如果对孩子的情况过问得比较多，老人很敏感，立刻解读为“你这是在质询怀疑我”，因此赶紧细致地解释：自己采取了哪些措施，表现出一种“你不信任我”的不满，甚至表达出受伤害了，辛辛苦苦这么忙还不被信任啊。

相反，如果对孩子的情况无所谓、大大咧咧，或者说些宽慰的话，如劝解大家：发烧不太要紧，只要孩子精神状态好，不超过39℃，都不太要紧。可是老人同样要生气，他们因此指责小夫妻俩对孩子不闻不问,冷漠、自私,生下孩子就不管了,让老人这么辛苦……

关于这一点,小王感到委屈、左右为难,哭笑不得。

3. 关于生活方式的偏见

结婚之后,小王发现虽然夫妻俩都受过高等教育,但毕竟从小的家教不同,北方长大的媳妇,母亲教育她要讲人情、要热情,在家里要抢着干家务活,要能说会道,说贴心话、热心话。

而小王在南方长大,比较务实,父母在这方面比较随意,认为在家里面不必像在外面那样,家里应该是轻松随意的氛围,不必在诸如谁洗碗的事情上抢来抢去,抢10分钟还定不下来。

这导致双方都有一定的不满情绪,岳母认为小王"不会来事儿"、不懂尽孝,小王认为那些做法太虚,对自己要求又多,以至于有次痛苦地说:"我唯一的要求就是不要对我有太多要求。"

一个极端的例子是:小王有次晚上应酬回家较晚,未能及时洗自己的内衣,因为岳父经常非常积极地洗衣服,为了不欠人情,小王将内衣藏在一件大衣的内口袋里,准备第二天回家再洗。第二天,小王回家发现,内衣还是被洗了,也没有进行特别回馈、感谢,但此事却给自己带来很大被动,在后来的争吵中,岳母将这件事拿出来表达不满,认为老丈人对你如此宽厚,连你的内衣都给抢着洗了,你居然能昧着良心和我叫板!小王因此很苦恼,他认为北方人人情太重:没有雷锋那种助人不图名的境界,为何一定要抢着干雷锋的活儿,然后站在道德制高点上来训斥晚辈?

4. 回老家之争

面对岳母在家里的权威态势,岳父在岳母不断的耳旁风作用下,开始和小夫妻也有了隔阂,而媳妇在母亲的唠叨责骂下有时也会替丈夫辩解几句,但如此一来又被母亲所斥责,虽然事后证明,一旦她远离了母亲的唠叨,又开始为老公不能释怀母亲的批评而不满,也就是说,她在母亲的责骂面前偏向了老公,但当老公以冷漠来对抗长辈时,她又偏向了母亲。这种两边不讨好的行为,结果只能让自己更痛苦。

小王策划过一次"起义"的行动,在某次黄金周回老家的问题上,在讨论如何安排行程问题时,由于老人的建议反复变化,小王认为自己必须要站出来,理直气壮地表示自己来做主、自己决定,但岳母和岳父一方面感觉权威受到蔑视,很受伤,另一方面,小王认为自己的户主地位必须被强调一次,几句话,立刻升级成一场严重的战争,岳父扔出了重磅炸弹——要求回老家,不带孩子了。但鉴于小王的父母尚未退休,无法立即来上海,且仓促之下,无法找到合适的保姆,既困难,也不放心。最后小夫妻俩历时两天,赔礼道歉,才暂时换得表面平静。

冲突分析

小王对这些问题简单梳理了一遍,认为问题的根源有以下几点:

1. 南北文化差异比较大

北方人讲究凡事热情好客、对自己家里人要相敬如宾,好处是讲究伦理纲常,但缺点是礼数过度，绕弯比较多，讲究面子，难以猜测对方的实际意图。

南方人务实不虚，敢于实践，不讲客套，对面子问题无所谓，要么不说，但开口必是实情。优点是敢于谏言，缺点是不加修饰地表达显得冷酷，缺乏人情味。

南方人讲究家庭内随意融洽，互相帮助，有需要则说，没需要则拒绝，话中无话，没有什么引申发挥，注重家庭的轻松氛围，当年轻人口头表达孝道有困难时，习惯于用金钱和物质上的优势来弥补，他们希望老人坦然接受，一方面满足了年轻人的孝敬心理，另一方面也是对年轻人作为经济中坚角色的认可与鼓励。

2. 两代人思想观念差异大

老一辈讲究守成、循规；年轻人喜欢创新、自由。老一辈可能认为自己有多年生活经验，会有所坚持，认为年轻人缺乏经验，甚至不配和自己平等交流；但年轻人相信科学理性分析，自信是社会的中坚力量，可以平等探讨问题，也有可能认为老年人固执，沟通困难，索性放弃努力。

如双方均不能放下成见，则无法建立有效沟通机制，造成“双输”局面，毕竟我们要承认的事实是，年轻人和老年人互相依赖，不可能完全划清。从伦理上讲，年轻人不能置纲常孝道不顾，在日常生活中，最现实迫切的需要就是老年人对孩子的照顾；同样，老年人也不可能与自己的后代完全划清界限，独自到一个桃花源安度晚年，就算对长大成人的儿女没有多少眷恋，对尚在幼年的孙辈，未必那么容易舍弃牵挂。

3. 非血缘两代人信任危机

“多年父子成兄弟”，真正的兄弟不在于是否有分歧，而在于能沟通，父子之间谈论问题畅所欲言，即使争吵起来，一时着急有了小小的冒犯，也是一笑了之，毕竟儿子是另外一个自己，做父亲的都不会真正放在心上。

但非亲生父子往往刻意为了不触犯对方，不麻烦对方，习惯采取官话、套话、客气话，这样就导致一个不利局面：“亲极反疏”，完全听不到对方真实的需求和想法，那就很可能加以揣测，一旦揣测，就很可能误解、误读，一旦误读，当对方的做法偏离自己的实际意图时，就可能有一些猜疑：自己这么为对方着想，但对方怎么就不理解和配合自己呢？从而越来越疏远，隔阂越来越大。另外，在自己需要对方帮助时，也尽量掩饰，以求不欠人情，而一旦对方真的未感知到这种需求，自己立刻又感觉受到伤害，甚至想起自己为对方做过的努力，为未得到回报而伤心，积累怨气，这种怨气在适当的时候爆发出来，从而又伤害大家。

后 记

半年后，经过不断地调整与努力，小王再次进行了一遍梳理，也有了新的认识。

家庭成员之间的沟通问题是一个严肃而且普遍的问题，现在流行的各种婆媳关系肥皂剧也证明了这一点，它们存在的市场基础正是当代城市家庭关系越来越复杂、沟通困境越来越明显所导致的。另外，有个潜在规则是：人们心理上有种从别人的困境获得快乐的潜意识，看着屏幕上吵得不可开交、有苦说不出的演员郭达，人们往往觉得很欢乐、很搞笑，各种小品、娱乐综艺节目中演员与主持人总是被调侃的对象，以此取悦观众。理性的人会发现,一旦那些情景加到自己身上,其苦恼和痛苦往往是巨大的,不论你在工作事业上如何春风得意,家庭沟通失败带来的灾难将是毁灭性的。

如何解决沟通困境问题,不仅要认识到问题的实质,如信任危机与文化、隔代差异问题,关键是面对现实,接受劣根性,并利用之,只要能有助于各方关系好转,就是好办法。因此,小王认为首要的手段是加大赞美力度,努力发现对方的优点,要多表达、多鼓励,尤其是对家庭中的女性:妻子、岳母,一定要发掘对方的优点,并不停地表扬、夸赞,当然要注意技巧,夸得具体、实在,不但当面夸,而且也要在背后夸,在邻居面前夸,因为背后的夸奖一定会传到对方耳中,这样效果会更佳。家庭气氛一定会随之改善,然后使对方减少挑剔与唠叨。各种挑剔的背后源于怨气,当日常的生活积累了怨气,人就会变得不理性、变得挑剔、翻旧账,从而将事态升级,矛盾越来越难收拾。

非血缘关系的信任问题极难解决,基本不要抱太大希望,能平淡和谐就已不错,顺其自然、顺势而为,不强求、不抱怨、不批评。因为任何仓促的批评、抱怨都将给自身带来坏处,如果批评错了,对方立即会寻找辩驳的理由,陷入是非的口角;即使批评对了,也只会伤害彼此之间的关系。而作为家庭成员,缺乏良好的成员关系一定会成为自身发展的短板,拖累工作等其他各个方面。

当沟通无效率时,人们往往选择沉默,一是不知道如何表达;二是怕表达不当,引起更大误解。但是沉默本身就极可能导致误解:被解读为不关心、缺乏责任心。凡此种种,都是由猜忌而起,解决的办法只有破解背后的心结,看似纷繁复杂的琐事纠纷,背后都源于各种怨气,只有敏锐地感知到家庭各个成员的心理需求,并加以疏导,才能有效地避免各种争吵,而刻意的争吵显然属于无效沟通,甚至可能演变为互相中伤的一场大战,任何一时的言辞之快都必然为自己的受伤害埋下隐患,功夫在诗外,减少猜忌、中伤的唯一办法,不是当面对抗、理论,而是在棋局之外,唯有跳出琐事,消解彼此对抗背后的怨气,才能从根本上营造沟通的环境,达到有效沟通。

思考题

1. 你认为案例中有哪些背景影响了沟通效果?

2. 你个人在家庭沟通中有没有遇到过类似的问题?

3. 如果你是本案例中的小王,你将如何化解家庭矛盾、促进家庭和谐?

4. 面对家庭沟通困境最重要、最高效的方法是什么?如何运用赞美的艺术化解家庭矛盾?

管理沟通基本策略

第五章　沟通风格与应对策略

第一节　沟通风格分析

一、沟通风格测试

我们在人际交往过程中会接触到不同性格的人，性格往往决定了沟通风格。无论是在国外还是在国内，沟通风格测试比较流行。尽管有点以偏概全，但是在一定程度上说明了一些问题。为了阐述面对不同沟通对象的沟通技巧，我们给大家做一个简单的测试，用的是被管理者比较认可的人力资源动态诊断系统(Professional Dynametric Programs)。该系统由美国南加州大学统计科学研究所与科罗拉多大学行为科学研究所共同发明。

请回答表5-1和表5-2的A、B两套题。如果左边的描述更接近你的实际情况，请给自己5分以下。如果接近右边的描述，请给自己6分以上。请如实回答，以保证对你自己有更加准确的认识。答完每套题后，将分数相加，得出该套题的总分。

表5-1　沟通风格测试题A

1.面对风险、决定或变化反应迟缓谨慎	12345678910	面对风险、决定或变化反应迅速从容
2.与大伙一起讨论时不常主动发言	12345678910	与大伙一起讨论时经常主动发言
3.强调要点时不常使用手势及音调的变化	12345678910	强调要点时经常使用手势及音调的变化
4.表达时经常使用较委婉的说法，如："根据我的记录……""你可能认为……"	12345678910	表达时经常使用强调式的语言，如："就是如此……""你应该知道……"
5.通过阐述细节内容强调要点	12345678910	通过自信的语调和坚定的体态强调要点
6.提问用来检验理解、寻求支持或更多信息	12345678910	提问用来增强语言气势、强调要点或提出异议
7.不爱发表意见	12345678910	愿意发表意见
8.耐心、愿意与人合作	12345678910	性急，喜欢竞争
9.与人交往讲究礼节、相互配合	12345678910	喜欢挑战，控制局面
10.如果对没什么大不了的事意见有分歧，很可能附和他人的观点	12345678910	遇到意见分歧时，愿意坚持自己的观点，并要辩论出究竟
11.含蓄，节制	12345678910	坚定，咄咄逼人
12.与人初次见面时目光间断性注视对方	12345678910	与人初次见面时目光长久注视对方
13.握手时较轻	12345678910	紧紧握手

表 5-2 沟通风格测试题 B

1. 戒备	12345678910	坦率
2. 感情不外露;只在需要别人知道时表露	12345678910	无拘无束地表露、分享感情
3. 多数时依据事实、证据做出决定	12345678910	多数时根据感觉做出决定
4. 就事论事,不跑题	12345678910	谈话时不爱专注于一个话题
5. 讲究正规	12345678910	轻松、热情
6. 喜欢干事	12345678910	喜欢交友
7. 讲话或倾听时表情严肃	12345678910	讲话或倾听时表情丰富
8. 表达感受时不太给非语言的反馈	12345678910	表达感受时愿意给非语言的反馈
9. 喜欢听现实状况、亲身经历和事实	12345678910	喜欢听梦想、远见和概括性信息
10. 对人和事应对方法较单一	12345678910	对别人占用自己的时间灵活应对
11. 在工作或社交场合需要时间去适应	12345678910	在工作或社交场合中适应快
12. 按计划行事	12345678910	做事随意
13. 避免身体接触	12345678910	主动做出身体接触

分别得出两套题的总分后,请在图 5-1 中确定你的位置。

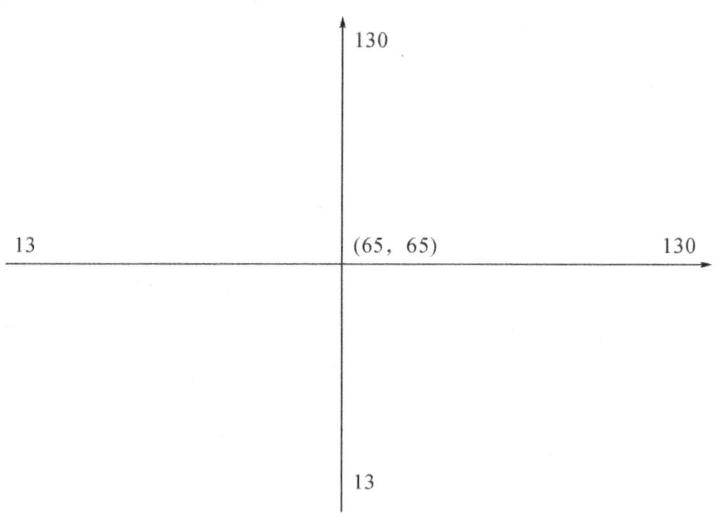

图 5-1 沟通风格测试坐标

注意:

(1)在横轴上标出与 A 套题的总分相对应的位置作为 A 点,穿过 A 点做一条平行于纵轴的直线;

(2)在纵轴上标出与 B 套题的总分相对应的位置作为 B 点,穿过 B 点做一条平行于横轴的直线;

(3)两条直线相交的位置,反映你比较自然的人际沟通风格倾向。

二、沟通风格倾向

经过人际沟通风格测试后，我们可以得出图5-2的几种沟通风格倾向。

两线相交的位置落在第一象限，说明你的沟通风格为表现型，热情、冲动、幽默、鼓动气氛强、善演讲，像一只孔雀。比如：刘备。

两线相交的位置落在第二象限，说明你的沟通风格为随和型，亲切、稳定、不慌不忙、大局为重、和为贵，像一只考拉。比如：鲁肃。

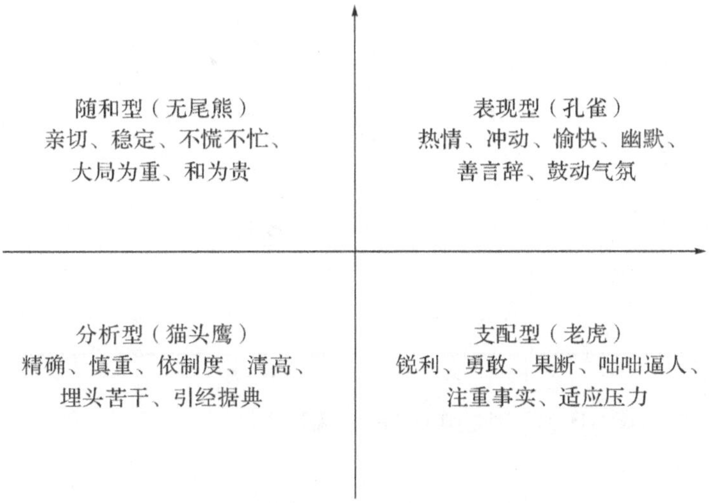

图5-2 沟通风格倾向

两线相交的位置落在第三象限，说明你的沟通风格为分析型，精确、慎重、喜欢按照制度办事、清高、埋头苦干、引经据典，像一只猫头鹰。比如：诸葛亮和法正。

两线相交的位置落在第四象限，说明你的沟通风格为支配型，锐利、勇敢、果断、咄咄逼人、注重事实、总是给别人带来压力，像一只老虎。比如：关羽和张飞。

相交位置越是接近原点，越说明你的沟通风格单一倾向性越小，四种风格的兼容性越大，是一位人际交往与沟通的成功人士。

第二节 面对不同沟通风格的策略选择

一、不同人际沟通风格倾向的特点

不同人际沟通风格倾向的特点如表5-3所示。

表 5-3 不同人际沟通风格倾向的特点

类型	分析型	支配型	随和型	表现型
注重	准确、稳妥、过程	控制、竞争、结果	理解、合作、被接受	作秀、受欢迎、被称赞
长处	计划、系统、全盘考虑	善领导、管理、开拓	善倾听、协作、善始善终	热情、愉悦、感染力强
弱点	过于注重细节、挑剔、应变力不强	不善倾听、无耐心、不重感情	过于敏感、不果断、无大志	不拘小节、专注力弱、不善执行
不喜欢	无条理、无规矩	无效率、优柔寡断	不重感情、遇事急躁	循规蹈矩、繁文缛节
对待压力	退缩、不服管	挑战、不服输	屈从、犹豫不决	玩世不恭、敷衍了事
决策时	反复审议	果断	与别人协商	凭感觉
害怕	被别人挑剔	被利用	突然变故	不讨人喜欢
获得安稳感的手段	准备充分	控制别人或局面	友情	娱乐
衡量个人价值的方法	精确度	成效性、影响度	合群度、贡献度	认可度、受欢迎程度

二、与不同沟通风格沟通对象的沟通策略

1. 与支配型的人沟通

(1)战略、目标、行动计划、进程、解决办法之类的话题更容易引起他们的谈话兴趣;

(2)对他们讲话时要直截了当,坚定果断,但要表示出对他们的尊重;

(3)沟通时注重效率与业绩成果。

2. 与表现型的人沟通

(1)对表现者给予关注及兴趣;

(2)对他们的积极表现要多加赞赏;

(3)与他们讲话时要认真倾听,在打断前对他们的好的说法加以肯定。

3. 与随和型的人沟通

(1)与他们沟通时,力求创造友善的环境氛围,减少他们的戒心;

(2)亲情、友情方面的话题对他们有吸引力;

(3)讲话时要面带微笑,和蔼可亲;

(4)鼓励他们多发表看法。

4. 与分析型的人沟通

(1)他们喜欢书面沟通,并配以事实、数据、图表、符号、附件说明等;

(2)沟通前最好给他们准备的时间,他们不喜欢仓促行事;

(3)对他们要讲明事情的“理由”。

案例分析

“邮件门”事件引发的深思[①]

2006年网络上盛传的“邮件门”事件，曾一度引起轩然大波，被称为2006年人力资源界的三大丑闻事件之一。细看事件根源，都是“沟通不当惹的祸”。

事件回顾

2006年4月7日晚，EMC大中华区总裁陆纯初(Loke，Soon Choo)回办公室取东西，到门口才发现自己没带钥匙。此时，他的私人秘书瑞贝卡已经下班。陆纯初没有联系到瑞贝卡。数小时后，陆纯初还是难抑怒火，于是在4月8日凌晨1点通过内部电子邮件系统用英文给瑞贝卡发了一封措辞严厉且语气生硬的谴责信。

原文如下：

> I just told you not to assume or take things for granted on Tuesday and you locked me out of my office this evening when all my things are all still in the office because you assume I have my office key on my person.
>
> With immediate effect, you do not leave the office until you have checked with all the managers you support, this is for the lunch hour as well as at end of day, OK?

这封信翻译成中文如下：

> 瑞贝卡：
>
> 我星期二曾告诉过你，想东西、做事情不要想当然！结果今天晚上你就把我锁在门外，我要取的东西都还在办公室里。问题在于你自以为是地认为我随身带了钥匙。
>
> 从现在起，无论是午餐时段还是晚上下班后，你要跟你服务的每一名经理都确认无事后才能离开办公室，明白了吗？

英文原信的口气比上述译文要激烈得多。当发送这封邮件时，陆纯初同时传给了公司几位高管。

面对大中华区总裁的责备，两天后，秘书回了更加咄咄逼人的邮件。她在邮件中用“中文”回复。原文如下：

> 第一，我做这件事是完全正确的，我锁门是从安全角度上考虑的，如果一旦丢了东西，我无法承担这个责任。
>
> 第二，你有钥匙，你自己忘了带，还要说别人不对。造成这件事的主要原因都是你自己，不要把自己的错误转移到别人的身上。

---

① 齐平.用谦逊去作诱饵吧——“邮件门”事件的职场启示.人事天地，2013(7).

第三,你无权干涉和控制我的私人时间,我一天就八个小时的工作时间,请你记住中午和晚上下班的时间都是我的私人时间。

第四,从到EMC的第一天到现在为止,我工作尽职尽责,也加过很多次的班,我也没有任何怨言,但是如果你们要求我加班是为了工作以外的事情,我无法做到。

第五,虽然咱们是上下级的关系,也请你注重一下你说话的语气,这是做人最基本的礼貌问题。

第六,我要在这里强调一下,我并没有猜想或者假定什么,因为我没有这个时间也没有这个必要。

本来,这封咄咄逼人的回信已经够令人吃惊了,但是瑞贝卡选择了更加过火的做法。她回信的对象选择了"EMC(北京)、EMC(成都)、EMC(广州)、EMC(上海)"。这样一来,EMC中国公司的所有人都收到了这封邮件。

在瑞贝卡回邮件后不久,这封"女秘书PK老板"的火爆邮件被数千外企白领接收和转发,几乎每个人都不止一次收到过邮件,很多人还在邮件上留下诸如"真牛"、"解气"、"骂得好"之类的点评。其中,流传最广的版本居然署名达1000多个,而这只是无数转发邮件中的一个而已。

作为"邮件门"事件的直接后果,瑞贝卡很快辞职,然而在事件的后续跟踪中,网络有传言,陆纯初也由于此事件,很快就被EMC调离原任。

事件分析

仔细分析"邮件门"事件,我们可以看到很多值得每位经理人提高警惕的沟通原则:

小心"冲动的惩罚"。简单地看上去,这很像是一场"冲动的惩罚"。陆纯初被锁在门外,可见心情很差,气愤情绪高涨,他想到的是发脾气。因此,他才会在半夜三更想到要先发邮件去指责"肇事者"。结局很惨,两败俱伤。作为在企业或部门中担当重任的经理人,尤其不能纵容自己的负面情绪去做事。其实在企业中,类似如此,由于情绪问题而"因小失大"的事件屡见不鲜。正是:"一言足以兴邦,一言也足以失天下。"

目标决定行为,行为产生后果。作为经理人在组织中进行沟通,首先要冷静地知道自己沟通的目标是什么,然后再去思考要用什么方法进行沟通。例如,"邮件门"中的陆纯初,他发的邮件,更多看到的不是要改进工作、解决问题、提高员工的绩效,而是因为下属的错,使自己受了什么伤害,因此要对方未来受什么样的处罚。

经理人不该主动升级冲突。作为经理人,在遇到对下属工作不满意,甚至与下属之间有冲突时,化解冲突应该是主要目标,而不是升级冲突。作为经理人,陆纯初把邮件转发给人力资源总监和财务总监,让他与秘书瑞贝卡两个人之间的矛盾,扩大到其他高管,这对于瑞贝卡来说,应该是刺激最大的事情。正是秘书看到经理人有扩大事态的起因,才会导致她"以牙还牙,以眼还眼",用更大的"扩大事态",进行报复性回复。

经理人在选择沟通方式时要慎重。书面沟通,尤其是现在通过网络的电子书面沟通(如邮件、BBS留言、博客等),由于其传播速度快,传播范围广,所以更要慎之又慎。书面沟通的特点就是可以反复阅读,因此一旦用书面方式来传播负面信息,其对于信息接收者的伤害将是非常持久，而且巨大的。

经理人要学会如何批评下属。心理学有研究表明，当一个人在接受批评时，除前几分钟在听取意见，后面的时间大多用在内心为自己寻找合适的辩解或开脱的理由上。

没有好员工，就没有好领导。经理人要明白只有让员工成为好员工，才能使自己成为好领导。所以经理人要懂得善待下属，尤其是善待为自己提供服务的员工。冰冻三尺，非一日之寒，从秘书的回信中可以看出，这绝对不仅仅是针对一件小事的过激反应，经理人陆纯初与秘书瑞贝卡之间的冲突已经是长期累积出来的恩怨了。陆纯初发出的邮件，成为引爆秘书长期不满的导火索。“邮件门”事件给每位经理人带来了这样的警示：经理人与下属发生的种种冲突，从更深远的层次上看，经理人的失败更大，损失更大；当事的企业的失败和损失最大。

思考题

1. 面对不满意员工的行为，企业经理人应该如何沟通？
2. 一旦出现与员工的冲突，企业经理人应该如何处理？
3. 面对大量负面信息或是丑闻盛传，企业经理人又该如何挽救？

第六章　沟通障碍与突破

一天，美国知名主持人林克莱特采访一名小朋友，问他说："你长大后想要当什么呀？"小朋友天真地回答："嗯……我要当飞机的驾驶员！"林克莱特接着问："如果有一天，你的飞机飞到太平洋上空所有引擎都熄火了，你会怎么办？"小朋友想了想："我会先告诉坐在飞机上的人绑好安全带，然后我挂上我的降落伞跳出去。"当现场的观众笑得东倒西歪时，林克莱特继续注视着这孩子，想看他是不是自作聪明的家伙。没想到，接着孩子的两行热泪夺眶而出，这才使得林克莱特发觉这孩子的悲悯之情远非笔墨所能形容。于是林克莱特问他说："为什么要这么做？"小孩的答案透露出一个孩子真挚的想法："我要去拿燃料，我还要回来！"

第一节　障碍来源

所谓沟通障碍，是指信息在传递和交换过程中，由于信息意图受到干扰或误解，而导致沟通失真的现象。在人们沟通信息的过程中，常常会受到各种因素的影响和干扰，使沟通受到阻碍。在实际的管理活动中经常会遇到各种各样干扰共知与共识达成的因素，这些因素阻碍着管理沟通的进行。

一、发送者的障碍

在沟通过程中，信息发送者的情绪、倾向、个人感受、表达能力、判断力等都会影响信息的完整传递。障碍主要表现在：

(1)目的不明，导致信息内容的不确定性。发送者在信息交流之前必须有一个明确的目的，即"我要通过什么通道，向谁传递什么信息，并达到什么目的"。

(2)表达模糊，导致信息传递错误。若发送者口齿不清、语无伦次、闪烁其词或词不达意等，都会造成传递失真，使接收者无法了解对方所要传递的真实信息。

(3)选择失误，导致信息误解的可能性增大。包括对传送信息的时机把握不准、缺乏审时度势的能力，信息沟通通道或对象选择失误，这些都会影响信息交流的效果。

(4)言行不当，导致信息理解错误。当我们使用语言和肢体语言(如手势、表情、体态等)表达同样的信息时，一定要相互协调，否则会使人感到困惑不解。

二、接收者的障碍

从信息接收者的角度看，影响信息沟通的因素主要有四个方面：

(1)过度加工，导致信息的模糊或失真。接收者在信息交流过程中，有时会按照自己的主观意愿，对信息进行“过滤”和“添加”。现实生活中许多沟通失败的主要原因是接收者对信息做了过多的加工，从而导致信息的模糊或失真。

（2）知觉偏差，导致对信息理解的偏差。人们在信息交流或人际沟通中，总习惯于以自己为准则，对不利于自己的信息，要么视而不见，要么熟视无睹，甚至颠倒黑白，以达到防御的目的。

（3）心理障碍，导致信息的阻隔或中断。由于接收者在信息交流过程中曾经受到过伤害和不良的情感体验，因此对信息发送者心存疑惑，就会拒绝接收信息甚至抵制参与信息交流。

（4）思想观念上的差异，导致对信息的误解。由于接收者认知水平、价值标准和思维方式上的差异，往往会造成思想隔阂或误解，引发冲突，导致信息交流的中断以及人际关系的破裂。

三、沟通通道的障碍

沟通通道的问题也会影响到沟通的效果。沟通通道障碍主要有以下几个方面：

（1）选择沟通渠道不当。比如对于重要事情而言，口头传达效果较差，因为接收者会认为“口说无凭”，“随便说说”而不加重视。

（2）几种渠道相互冲突。当信息用几种形式传送时，如果相互之间不协调，会使接收者难以理解传递的信息内容。如领导表扬下属时面部表情很严肃甚至皱着眉头，就会让下属感到迷惑。

（3）沟通渠道过长。组织机构庞大，内部层次多，从最高层传递信息到最低层，从低层汇总情况到最高层，中间环节太多，容易使信息损失较大。

（4）外部干扰。信息沟通过程中经常会受到自然界各种物理噪音、机器故障的影响或被另外事物干扰，也会因双方距离太远而沟通不便，影响沟通效果。

第二节　沟通障碍解析

为了帮助年幼的儿子认识酗酒的危害，父亲在桌上放了两只装有虫子的杯子，先在第一只杯子里倒入清水，虫子在清水里不停地扭动；然后又在另一只杯子里倒入白酒，只见虫子剧烈地扭动了几下便死了。父亲问儿子这个实验说明了什么，儿子回答说：我明白了，如果经常喝白酒，肚子里就不会生虫。

一、认知障碍

事实上，我们每个人都有自己独特的认知框架和偏好的交流方式。所谓认知框架就是人们认识事物的方法和模式，它主要受到个人先前的知识经验、文化背景、社会地位以及个性特征的影响。因此，每个人的认知框架是不同的，对同样的事物往往会产生不同的观点。

两个孩子得到一个橙子，他们争来争去。最终，一个孩子负责切橙子，另一个可以先选切好的橙子,他们按照商定好的办法各自取得一半橙子,高高兴兴地拿回家去了。一个孩子把半个橙子拿到家,把皮剥掉扔了,把果肉放到果汁机上榨成果汁喝。另一个孩子回到家,把果肉挖掉扔了,把皮留下来磨碎,将其混在面粉里烤蛋糕吃。

由此可以看出,沟通中最常见的错误,就是试图用自己的认知框架而不是对方的认知框架,去解释某一个行为。

二、层级障碍

1. 位差效应

阻碍组织成员间信息和情感沟通的因素很多,但最主要的还是组织成员间因地位不同而造成的心理隔阂,这种情况被管理学者称为位差效应。沟通的位差效应是美国加利福尼亚州立大学对企业内部沟通进行研究后得出的重要成果。他们发现,来自领导层的信息只有20%～25%被下级知道并正确理解,而从下到上反馈的信息则不超过10%,平行交流的效率则可达到90%以上。

司马光在《资治通鉴·唐纪·四十五》中谈道:臣子、百姓的民情、民声没有不愿意让君王知道的,君王也没有不愿意知道民声、民情而求政治修明的,然而百姓总是苦于自己的意见、声音难以上达天庭,君王也总是苦于难以知道民之实情,实际上,这是九种弊端存在不能去除的缘故啊。所谓的九种弊端,在君主方面有六种,在臣民方面有三种。争强好胜,觉得自己超出常人,为听到自己的过失及别人的批评而感到羞耻、显示自己的口才,炫耀自己的耳聪目明,彰示自己的威严,刚愎自用,这六种是属于君主方面的毛病。容易谄媚,揣测圣意,见风使舵,犹豫不决;瞻前顾后,患得患失;畏惧刑罚,害怕报复,这三者是臣民容易存在的弊端。

司马光在此提到的这些情况,正是上位心理和下位心理对上下级之间所造成的不利影响。

管理实践证明,位差效应所造成的不利是显而易见的。上级为了维护自己的尊严,只愿意与同级和上级领导来往,这样,领导的信息来源就局限于很狭隘的范围内,得不到丰富和充实。下级一般也没有主动向上级汇报情况的意愿,而满足于自己的日常本职工作,以免带来不必要的是非纠纷。

2. 层级太多

组织机构、中间层级太多,就会在沟通过程中引起信息传递的扭曲,从而失去沟通的有效性。日本管理学家在实践中证实:信息每经过一个层次,其失真率约为10%～15%;上级向他的直接下属所传递的信息平均只有20%～25%被正确理解,而下属向他们的直接上级所反映的信息被正确理解的则不超过10%。

三、语言文字障碍

1. 语言习惯的不同

比如:在中西方跨文化交际中,人们总是习惯于用本民族的交际习俗同对方交谈。例如,交际时的问候、寒暄,按照中国人的习俗和心理,"你吃了吗?""你上哪儿去?""你工作忙吗?""你多大了?""你成家了吗?"几乎什么都可以问。然而,同样这样的问候语对西方人讲,却会感到很奇怪,甚至会反感的。在英国,"天气"是谈不完的话题。这与英国的地理环境有关系。英国属于温带海洋性气候,常年多云、多雨,气温偏低。英国人相见时,不论相识不相识,总爱先说一句:"瞧这天,怕是又该下雨了!"或说:"这是一种少见的晴天,要是周末也是大晴天该多好!"英国人这种交际的寒暄习俗,恐怕在其他国家是罕见的。中国人交际时,以谦虚、辞让为美德,不愿意锋芒毕露。所以做报告时,主讲人经常说:"本人才疏学浅,所做的报告定有不当之处,请各位多多指教。"这要是让西方人听来,会感到尴尬:"才疏学浅,为什么不去好好学习研究?明知有不当之处,为什么还要来讲?"这些"自我谦逊"的沟通语言,还表现在中国人求职时不敢大胆肯定自己的才能,常要谦卑地说:"我可以来试试。"这与太多中国的社会和文化谦虚,反对"狂妄自大",压抑个人才能有密切关系。

即便是在中国境内,不同地区由于方言不同,语言习惯差别也很大。比如:福建境内主要有闽语和客家话两种方言,其中以闽语影响最大。闽语又可以分为五个主要次方言:①以福州话为代表的闽东方言;②以厦门话为代表的闽南方言;③以莆田话为代表的莆仙方言;④以永安话为代表的闽中方言;⑤以建瓯话为代表的闽北方言。其中又以闽南方言影响为最。甚至同一村,山南面和山北面不同,河南面和河北面不同,沟通往往造成不便。所以推广使用普通话任重道远。

2. 理解不同

现代时尚青年常常被称为"潮男"、"潮女"、"潮人",是潮流时尚的意思;然而在某些地方的方言里,"潮"却是个贬义词。在山东某地,嬷嬷是奶奶的意思,而在吴侬软语里嬷嬷是姨妈的意思。窝心,普通话里表示窝囊生气,广东话里表示贴心。

北方人喜欢给宾客夹菜,以此表示热情和敬意,但是在南方人眼里这是一种不卫生的行为。当一个北方人做这个动作的时候,不但得不到对方的认可,表达自己的善意,反而会使对方对自己的好感度降低。

四、沟通渠道障碍

1. 面对面沟通

面对面沟通是最经常、最直接、最广泛的沟通方式。这种沟通方式的优点在于形象、生动,当语言表达不清楚的时候可以通过肢体语言来弥补。但是,面对面沟通也常常由于不经过仔细、审慎的思考,造成说出来的话不够准确,甚至出口伤人。另外,正面沟通占用的时间较长,会见时双方先寒暄一套,出于礼貌,家长里短的话题都可能会有,影响效率。

2. 短信沟通

短信相比面对面沟通,不受时间限制,而且编辑短信的时候可以弥补语言表达不清楚的不足,缺点是对方可能没有及时翻看短信,或者忘记及时回复,很多重要的事情或许被耽搁下来。

英国普利茅斯大学的一批研究人员经过对1000名使用手机短信服务的人调查后发现,所有被调查者中越是频繁收发短信的,他们所表现出来的社会忧虑感和内向型个性就越强烈。相关方面的专家也认为过于频繁地使用手机短信功能实际上不仅无助于人们提升自己与他人交流和沟通的能力,在某些时候甚至可以让自己的性格变得具有较强极端性的内敛和心理障碍。

据参与此次研究的佛瑞斯・瑞德博士介绍:"在被访问的1000人中,有32%的人可被明显地归为频繁收发短信的一类,另外还有超过一半的参与者则认为主要靠正常的手机通话来与外界取得联系,而不是把短信作为沟通的主要渠道。"

至于其余约18%的人则很难被界定为上述两类中的任何一个。调查结果显示,在占总数超过三成的那群人中,他们每人的手机月花费平均起来,要比另外那些超过被访总数50%的主导手机通话而非收发短信群体的每人月均手机花费,高出约六成。另外,调查还发现年龄在25岁以下的青少年仍是手机短信功能的最主要使用者。

佛瑞斯・瑞德博士还说:"一般来讲,那些宁可选择通过短信这一方式来与他人沟通却并不依靠一般的电话交谈或面对面交流的人不仅通常都会比大多数人更加内向,而且孤寂和内心空虚相对来说也是此类人所普遍具有的个人特征。同时,通过与其他的研究比对后,我们也发现很多更喜欢通过手机短信交流的人,之所以对这种交际方式情有独钟,最主要的原因是,短信沟通允许双方之间都不必即刻对另一方做出回复或应答,从而留出了足够的考虑时间。"

3. 邮件沟通

E-mail虽然是方便的沟通渠道,但缺少具有生命力的表达。现在的企业中,公司领导层很少与底层雇员面对面沟通,而是过度依赖电子邮件。这种沟通方式,从有利的一面看,增加了领导的威严性,但也不可避免地加大了领导与下属的距离感。而作为领导层,好的管理沟通方式,绝不是单单依赖充满威严的沟通方式,体恤下属、拉近距离的沟通也是必不可少的。

4. 信件沟通

信件沟通最大的弊病在于滞后性。随着现代科技的迅速发展,一般急需解决的事情都尽量不采取此种方式。不过,作为拥有悠久历史的沟通方式,它依然有较强的生命力。在一些电力达不到或者无法使用现代沟通工具的地方,信件沟通依然是最主要的沟通方式。

明朝末年,当清军在攻打南明小王朝的时候,皇太后已经受洗加入天主教了,皇太后和皇帝都有英文名的。南明为了抵抗清兵的入侵,派一个波兰籍的传教士,叫普里格,拿了南明皇太后的诏书,上面加盖了玉玺,到梵蒂冈,请求教皇派出十字军来帮助他们和清兵作战。然而,这封信却是三十多年后才送到。只是那时,却为时已晚。

5. 会议沟通

会议沟通的障碍多在于受众对主讲人的逆反心理。建议讲话者将讲话的关键放在两端(结合人的听觉兴奋曲线)。另外,在会议场景选择、时间安排、主讲人能力、沟通手段等方面若有缺点,都会在不同程度上使沟通产生障碍。

五、偏见障碍

在管理过程中,偏见经常发生在上下级之间。下属往往会觉得领导不通情达理,只注重成绩,不为职工着想。而上级则往往觉得职工只顾个人利益,不与组织同心同德,只讲报酬不讲工作。显然用这种刻板的态度、观念进行沟通,双方是很难达成一致的。

就上下级的偏见而言,我们可以根据马斯洛的需要层次理论来找出它存在的原因。马斯洛认为,人类有五种基本的需求:生理需求、安全需求、社会需求、尊重需求和自我实现需求,依次由较低层次到较高层次。它是一个按层次组织起来的系统,只有低级需求基本满足后才会出现高一级的需求。

在一个组织里,低层人员的需求相对较低,主要是生理和安全的需求,也就是关心自身的福利、收入以及工作环境的稳定等与生活息息相关的事情。而作为领导,他的需求就比较高,主要是归属、尊重和自我实现的需求,即我的员工是否尊重我,自己的决策是否得到认同,是否能够实现组织宏伟的目标,以至于最终是否能最大限度地体现自我价值。显然,领导和下属的需求层次不同。因此,他们考虑事情所站的角度自然也不一致。如果双方都以自己的思维方式去理解对方的话,要形成一致的沟通是很难的。

六、跨文化沟通的障碍

文化障碍主要是指组织成员由于文化背景的不同而造成的沟通障碍。它包括两个方面:中外文化差异和区域文化差异。这里重点阐述的是中外文化差异带来的沟通障碍。

1. 高情景文化与低情景文化

美国著名人类学家爱德华·T. 霍尔根据人们在沟通过程中信息传递与接收的准确性和清晰性,提出了高情景与低情景文化分析构架。他认为:“情景”是环绕着一个事件的信息,而“事件”则是沟通所要表达的内容,它们之间的组合方式反映一种文化的特征。

根据“情景”和“内容”的不同组合,可将文化分为高情景文化(high-context culture)和低情景文化(low-context-culture)。

高情景文化的特征是:在沟通过程中,只有很少的信息是经过编码后被清晰传递出来的。沟通是含蓄的,人们对含蓄的信息非常敏感,个体从早期就学会了准确解释这些含蓄的信息。

高情景文化在东方文化中表现得较为明显,从通俗意义上可理解为重感情的人际关系;而低情景文化是与高情景文化相对比而存在的,在现代企业及社会管理中走向了另一个极端:强调了制度和理性的人际关系。

两种沟通与传递信息的方式都有着一定的优点:高情景文化可以更好地传承以中国为代表的东方仁爱的人文精神,有利于社会的和谐和管理的融洽;而低情景文化可以更好地以制度和刚性的表达来实现秩序与管理的规范性。

两种沟通与传递信息的方式都存在着一定缺陷:高情景文化往往过多地注重了人情,以人治代替法制,在操作上往往缺乏效率;而低情景文化则过多地强调了理性,在执行中又陷于机械与刻板。

在实际的企业与社会管理中,两种文化应该相互融合渗透,相得益彰,才能有利于建立和谐高效的管理机制,促进社会和谐发展。

2. 高权力距离与低权力距离文化

大韩航空原来一直是全球空难率较高的航空公司。从1988年到1998年,大韩航空的飞机损失率为飞行百万次损失4.79架飞机,是美国运输航空公司飞机损失率的17倍之多。此事引起美国国家交通安全委员会的警觉,他们的调查结果让人惊诧不已——大韩航空事故频发,跟飞机性能关系不大,该航空公司所采用的飞机性能跟世界上其他大航空公司并无不同。后来美国国家交通安全委员会帮助大韩航空找到了问题的症结:韩国人的高权力距离指数,导致了大韩航班上的沟通不畅,这是此前大韩航空飞机失事的罪魁祸首。

权力距离是用来表示人们对组织中权力分配不平等情况的接受程度,权力距离有大小之分,它的大小可以用指数PDI(power distance index)来表示,是由荷兰心理学家吉特·霍夫斯泰德提出的。可以根据上级决策的方式(民主还是专制)、上下级发生冲突时下级的恐惧心理等因素来确定权力距离指数的高低。表6-1是高权力距离与低权力距离文化的比较。

表6-1　高权力距离与低权力距离文化的比较

比较项目	权力距离“大”的文化的基本特征	权力距离“小”的文化的基本特征
对权力的认识	权力是超越善恶的基本事实,与合法性无关	运用权力是合法的,并受到善意判断的制约
对等级制度的态度	等级是实际的不平等;掌权者享有特权;权力所有者和不占有权力的人之间存在潜在的冲突	每个人应有同等的权力;等级是为了便利而建立的不同角色;有权与无权之间存在着潜在的和谐
对等级顺序的态度	等级顺序严格,权力所有者应该最大限度地表现权力	等级差别应该减少到最低程度;有权力地位的人应该尽量造成这样的权力印象,即比他们实际上所拥有的权力要小
对他人的信任度	他人是对权力的潜在威胁,几乎不能信任	处于不同权力地位的人相互信任,很少感到威胁
对非权力合作的态度	基于对他人的不信任,认为非权力合作难以达到	以团结为基本
改变社会制度的方法	推翻掌权者	重新分配权力

在高权力距离指数国家,只有听话者足够重视讲话者的深层意思,沟通才能有效进行,这要求讲话双方都要有足够的时间来揣测对方背后的意思。文化的权力距离指数决

定了驾驶员是否能够说服自己去发表见解。比如，副驾驶想说，“今天天气很差”，如果这样直接把情况说明，机长就会根据实际情况进行判断。但由于权力距离大，下属怕说错话给上级的印象不好，就说话绕弯子，“今天天气没有昨天好。”这样在面临紧急情况时，机长要同时处理很多信息，如果说话绕弯子，机长就把这句话当作不重要的信息过滤了。因此，大韩航空以前在面对紧急情况时，由于权力距离指数大造成沟通不畅，致使飞机失事事故很多。

后来，大韩航空邀请了德尔塔航空公司的戴维·格瑞博来管理运营。格瑞博要求大韩航空公司的新语言是英语，每位驾驶员要想继续任职，必须做到英语流利。由于英语对大韩航空的驾驶员而言不是母语，驾驶员想绕弯子也不会绕，只能说话越简单越好，而且英语本身就很直接，因此就能把最关键的意思说清楚，机长也能把最关键的信息听清楚，在紧急情况时就能快速地处理问题。这一下就把大韩航空从不安全、口碑很差的航空公司转变成世界一流的航空公司，从1999年以后，大韩航空再也没发生任何事故，并已成为具有良好声誉的空中联盟中的一员。①

第三节　突破沟通障碍的对策

一、针对认知偏差的对策

管理研究发现，成功的销售人员都有一个特点，即能够按照顾客所习惯的交流方式选择不同的沟通策略。

(1)必须了解对方的信息接收方式，对症下药地选择合适的交流手段，才能使要传达的交流意图得到比较完整、比较准确的接受和理解。

(2)领导者和被领导者都要有不断学习的精神，使自己领导、工作的组织成为学习型组织，使自己成为所从事工作的内行和专家，紧紧跟上最新的科学技术发展步伐。

(3)还要树立强烈的信息意识、沟通意识。“为政之妙在于协调沟通。”只有做好沟通协调、信息传递工作，才能使行政人员的思想、情感得到交流，对组织目标理解更准确、深刻，才能产生内聚力，共同完成行政管理的任务。

二、避免“位差效应”的措施

我们还看出，之所以会造成“上之难达”、“下之难知”的结果，主要责任在于上级。因此，要在最大程度上避免“位差效应”所造成的负面影响，还是应该从管理者入手。

1.管理者应努力获取第一手材料

孔夫子周游列国，在陈绝粮，师徒们已经好几天没吃上饭。后来见实在撑不住了，孔子就对子路说：“仲由啊，离此地不远，有位王先生与我有一面之交，你去他那里借点粮吧！”子路就顺着老师说的方向找王先生去了。子路一路打听着来到王家，对王先生说：“老人家，俺师徒们在这里困住了，想向您借些粮食，能否周

① 王吉鹏.追寻文化的力量.中国机电工业，2010(7).

济一下?”王先生说:“借粮不难。不过我有几个问题要考考你,看你跟孔夫子学得怎么样。你答上来就借,否则别怪我不给面子。”子路说:“请您老问吧。”王先生说:“世上什么多?什么少?什么喜?什么恼?”子路想:“我还以为是什么难题呢,这还不好回答吗?”就不假思索回答道:“世上星星多,月亮少;娶媳妇喜,发丧恼”。先生说:“不对不对,你回去吧,这粮不能借。”子路无法,只好回来,把借粮经过向孔子说了一遍。颜回在旁边一听,马上明白了王先生的用意,便对孔子说:“老师,我去!”他来到王家,对王先生鞠一躬说:“晚辈是孔夫子的学生,姓颜名回,奉老师之命来向您借粮,请您老行个方便。”王先生还是说:“借粮好说,听说你是孔夫子的得意门生,我要考你几个问题,答上来才借粮给你。”颜回说:“您老请问,颜回洗耳恭听。”王先生问:“世上什么多?什么少?什么喜?什么恼?”颜回答道:“世上小人多,君子少,借时喜,还时恼。”王先生听后频频点头,说:“你明白这个道理,这粮食我借给你了。”就装了一口袋小米,让颜回背着回去。颜回回到驻地,见老师和师弟们饿得有气无力,便赶紧埋锅造饭。米饭将熟之际,师弟们都闻香抬头,眼巴巴地等着开饭。这时,有人看到颜回抓了一把米饭送进嘴里,心中不悦,心想:这颜回是老师树立的道德典型,怎么煮饭竟自己先吃呢?便向孔子报告此事。孔子不信,那人便说:“我亲眼看到的,还会有假吗?”孔子为了证实一下,等颜回过来请他吃饭时,便故意说:“我刚刚打了个瞌睡,梦到了我父亲,想用这米饭先祭奠他一下。”不料颜回着急地说:“不行啊老师,这饭已经不洁净了,刚才烧饭时有些烟尘掉进锅里,我觉得弃之可惜,便把脏了的米饭抓出来吃掉了;这样再用来祭奠先人不是不敬吗?”大家这才明白了事情原委,那人也消除了误会,对颜回更加敬重了。孔子借机教育弟子们说:“大家一定记住:眼见未必为实,何况道听途说?我常说,君子固穷,小人穷斯滥矣。如颜回者,不愧为磊落君子啊。”

管理者在沟通和交流过程中,应尽最大努力获取第一手材料,即原始信息,少用或不用经过各职位层次传输过来的信息。除了要尽力获得原始信息外,还应多注意了解反面信息,并要在沟通和交流中保持信息内容的准确无误。

2.组织架构中应尽量减少层级

信息传递中参与者越多,信息失真的可能性越大。因此,沟通双方最好是直接面谈,这样才能使信息及时、有效地在双方之间传递,达到沟通的目的。特别是部门规划得比较精细的公司,更要注意这一点。此外,越是高级的管理者越应该注意与员工直接沟通。

3.管理者应坚持走群众路线

首先,作为较高层次的管理者,应努力坚持走群众路线,注重实际和调查研究,既主张和允许下属报喜,更提倡和鼓励下属报忧,并大力支持和保护敢讲真话的人。其次,应加强自己民主意识的修炼,平易近人,谦虚谨慎,不耻下问。人都有自己的短处,作为一个管理者若能适时地表露一下自己的弱点,不仅不会有失体面,反而更能增加他的威望。最后,要去掉虚荣心,勇于承担责任,使组织内部形成浓厚的批评与自我批评空气,并且自己率先垂范，以身作则，万不可唯我独尊，总在下属面前摆出“一贯正确”的架势。[①]

三、减少语言模糊的方法

1. 妥善运用非语言信息

说话时既不要低声下气、唯唯诺诺，也不要尖酸刻薄，要自信、平静、肯定而有力，音量要大到足以让人听清楚，但又不要大喊大叫，目光要保持适当接触，让对方有参与和受重视的感觉。此外要表现出关心而非高高在上或卑躬屈膝的样子。

2. 减少使用专门术语

要尽量使用对方易于理解的言语，增加传播内容的可接纳性。尽量多用具体化的语言。非用抽象语言不可的时候，要鼓励对方反馈，以促进彼此的了解。沟通的选择要合乎正确、简洁、适当、经济的原则。所谓正确、简洁，是指不要选择意义混合的言辞；适当是指语言要合乎主题、场合及沟通者需要；经济是指语言要易于理解。

四、克服沟通渠道障碍的措施

积极疏通和拓宽沟通渠道，避免沟通渠道单一，尤其要注意多利用非正式渠道。事实证明：“通过权限的正式途径向下级或上级传递的信息，实际只占组织整个信息网络的一小部分，大部分是通过非正式组织传递的。”最后，要多提倡下属间的平行沟通与交流，因其极少存在“上位”和“下位”之分，故其沟通和交流的效率可达 90％以上。

五、解决偏见障碍的方法

> 艾森豪威尔是第二次世界大战时的盟军统帅。有一次，他看见一个士兵从早到晚一直挖壕沟，就走过去跟他说：“大兵，现在日子过得还好吧？”士兵一看是将军，敬了个礼后说：“这哪是人过的日子哦！我在这边没日没夜地挖。”艾森豪威尔说：“我想也是，你上来，我们走一走。”艾森豪威尔就带他在那个营区里面绕了一圈，告诉他当一个将军的痛苦和肩膀上挂了几颗星以后，还被参谋长骂的那种难受，打仗前一天晚上睡不着觉的那种压力，以及对未来前途的那种迷惘。最后，艾森豪威尔对士兵说：“我们两个一样，不要看你在坑里面，我在帐篷里面，其实谁的痛苦大还不知道呢，也许你还没死的时候，我就活活地被压力给压死了。”这样绕了一圈以后，又绕到那个坑附近的时候，那个士兵说：“将军，我看我还是挖我的壕沟吧！”

身为上级领导，要设身处地地多为下属考虑考虑，而下属也应该多站在领导的角度去思考问题，多一些集体荣誉感。这样“换位思考”，两者的沟通就不会有太大的障碍了。

---

① http://www.vsharing.com/k/2003-3/461992.html.

案例分析

张萌萌与客户的沟通①

39岁的张萌萌是某地最大、最有声誉的律师事务所的成员。从名牌大学毕业后,她进入了税收部,该部业务在20世纪80年代初翻了一番。张萌萌在工作的几年里一直是可提升的最年轻的律师,她终于在1987年升为合伙人。

1990年,事务所招聘了300名律师和相当数量的职员,其中58名男律师和6名女律师为合伙人。公司客户包括大公司、金融机构、公共机构以及私人商业公司。20世纪80年代后期,房地产和大公司是事务所的主要业务对象。但最近这类业务数量下降,而破产和诉讼业务却上升了。

张萌萌自己有一间办公室,工作专业性强,薪水也比较高。但她仍感觉不满意,因为近几个月来,另一个男律师正在抢她认为不错的业务。同时,她觉得自己被排除在大型业务之外,这对她的职业生涯会造成不良的影响。

"我很担心自己会输给一个只工作了几年的人。我们正在做一笔大买卖,这个人正和我激烈竞争这项业务。事务所高利润的业务不多,而这个人在营销方面用足以和一家公司竞争的方法和我竞争。他有兴趣多得这些交易,并让我少得一些,因为你得到的业务越多,你赚的钱也越多。部门主管告诫我接受这个事实,因为他总是比我赚钱多,要想和他竞争,极有可能失败。这真让人气恼。我工作勤奋,人也聪明,在公司干了这么多年,培养了很多关系。我希望人们应该更忠诚一些。"

张萌萌1983年获得法学学士学位。她有一个儿子,丈夫在大学教书。在大学里,她成绩突出,在公司税法方向上取得优异成绩。毕业后就加入了事务所。

作为律师,她和许多律师共事过,并和他们建立了亲密的合作关系。然而,她还是发现部门里两位合伙人中的那位,大她六岁的公司税收专家吴刚不好相处,张萌萌认为他总是喜欢操纵一切。

"表面上吴刚很合群,从不对人发火。但实际上他总认为自己正确,很难相处。我刚来时和他共事过一段。他让我研究一个问题,结果我到图书馆写了七页的备忘录给他。他却说自己不想要这个形容结果,而私下却将我的看法当作他自己的。"

张萌萌曾和另一个部门的年轻律师合作解决一项公司的税收业务。当他们得出结论时,需要一个合伙人的意见。张萌萌去找了一个合伙人,但他让她找吴刚。由于知道吴刚一插手就会有麻烦,同时也不想放弃对该项目的主管,张萌萌开了一次例会,准备了分析报告和意见书,并得到另一部门合伙人的批准。到开会那一天,这位合伙人病了。但会议开得很好,吴刚也批准了会议结果。

然而,六个星期后,当他们与客户讨论时,吴刚打电话对张萌萌说,他不同意意见书的内容,这使客户很不高兴。张萌萌觉得自己被愚弄了。

---

① http://wenku.baidu.com/view/26b98c2dbd64783e09122b1a.html.

“他总是不让你好过，让你在众人面前出丑。每次我提前将事情办好，得到他的同意，和公司合伙人达成一致后，他总是说‘你应该对这几件事多下功夫’，并否决了我的意见。后来，搞砸了几件他让我做的事，因为我总觉得不舒服、不安全。这使我所能干的事大大减少。”

“别人对他也有意见。我猜想在我刚开始工作时，他对自己的地位觉得担心。当我成为合伙人时，他对我说虽然不同意提升我，但这一切都算过去了。表面上我们相处还行，但他太理性化，有几次我受不了，就和他争吵起来。”

张萌萌成功地被提升为合伙人，成为最年轻的合伙人。她是事务所仅有的三个女合伙人中的一员，并由于杰出的工作而得到许多律师的支持。

虽然她专业攻公司税收，但这方面的工作并不具体。当她询问是否有税收业务时，他们都说没有多少。后来，她更多涉及合伙制税收法律，而让一位她不太相信的合伙人把公司税收业务抢去了。最近公司税收业务猛增，张萌萌也想涉及这类业务，但却发现自己缺少直接经验，别人也不想让她参与进来。

“我缺少这方面的直接经验，但我可以和有这方面知识的律师一起干，因为我有理解这类业务的管理和决策才能。我也正在寻找机会，例如，这一周有一家公司要上市，向我咨询税率情况，这是一个典型的公司税收问题。但这种情况不容易发生。”

由于被拒绝在这类业务之外，张萌萌很恼火，急切地想证明自己在这方面的能力。同时，这类业务利润丰厚，数量稳定，被排除在外显然对今后工作不利。

同时，客户经常找公司部而不是税收部。虽然张萌萌不想去拉客户，但实际情况却要求合伙人必须会拉业务。由于回报是建立在业务量之上的，因此如果得不到利润高的项目，收入就会受到影响。

“上帝不是站在天上说两个相同能力的人应该得到同等薪水。在事务所内部存在着激烈的竞争。我和别人谈过这事，但一些人认为这是我的猜想，另一些人则劝我接受这种情况。不是我性格消极，而是我无法获得那些积极因素，也就是活力和高热情。”

张萌萌谈了一个事例来说明事务所中要求的积极因素。“另一个部门的李春曾跟我说过，他想把一项工作交给他的朋友张文。他知道张文正和另一律师竞争，有一大堆事要做。他找到张文后，张文说他不知道能否胜任，但估计没问题。李春认为张文干这事只是为了给他一个面子，就另找了一个人，这人愉快地接受了。但张文却很恼火，因为他认为自己正和那人竞争。

“因此我想到自己也在给别人面子，很多事情我都不感兴趣，只是认为自己必须做。我本来应该让找我的人认为他们给了我一份好工作，但实际我却没这样干。我接手了许多事情，但只是放下来直至不得不干。隔壁办公室的一个律师接了一些活儿。但他更认真负责。我接手了许多合同，一直认为和别人关系越好，对自己也越好。但事实上，如果你不能立即完成工作，人们并不认为你聪明能干。现在我只挑一些保证能干好、又能及时干完的活儿。”

张萌萌逐渐意识到她现在的工作要求一种与以前不同的特征。“你看看那些成功者，最重要的是精力，那些疯狂的精力。我手下有两个伙计，他们整天在办公室跑上跑下，一点儿不觉得累。这种疯狂的精力是我所不具备的。同时，如果女律师也按那种疯狂的工作方式工作的话,她们就会让人觉得受不了。我曾和别人谈到另一个女律师,他们都认为她让人受不了,没有女人味。但他们却不想想,如果她是男人,他们还会这么看吗?结果,我们在高层管理上留下了一些消极性格的女子,同时却以男人的方式来要求她们。"

张萌萌又谈到她和男同事工作方式的不同。对她而言,最重要的是同时从自己角度和客户的角度考虑问题,然后再向客户提供可供选择的建议及这些建议的相对价值。然而,多数男律师喜欢以自己的方式来看待具体的法律问题。

"旁边办公室的魏强尤其喜欢这样。每个人对任何问题都有不同看法。我通常指出客户看法的合理性,我自己的看法又是什么。但魏强却不能容忍任何不确定性,对他而言,只有唯一正确的看法。我总是希望为特定客户提供一些较好的选择方案,但魏强却总认为他找到了正确的解决方法,这方法适合所有人!"

"如果有人带着问题来找我,我总是指出这是什么,那是什么,并提供一些不同的方法来供他选择。这些方法都能解决问题,客户通常选择更符合他自己目标的那一种。这样我就认为客户从纳税角度认为这种方法最好。而魏强则代客户作决定,他要求客户按他的方式去做,丝毫不顾这是客户自己的事情。"

"但客户和我合作时却感到不舒服,他们希望税收律师能帮他们改变什么,而我却并不能为他们改变太多。因此他们认为我不能深入发现什么,而魏强能。"

"大多数客户希望以他们赞同的方式合作。我并不是无能力做出决定,如果客户对选择感到不舒服的话。我可以告诉他这样做,而不要那样做。但你这样做就把自己当成客户了。不过你如果同时提出'这是我们可以做的',他们也会认为你没有决断能力。我力图找到客户到底需要什么及他们是否需要所有的分析和选择。"

"当我和办公室其他律师合作时,我总错误地认为他们应该能够忍受我的分析过程。我们在一起工作,我不应该隐瞒自己的看法。我们在一起工作是要为特定客户找到一个特殊的解决方法。但明显感觉到,合作者更喜欢别人强加一个观点给他们。我真不知该怎么办。"

当被问及她认为客户付钱到底希望从顾问律师处得到什么,不管是形式还是内容时,张萌萌说她自己也不确定。

"客户想要什么,我也不清楚。我认为他们只想让一个懂技术的人帮他们一块儿作决定,而不是代替他们作决定。一些客户比我要了解他的事业。我只懂一些专业知识。"

"而我的一个教授朋友却坚持认为人是应该被告诉去做什么。他们不想要医生给他们几项选择,而要别人来替他做决定。"

"我知道客户想要什么,他们想要最好的结果。我可以调整我的方法,如果我从他们那里得到确定信号的话。我真正有麻烦的是和事务所内部人的协调,我希望自己诚实,信任别人并解释自己的分析过程,但却遇上了麻烦。"

"曾有一个律师和我一道工作,我和他相处得并不好。我让他觉得紧张,他也对我失去了信心。有一天我们和客户谈判时,谈到一些客户并不真正关心的小问题。我没在意,但这个律师却抓住不放,问我是否知道。我想他是害怕我压过他。"

"我们各自对风险的评估也不同。这种对风险的评估是一个很敏感的问题,但却是商务活动中的重要因素。是否值得为获得一些税收好处而改变商务活动方式呢?我只是说

‘你这样做可以使情况好转5%，但你是决策者，因为你对自己的商务情况有更好的评价’。”

“我可以理解他们改变自己的行为方式，变得更专制让别人觉得自己重要。但我不想以这种方式工作，我喜欢自己的方式！”

张萌萌也承认她所缺的是包装自己和承担个人风险的能力。她经常避免一些本可以对她有好处的活动，因为她感到羞涩。客户打电话邀请她加入什么团体的活动时，她经常婉拒。但她现在也开始把这些看作机会，并更多地参与这类活动。

张萌萌注意到包装最成功的人经常没有什么自知之明，他们从不怀疑自己，他们只做事情。他们把人们分为喜欢自己的聪明人和不喜欢自己的笨人，同时并不在乎笨人，但张萌萌却不能做到这一点。

“我知道自己为自己的工作设置了障碍，魏强总是能尽快处理各种任务，而我却总是留着，这实际上源于自信不足。同时，涉足商业的女性总想让别人看不见自己。我们用一种行为方式在一个阶段取得成功，在下一阶段则会遭到失败。”

张萌萌最后总结了她自己的职业：

“我来这儿时才24岁，许多人都认为我不太成熟。现在他们可能也这么看。我是学校班级中最年轻的，也是合伙人中最年轻的，这可能影响了人们对我的看法。”

“对我来说，发展机会不多。男人们可以有发展机会，全心全意尽力去获得积极因素。但对女人来说，我们的品性应该是固定的。因为他们都这样看。”

“我改变了自己，但人们不知道我改变了多少。许多合伙人记得我，成功与失败现在由高级合伙人对我的看法决定。”

“我可以跳槽到另一家事务所，如果我想更多涉足公司税收业务的话。但我觉得应对客户忠诚。我不想跳槽，因为我已经建立了自己的事业。同时，关系也很重要。”“我知道自己不会满足于赚了不少钱，现在只要做自己的事就行了。我要找到一种方法来获得成功。”

思考题

1.张萌萌和其他律师沟通时存在哪些障碍？为什么会导致障碍？

2.张萌萌与客户之间的沟通方式是否合适？为什么？

3.张萌萌的沟通能力是否影响了事业发展？你认为她应如何提高沟通技巧？

4.请你举出一个在现实中人际沟通不善的例子，并分析主要原因。

5.举一个你在人际沟通中成功的例子。

第七章　沟通主体策略

课堂上常有这样的情况：教师向学生提出问题后，教室里出现了长时间的“冷场”。教师在台上讲得眉飞色舞，慷慨激昂，而学生却无动于衷，有的低头看书，有的昏昏欲睡。这样的课堂局面在教学沟通的过程中，只是完成了沟通的前半段，只有教师的传递活动，没有或少有学生的接收活动，这样的课堂教学效率是低下的，甚至等于零。这就是一个典型的沟通主体失策的案例。作为教师，应该始终思考的一个问题是：我们这些活动(信息传递)是否已经被学生接收，并是否引起了相应的反馈行为。如果没有，作为沟通主体的教师而言，应该如何从自身角度出发，提高沟通效果？这就是本章要详细介绍的内容。

第一节　沟通主体策略的基础

一、自我认知

概括而言，要弄清楚“我是谁”，关键在于解剖自身的物质认知、社会认知和精神认知，分析自身内在动机和外在动机之间的统一程度。首先是沟通者如何提高自身的可信度。分析“我在什么地方”，就是要对自身的地位、能力、个性特点、价值观和形象等方面有客观的定位。①

如对于当代大学生而言，培养自我认知能力是至关重要的。大学作为进入社会前的“人际练习场”，是培养、锻炼大学生沟通能力的主场所。大学生首先要树立沟通主体意识，在沟通过程中，改变传统的思维习惯，形成主动沟通的思维方式，即清晰明确地认识到“自己是谁”、“当前的身份是什么”、“自己的能力如何”、“自己的个性如何”，等等。在对自己有一个全方位的剖析之后，准确地在人际沟通中为自己“定位”。

1. 沟通者的可信度

所谓可信度，简单地说，就是你如何让对方感觉到自己是值得为大家所信任的，自己的演讲内容也是值得大家去接受的。分析自己在受众心目中的可信度，就是沟通者在策略制定时需要分析受众对自己的看法，因为你的可信度将影响到你与他们的沟通方式及沟通效果。根据福兰奇(French)、莱文(Raven)和科特(Kotter)的观点，沟通者的可信度受到沟通者的身份地位、良好意愿、专业知识、外表形象、共同价值等五个因素的影响。其中：

---

① http://www.docin.com/p-236629774.html.

第一，身份地位分析时要明确自身的等级权力，有时为了增强沟通效果或达到沟通目的，可以强调你的头衔与地位，以增强自身的可信度。[①] 如在开学典礼上，校长在发表开学演讲时，主持人总会先向所有学生介绍一下校长。全校师生在知晓校长身份后，会格外认真聆听其演说。校长在演讲中也通常会说类似于“作为校长，我建议大家……”“作为校长，我认为……”这样的话，目的是为了突出其身份地位，从而增强演讲的可信度。

第二，沟通者的良好意愿状况，可根据个人关系长期记录来获得沟通对象的信赖。一般当我们感到困惑或情绪低落时，我们总会找一些知心朋友来聊聊。这种沟通实则是以双方间长期以来积淀下的情谊为基础的。如果你平时就是个热心肠且好人缘的“马大嫂”，那么你在和别人的沟通中，会更容易获得沟通对象的信任与理解。

第三，沟通者自身的专门技术水平和素质，特别是知识能力，构成沟通者可信度的内在要求。如要举办一场经济类的专业演讲会，主办方必定想邀请如吴敬琏、林毅夫等经济学大师；要开一次关于IT行业的年度峰会，多半会邀请马云来做专题演讲；“托福族”、“雅思族”们最热衷的英语演讲者总是“疯狂英语”的李阳、新东方的俞敏洪……这些演讲者在演讲前，就已经用他们自身过硬的专业知识与学术技能获取了受众们的信任。

第四，沟通者的外表形象，是产生吸引力的外在因素。当沟通者有良好的外表形象时，能强化受众喜欢的欲望。奥巴马作为美国历史上第一位非洲裔总统，其在大选时所发表的精彩演讲至今令人印象深刻。其帅气硬朗的外貌加上演说时举手投足间的领导气质，也为奥巴马在妇女选民中赢得了不少票数。不仅如此，奥巴马典型的非洲裔肤色，也让他在演讲时获得了黑人兄弟的大力支持。可见，沟通者的外貌形象对现实沟通起到了重要的作用。

第五，沟通者和沟通对象的共同价值，包括道德观、行为标准，是沟通双方良好的人际关系和持续沟通的本质要素。尤其是沟通双方在沟通开始就建立共同点和相似点，将信息和共同价值联系起来，可迅速提升沟通者的可信度。爱“红楼”的人大多不愿意与“红学盲”聊天，更不愿意与“倒红派”交流沟通。有道是话不投机半句多，良好的沟通也大多建立在沟通双方有共同语言。

沟通者通过对自身这五个因素的分析和提升，不但可加强自己的初始可信度，而且还可增加后天可信度，从而增强沟通者在受众心目中的整体可信度。可信度培养是在自我认知过程中剖析“我是谁”的重要一步，也是沟通者需要着重锻炼和提升的“必要技能”之一。

2. 初始可信度

所谓初始可信度，是指在沟通发生之前受众对你的看法。作为沟通策略的一部分，沟通者可能需要向听众强调或提醒他们对自己的初始可信度。在那些你拥有很高初始可信度的场合下，你应该把它当作“可信度银行账户”，假如人们对你推崇备至，即使你的决策或建议不受欢迎或者不能完全与他们的预先期望相一致，他们仍可能对你充满信任。但是，应意识到的一点是，就像使用你的银行存款后储蓄减少一样，滥用你的初始可信度会降低你的可信度水平，因此，你必须不断通过良好意愿和专业知识来提高你在“可信度银行账户”上的储蓄水平。

---

① 崔佳颖. 组织的管理沟通研究. 首都经济贸易大学博士学位论文，2006.

3. 后天可信度

所谓后天可信度,是指沟通者在与受众沟通之后,受众对沟通者形成的看法。即使受众事先对你毫无了解,但你的好主意或具有说服力的写作和演说技巧有助于你赢得可信度。因此,获得可信度的最根本办法是在整个沟通过程中表现出色。当你出色的演讲口才和严密的逻辑推理真正打动听众时,听众对你的后天可信度会大大提高,那么接下去的整个沟通过程都会是在愉悦范围下进行信息传输与交换。①

表 7-1 为大家直观地介绍了提升沟通主体自身可信度的因素与技巧,方便大家更为详细地了解。沟通者可以通过对这几个因素的分析,调整自己的初始可信度,增加后天可信度,增强自己在受众心目中的整体可信度。

表 7-1　影响可信度的因素与技巧

<table>
<tr><th>因素</th><th>建立基础</th><th>对初始可信度的强调</th><th>对后天可信度的加强</th></tr>
<tr><td>身份</td><td>等级权利</td><td>强调你的头衔或地位</td><td>将你与地位很高的某人联系起来(如共同署名或进行介绍)</td></tr>
<tr><td rowspan="2">良好意愿</td><td rowspan="2">个人关系、“长期记录”等值得信赖</td><td>涉及关系或长期记录</td><td>通过指出受众利益来建立良好意愿</td></tr>
<tr><td colspan="2">承认利益上的冲突,做出合理评估</td></tr>
<tr><td>专业知识</td><td>知识和能力</td><td>包括经历和简历</td><td>将自己与受众认为是专家的人联系起来,或引用他人话语</td></tr>
<tr><td>外表形象</td><td>吸引力,受众具有喜欢你的欲望</td><td>强调受众认为有吸引力的特质</td><td>通过认同你的受众利益来建立你的形象;运用受众认为活泼的非语言表达方式及语言</td></tr>
</table>

注:资料引自玛丽·蒙特. 管理沟通指南——有效商务写作与交谈. 钱小军,张浩译. 北京:清华大学出版社,1998.

二、自我定位

前部分讲到的可信度分析是弄清楚“我是谁”的重要内容,接着的问题是要分析“我在什么地方”,也就是自我定位。首先分析沟通者如何对自我背景作测试。所谓自我背景测试,其内容主要包括:你在组织中的地位、可获得的资源、组织传统和价值观、人际关系网络、领导者的利益和偏见、沟通渠道、你和竞争者之间的经营现状、文化环境等。②

以某大学学生小成为例,全面解释一下自我背景测试的内容及其重要性。

小成是大三学生,作为班里的团支书,他常常利用就餐时间开各种团支书会议。学院跑得比谁都勤,学工办的老师也认识了不少。老师们对这个勤快踏实的小伙子也很是喜欢,常常会推荐他去参加一些比赛,各种评优评先进的机会也总会优先考虑他。大三上学期,学院积极响应国家政宣部“中国梦·大学生微电影大赛”号召,决定在学院里组织一个

① http://www.docin.com/p-70472263.html.

② 肖鸣春. 如何在医患之间建立有效沟通. 医院管理论坛,2006(9).

微电影创作团队，代表学校去参加这场比赛。

小成本来就是学院文娱部的骨干分子，也常常参加一些文艺晚会，对这次难得的微电影大赛也颇感兴趣。但是人文与传媒学院作为一个艺术大院，可谓是人才济济、高手云集。相对于广告学的摄影达人来说，技艺不精的小成就成了只会用傻瓜相机的菜鸟。如何争取到这次机会，对于小成而言，可谓是困难重重。学院为了公平起见，决定开展一次公开的竞选演讲活动来挑选5位优秀的“微电影达人”，然后将这个小团队组织起来，完成作品去参加比赛。

小成积极地报名参加了，对于从来没有在微电影领域有所涉及的小成来说，应该如何演讲才能获胜呢？请同学们支支招吧。

运用自我背景测试的知识，我们需要帮小成系统地分析一下其所处的背景。小成在组织中的地位即在学院的身份是学生，是班级的团支书，还是学院文娱部骨干分子；小成可获得的资源包括人际资源与技术资源，小成作为学院干事的经历使小成认识了非常多优秀的老师，而老师们会给予小成很多的专业知识，如摄影与编辑技巧；小成所处的组织即人文学院，其传统是兼容并包、开拓创新的，学院愿意启用有魄力、有才华的新人；而小成的人际关系网络也在其大学两年多的班干部经历中得到不断拓展与完善。这些自我背景测试的结果大多对小成有益，也是小成需要在演讲前首先分析认知到的。在分析完自我背景后，小成还需认识到“我在什么地方”，即要明确自身的地位、能力、个性和价值观，然后进行自我评估，分析自身的优缺点，并考虑如何克服缺点。我们可以运用SWOT分析法来分析小成的优缺点，以便更好地进行自我评估与沟通策略的制定(见表7-2)。

表7-2　小成的SWOT分析

战略内部因素（“能够做的”）	Strength(优势)	Weakness(弱势)
	踏实肯干、对微电影有浓厚的兴趣	缺乏专业的技能
外部因素（“可能做的”）	Opportunity(机会)	Threat(威胁)
	公开选举微电影成员、老师们的青睐	来自广告学专业优秀学生的竞争

从这张SWOT表中，可以清晰地看出小成的优劣势所在，小成应该在演讲前仔细研究这些不足，尽量在演讲的沟通过程中突出自己的优势，也要坦白承认自己的劣势，表明自己会更努力地去克服这些缺点。从为小成量身定制的沟通策略来看，可见自我定位、背景分析的重要性与必要性。

第二节　沟通主体的目标确定与策略方式的选择

一、沟通目标确定

沟通者策略是指沟通主体为达到某一目标，通过对自身的特点、身份背景、地位、素质等的分析，采取相应的策略去实现沟通目标。任何一个管理者在沟通行为发生之前，都必须明确自己沟通的目标。

沟通目标可以分为三个层次:

(1)总体目标:指沟通者期望实现的最根本结果。

(2)行动目标:指沟通者自身走向总体目标的具体的、可度量的、有时限的步骤。

(3)沟通目标:沟通者就受众对书面、口头沟通起何种反应的期望。[①]

这三个沟通目标是相辅相成、逐级递进的。每一个沟通过程都会包括这三个层次的目标。沟通者在沟通开始之前,就会先有一个明晰的目标结构,对于不同的目标受众会设置不同的目标期待。沟通目标的精准定位对于沟通者来说是事先必须做好的"功课",有明确的沟通目标,能使沟通者的沟通过程更有条理性与目的性,不至于演变成无意义的"口舌浪费"。

例如,某公司为了实现研究开发部门、制造部门和市场部门的有机协调,公司总经理决定这三个部门的负责人每月举行一次例会,共同讨论在研究开发、生产、市场几个部门之间如何高效协调的对策。在这个协调会上,总经理的总体目标是为了实现公司内部各部门之间的沟通;行动目标是要求各部门每隔一个月时间协调讨论一次;而沟通目标是要求各部门的负责人能够了解各个部门之间工作的实际情况,并且让各部门的负责人能够领会每个阶段公司的意图。

二、策略选择

在沟通过程中,沟通者根据自己对沟通内容的控制程度和沟通对象参与程度不同,可以采取四种不同的沟通形式,即告知、说服、征询、参与。如图 7-1 所示。

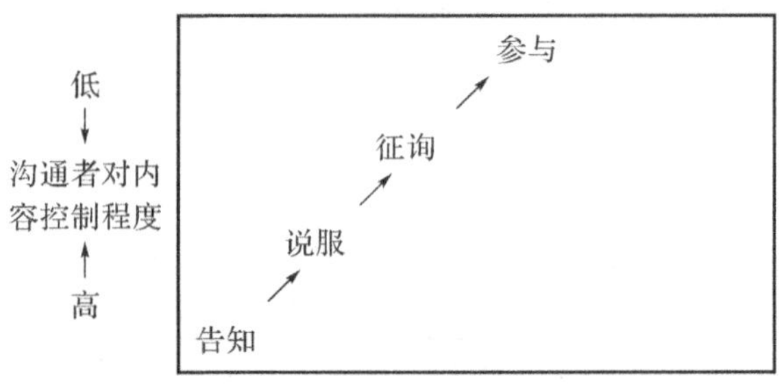

图 7-1 沟通者策略的选择

下面是一些可供采纳的经验规则:

(1)当你完全握有必要的权威和信息时用"告知"的风格。告知策略一般用于沟通者属于权威或在信息掌握上处于完全控制地位的状况,沟通者仅仅是向对方叙述或解释信息或要求,沟通的结果在于让受众接受你的理解和要求。例如,你要求下属执行一项常规任务。

(2)当你握有一定的信息,但你的听众却握有最后决策权时,使用"说服"的风格。沟通者只能向对方建议做或不做的利弊,以供对方参考,但沟通者的目标在于让受众根据自

① http://www.docin.com/p-236629774.html.

己的建议去实施相应的行为。例如,你想要顾客买你的产品。

(3)当你们试图对某一行动步骤达成共识时,使用“征询”的风格。沟通者希望就计划执行的行为得到受众的认同,或者沟通者希望通过商议来共同达到某个目的。双方都要付出,也都有收获。例如:劝说你的同事支持你向最高管理层提出建议。

(4)当你的观点是众多人的观点时,使用“参与”的风格。参与策略具有最大程度的合作性。沟通者可能尚未形成最后的建议,需要通过共同讨论去发现解决问题的办法。例如,采用头脑风暴法,让与会者就某个创新性的问题提出新的思想。

不同的沟通者身份、不同的沟通场合、不同的沟通对象、不同的沟通关系,都会影响到沟通策略的制定,故应细心区分这些重要的不同点,选择合适的沟通策略。表 7-3 是著名沟通学者芒特所列举的不同沟通目标下采取的不同沟通策略。

表 7-3　芒特(Mary Munter)对不同听众采取方式的示例

沟通目标	沟通目标
阅读本备忘录的结果,员工将理解公司项目所带来的利润演示的结果,我的老板将了解到我的部门本月取得什么成绩	告知:在这种情况下,你是在指导或解释。你想让你的听众了解或理解。你不需要他们的意见
阅读这封信的结果,我的客户将在所附的合同上签字演示的结果,委员会将批准我提出的预算	说服:在这种情况下,你是在劝说。你想让你的听众做点什么。你需要一些听众的参与
阅读这份调查的结果,员工将通过回答问题做出反映这个问答会议的结果,我的员工发表将意见,并获得这个新政策所关注的问题的答案	征询:在这种情况下,你是在协商。你需要同你的听众交换意见。你想得到他们的看法但又在某种程度上控制相互作用过程
阅读这份会议备忘录的结果,团队的成员将参加所准备的会议并就这个问题发表他们的看法。对这个问题团队将头脑风暴会议的结果形成解决方案	参与:在这种情况下,你是在合作。你和你的听众为达成一致而共同工作

第三节　自我沟通策略

一、自我沟通的作用

在沟通主体自我分析过程中,最根本的问题就是自我沟通。成功的自我沟通是成功管理沟通的前提,自我沟通的作用具体体现在以下方面:

1.“要说服他人,首先要说服自己”

在一般情况下,无论从管理民主性,还是从激励理论来看,每个个体的积极性发挥都来自于自身对工作的认同。管理者要指导、管理和激励下属去完成某一项任务,首先应该从内心认同工作的价值。管理者自身和下属共同认同工作价值的过程,实际上是一个自我沟通前提下的人际沟通过程,是一个主体和客体认知趋同的过程。管理者要成功地实现管理的职能,本质上要求管理者自我意识到工作本身的价值,并由此产生对工作的兴趣。在特殊情况下,实际工作和管理过程中存在服从原则,在必要时候要求下属无条件地服从工作安排。为了使服从原则能得到执行,其前提仍然是服从者说服自己从内心中肯定接受服从是必要的,如果管理者自己认为服从是不必要的,却要求下属服从,就违背了建设性沟通的表里一致原则,结果下属仅仅因为你的权威和命令才去遵守这样的命令,这种强制性服从管理显然是失败的。所以,每个个体说服自己"服从"的过程,内在地,同样是一个"自我沟通"的过程。

2. 自我沟通技能的开发和提升是成功管理者的基本素质

自我沟通的目的在于取得自我内在认同的基础上,更有效率、更有效益地解决现实问题,自我沟通是手段和过程的内在统一,而最终目标是解决外在的问题,因此自我沟通是内在与外在得到统一的联结点。

自我沟通能力的培养不仅仅是管理者的必修课,也是完善个人心理素质与拓宽人际关系的入门技能。作为新时期的大学生,培养自我沟通能力对自身的成长与成才,对构建和谐社会、和谐校园都具有十分重要的意义。一个不了解自己的人也无法了解别人,更无法进行换位思考。同样,一个无法同自己进行沟通的人也不可能做好同别人的沟通。因此,自我沟通对于管理沟通来说至关重要。自我沟通是一直被众多研究者所忽略的问题,故目前重新认识自我沟通的作用是非常必要且迫切的。

二、自我沟通的阶段与艺术

自我沟通过程以及技能提升过程具有一定的动态性。每个人在成长过程中,往往年轻时自我沟通技能较差,随着阅历的增加和不断地学习,自我沟通技能得到提升。这种通过自我不断学习和交流、不断思考和总结,使自身的沟通技能得到不断提高的过程称为管理沟通技能的自我修炼。自我沟通的技能是天生的,也是后天修炼的。正如自我的发展是一个认识自我、提升自我、超越自我的过程一样,自我沟通技能的提高也是一个不断认识自我、提升自我和超越自我的"三阶段"过程,在这个过程的每个阶段,都要从不同角度去提升自我沟通的技能和意识。这三个阶段是进化式、螺旋式的,没有绝对的阶段分界。

1. 自我沟通的三阶段

阶段一:认识自我。

即对自己主观世界和客观世界以及自己和周围事物关系的认识。它包含自我观察、自我体验、自我感知、自我评价等。认识自我作为自我沟通的第一步,是全面认识自己、了解自我的关键。

(1)审视自我动机:即指人们在自我道德的审视下,对自身的行为及其动机进行善恶判断。自我审视首先要达到内外部动机的统一,既要尊重他人,又要使自己行为符合道德标准。自我审视时要客观评价自我动机的社会性、纯正性和道德性,用社会自我认知和精神自我认知来解剖自己。自我认知包括三要素:物质自我、社会自我、精神自我。

物质自我是主体对自己的身体、仪表、家庭等方面的认知;社会自我是主体对自己在社会活动中的地位、名誉、财产以及与他人相互关系的认知;精神自我是主体对自己的智慧能力、道德水准等内在素质的认知。

无论是遇到快乐的事,还是面临悲伤的事;无论是处于积极的环境,还是处于消极的环境;无论是生活上的挫折,还是心理上的挫折。只有我们自己才能把自己从不安、忧虑或困惑中解脱出来。你所要做的，只是接受这个现实，适应这个现实，或者在一定努力下，或多或少地改变这个现实。试着在与自己对话中——激励自己。

（2）静心思考自我：即审视自我动机后，要静心思考自我。与自然接触，内心平静，敞开胸怀，接纳一切。在思考中将内在动机和外在动机结合，达到自我沟通的完美契合点，并通过物质自我、社会自我和精神动机结合以全面认识自我。自我思考时要善于创造静宜的、属于自己的空间，营造与自然、人类和自我共鸣的环境。加强时间管理，在时间上延伸自我价值，充分把握时间用以自我内省与思考。

思考下列问题：

第一，即使在很忙的时候，我有没有专门划出一个时间和空间去思考问题？

第二，在一年中，我有没有安排专门的时间到清静的地方去放松自己？

第三，我有没有与那些有智慧、有较深洞察力的朋友定期或不定期交流一些看法？

第四，我是不是常为感到没有自我而苦恼？

阶段二：提升自我。

即在认识自我的基础上，运用各种手段和方式来提升自我能力。它包含内在提升自我与外在修炼自我。内在提升主要是修炼自我意识。外在修炼主要是通过倾听他人意见，转换视角，从而解放心灵，提升自我。

（1）修炼自我意识：首先，要定位自我价值，确定自身的价值标准和道德评判的差异性和一致性，从社会认同和社会道德的高度来修炼自我价值，把自我价值的实现建立在他人和社会利益满足的基础上。其次，要培养面临变革的态度，全面分析自身适应能力和反应能力。再者，要锻炼人际需要判断能力，学会分析不同沟通对象的价值偏好和相互影响方式。最后，要确立认知风格，明确信息的获取方式和对信息的评价态度。

（2）善于积极倾听：积极倾听是获取建议、提升自我的必要渠道。积极倾听有助于给与他人鼓励；有助于沟通双方了解全部信息；有助于相互改善关系；有助于解决问题，帮助讲话者廓清思想。

（3）转换视角，开放心灵：转换视角，首先要从他人角度思考问题，解放自我、打破心智模式，相信“三人行，必有我师”、“海纳百川，有容乃大”。其次要学会尊重他人，开放心灵和尊重他人是紧密相关之美德。最后要转变思维定式，从“己所欲，施于人”转为“人所欲，施于人”。

要开放自己的心灵，用全局视角和豁达心态来重新认识自我与他人。意识到与你的信念、态度、想法和价值观相矛盾的信息并不都是对自己的威胁、侮辱或抵触。不要因为他们的外观而排斥他们的想法。不要过早地对讲话者的人格、主要观点和你自己的反应下结论。

阶段三：超越自我

在认识自我与提升自我的基础上，要勇于实现超越自我。拥有自我超越理念的人在为人处世上，总有一个追求的目标和目标引导下的愿景。

（1）超越目标和愿景。目标是属于方向性的、抽象的希望达到的结果。愿景是一个特定的结果、一种期望的未来景象或意象，是所追求的理想目标（上层目标）引导下的阶段性具体化。

(2) 以自我为目标。老子:“胜人者有力,自胜者强。”从历史角度去设定目标和愿景,积极地评判自我,超越自我。要避免过分关心外在目标产生的副作用,避免恶性竞争。要建立积极的人际关系,追求永远的卓越。

2. 约·哈里窗

约·哈里窗(Johari Window)是由约斯菲·勒弗特和哈里·莫格汉提出来的。根据这种方法,两个人在相互作用时,自我可以看成是“我”,其他人可以看作是“你”。关于个体的事,有些本人知道,有些本人不知道,有些他人知道,还有些他人不知道,所以可以分为公开的自我、隐蔽的自我、盲目的自我和未发现的自我。约·哈里窗如图 7-2 所示。

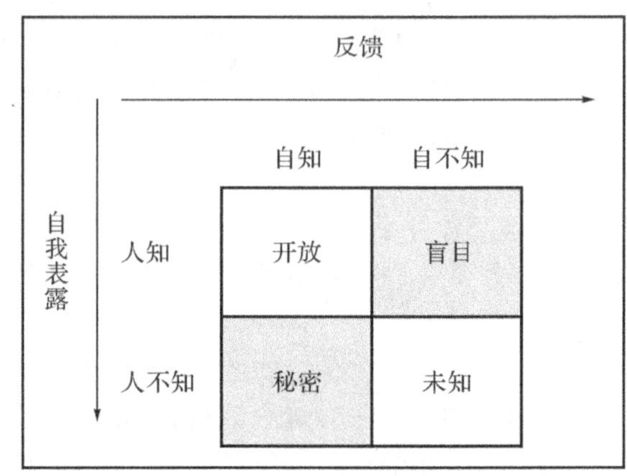

图 7-2 约·哈里视窗

在公开的自我情境下,自己了解自己,并且别人也了解自己,交往时具有开放性和一致性,没有理由去防卫,这种人际沟通几乎不会产生冲突。在隐蔽的自我状态下,本人了解自己,而别人却不了解自己,本人在沟通中需向他人隐藏自己,害怕别人了解自己后伤害自己。此种状态下,个人可能将自己真实的想法与情感隐藏起来,由此会导致一种潜在的人际冲突。在盲目的自我情境下,本人不了解自己,而别人却了解自己。有时个体会无意中激怒别人,别人可以告诉他,但又怕伤害他的感情,因此也会有一种潜在的人际冲突。最后一种情境即未发现的自我,本人不了解自己,别人也不了解自己,会产生许多误会,所以极易产生人际冲突。

图 7-2 表明怎样客观地了解他人,怎样提高自我认识。约·哈里窗可以有效地减少人际沟通中的知觉偏差。在人际沟通中,一些自身的因素如态度、行为和个性是自己和他人都了解的区域(开放区域)。同样,在某些方面,如“他得了气喘病”,是他人了解而自己却不了解的区域(盲目区域)。我们往往还有一些保留方面,如态度、情感、隐私,是自己了解而他人不了解的区域(秘密区域)。另外,某些方面确实会影响我们的举止行为,例如,有时突然会莫名其妙地勃然大怒,这是自己和他人都不了解的区域(未知区域)。

当我们初次与人见面时,我们一般不愿更多地透露自己,即缩小开放区域,这通常会给他人造成错误的第一印象。为了进行有效的沟通,我们必须与他人紧密合作,扩大开放区域,同时缩小盲目区域和秘密区域。为达到这一目的,我们可以采取两个自觉行动——自我透露和反馈。自我透露是坦率地向对方提供自己的信息,用以减少秘密区域;而来自对方的反馈信息又可缩小盲目区域，两者相互作用的结果有助于缩小未知区域，以表现出沟通的基本动机。

当我们得到的反馈与我们的观点不一致时，我们通常会反对，这就要求我们在这种过程中要有真正的技巧去维持已开放的程度。同样，自我透露的过程也需要信心，对这些过程的认识和把它们恰当地运用到相关的事态之中是非常重要的。[①]

案例分析

一言堂[②]

作为京德制造有限公司的总裁，李曼如十分清楚让员工随时了解公司发展状况的重要性。最近，由于竞争激烈，公司产品价格持续下跌，她意识到公司正步入一个严峻的时期。为了保持市场份额，她认为必须采取降价策略。

她相信自己每月给每个员工寄一封“来自总裁办公室的信”是一条很好的充分传递信息的途径。然而，现在出现了重大危机，她召集所有的部门经理在公司的董事会议室开会。选择董事会议室本身就向部门经理发出了一个信息——他们是管理层的一员，正在参与重大决策。对于参加此类会议大家早已达成了默契，所有与会者必须在预定的时间前就座，当总裁步入会议室时，全体起立，直到总裁示意他们坐下。这一次，当李曼如进入会议室时，她点头示意各位坐下。

“我之所以召集各位出席这次会议，是想说明一下我们目前所面临的严峻形势。我们正与那些瞪大眼睛窥视着我们的市场的‘狼群’狭路相逢，他们迫使我们不断降价，不断缩短发货时间，已经让我们感到喘不过气来。如果我们这个伟大的公司——一座自由企业的堡垒——想继续生存下去，就必须团结拼搏。”

讲完开场白后，李曼如注视着每一位正襟危坐的与会者，知道他们不敢随便发言。

的确，没有人说话，因为每一个人都知道，在这种场合下发言就意味着与李曼如唱对台戏。

“让我进一步解释我的意思。首先，我们需要发挥想象力。我们需要积极思维，所有人都必须同仇敌忾。我们必须优化生产，削减成本，要绞尽脑汁，不放过任何一个环节。为了实施这项削减成本的紧急计划，我已经从外部物色了一位高级生产经理来协助我们。

“其次，我们要提高质量。在本公司，质量意味着一切。每一台机器、设备都要由生产主管负责定期检修。当机器轰隆作响开始生产，就表示主管已经对该机器的质量、性能表示认可。在质量上，任何问题都不可被视为微不足道的小事，不可轻视。

“再次，我认为值得一提的是，要加强我们的销售力量。客户是我们的生命线，尽管他们不一定总是对的，但我们仍然要像安抚绵羊一样温和地对待他们。我们的销售代表都

---

① 肖靖.论国际商务谈判中的跨文化策略.商场现代化，2005(28).

② http://www.doc88.com.

要学会‘推销自己’,要使每一次拜访都有建树。我们对销售代表的补偿是非常公平的,即便如此,我们仍将努力做到‘锦上添花’——对那些困难重重、进展缓慢的项目提高销售代表的佣金。我们将在董事会上讨论具体事宜,当然,不会超出成本预算。

“最后是团队精神,这是特别应当强调的。除非我们抱成团,否则别想成功。领导风范就是团队精神,团队精神就是为达成共同的目标拧成一股绳。你们是管理层的代表,非常清楚我们的目标。现在就让我们上下同心,齐心协力,去度过这一场危机。记住,我们是快乐的大家庭。”

当李曼如结束其掷地有声的总结时,每一位部门经理马上起立,恭敬地站在椅子旁,注视着总裁收拾文件,离开会议室,通过小门走进她的办公室。

思考题

1. 概述京德制造有限公司的组织结构。结合案例,试分析该公司具有什么样的组织文化,并阐述这样的组织文化对组织内部沟通会产生什么影响。结合实际,与小组成员进行讨论。

2. 你是否经历过类似上述案例中的会议?

3. 你将如何评价该会议的有效性?

4. 这个看似紧凑、高效的会议沟通最终达到预期目的了吗?

5. 分析是什么因素阻碍了沟通的有效进行。

6. 如果你是公司负责人,你将如何主持上述会议,使之成为高效的双向沟通?

第八章　沟通客体策略

《都市快报》报道：杭州市某家庭在1998年5月的一天晚上发生了彩电爆炸，使得该用户在物质和心理两个方面受到较大的损失。该事件已经引起媒体和市民的极大关注。如果你是该彩电厂家驻杭州办事处的主任，碰到这种突发事件，该如何处理？

显然，在突发事件下的人际沟通交往与公关是非常重要且不能出错的。如果你是该彩电厂家驻杭州办事处的主任，你应该要从你的消费者角度去考虑，站在消费者的立场去处理该事件。你应该及时地赔偿消费者的损失，并且向消费者真诚地公开道歉，而不是一味地采取消极公关、逃避责任，造成必要沟通的断裂，使该事件愈演愈烈。

可见，成功的沟通关键在于能否根据沟通对象的需要组织信息、传递信息，实现建设性沟通。实现建设性沟通，必须了解对象的背景信息，根据其利益和兴趣传递信息，根据受众的不同特点采取相应的沟通策略，这也就是本章要具体分析的沟通客体导向机制。

第一节　沟通客体策略概述

一、沟通客体分析

1. 客体导向沟通的意义

管理沟通的本质是换位思考，沟通者能站在对方的立场思考问题、传递信息。所以，成功的管理沟通是客体导向的沟通。客体导向沟通最根本的前提是，了解沟通对象是谁，分析他们的特点，了解他们的动机，学会和他们接触，通过对客体的深入分析，帮助沟通者根据客体的需要和特点组织信息、传递信息，实现建设性沟通。

简单地说，客体导向沟通是沟通双方的一种心理体验过程。将心比心、设身处地地为对方考虑是促成有效沟通不可缺少的心理机制。它客观上要求我们将自己的内心世界，如情感体验、思维方式等与对方联系起来，站在对方的立场体验和思考问题，从而与对方在情感上得到沟通，为增进理解奠定基础。它既是一种理解，也是一种关爱。客体导向沟通机制是融洽沟通双方关系的最佳润滑剂。无可否认地，人总是有一个惯性缺陷，即总是站在自己的角度去思考问题。假如我们能换一个角度，总是站在他人的立场思考问题，会得出怎样的结果呢？最终的结果就是多了一些理解和宽容，改善了人与人之间的关系，拉近了人与人之间的沟通距离。在一个团队之中,只有学会客体沟通的导向方式,才可能增强凝聚力。对于一个管理者来说,掌握客体导向的沟通能力是能否成功进行管理的一个重要因素。

2. 沟通客体分析的概念

沟通客体(受众)分析策略,是指根据受众的需求和利益期望组织沟通信息、调整沟通方式的有关技巧。由于这一策略的运用在使受众更好地理解沟通内容以达到预期目标方面作用重大,因而,可以说,沟通客体分析是整个沟通过程最为重要的环节。

3. 沟通客体应分析的一般问题

客体导向沟通的关键在于了解:受众需要什么?我能给受众什么?如何有机地连接"受众需要的"和"我能提供的"?如何有机连接信息策略和渠道策略?沟通客体分析策略应先分析以下四个问题:

(1)他们是谁

对沟通对象的特点进行分析,首先要解决"他们是谁"的问题。分析这个问题的目的在于解决"以谁为中心进行沟通"。要解决这一问题,具体可以从两个方面入手:

第一,哪些人属于受众范畴。

在很多沟通场合中,沟通者可能拥有或考虑到会拥有多个不同的受众(群),当对象超过一人,就应当根据其中对沟通目标影响最大的人或团体调整沟通内容。一般来说,沟通中的受众包括六类:

第一类为最初对象。他们最先收到信息,有时这些文件就是这些最初对象要求你提供的。

第二类是守门人,即沟通者和最终受众之间的"桥梁受众",他们有权阻止你的信息传递给其他对象,因而他们也有权决定你的信息是否能够传递给主要对象。有时让你起草文件的就是守门人。有时守门人在公司的更高层。有时守门人来自企业外部。守门人分析在于分析是否必须通过此人来传达信息,如必须,则分析他是否会因为某些理由而改变信息或封锁信息?

第三类是主要受众,又称直接受众,即那些直接自沟通者处获得口头或书面信息的人或团体。他们可以决定是否接受你的建议,是否按照你的提议行动,各种信息只有传递给主要对象才能达到预期的目的。

第四类是次要受众,又称间接受众,即那些间接获得信息,或通过道听途说,或受到信息波及的人或团体。他们可能会对你的提议发表意见,或在你的提议得到批准后负责具体实施。

第五类是意见领袖,即受众中有强大影响力的、非正式的人或团体。他们可能没有权力阻止传递信息,但他们可能因为拥有政治、社会地位和经济实力,而对你的信息的实施产生巨大影响。

第六类是关键决策者,即最后且可能最重要的,可以影响整个沟通结果的关键决策者。如存在,则要依据他们的判断标准调整沟通信息内容。

要说明的是,上面六类受众中的某几类可以是一个人充当,如负责人常常既是最初对象又是守门人。有时最初对象既是主要对象，又要负责对文件的提议付诸实施。

例如，李刚是一家广告公司的财务经理助理。他的老板让他起草一份关于客户新推出的一个产品的市场营销策划书。为了成功起草这份策划书，他认为，该策划书的主要对象是客户公司的执行机构，因为由他们决定是否采用他的策划书。次要受众是客户公司的市场营销人员，他们会提出些建议。其他次要受众还包括广告策划人员、文案写作者和发布广告的媒体，这些人会在方案获得批准后负责细节的落实。在他的策划书交给客户之前，他的老板先得批准，所以他的上司既是最初对象，也是守门人。

第二，怎样了解受众。

一旦确定了受众的范畴，就应仔细地对之进行分析。有时可以借助于市场调研或其他已有的数据，但大多数情况下，对受众的分析是相当客观的，即要站在他们的立场上，想像自己是他们中的一员，在向所信任的人征询意见。

首先，对受众做个体分析。对受众成员逐一进行分析，考虑他们的教育层次、专业培训、年龄、性别以及兴趣爱好，他们的意见、喜好、期望和态度各是什么？

其次，对受众做整体分析。即通过分组的方式对受众进行框架式分析，如受众的群体特征是什么？立场如何？他们的共同规范、传统、标准准则与价值观怎样？

(2)他们了解什么

通过上述分析，可以明确受众的类型，应进一步分析的是，“在特定的沟通过程中，受众已经有所了解，但仍需了解什么？”

其中，特别需要解决以下三个问题：

第一，受众对背景资料的了解情况。

即分析有多少背景资料是受众需要了解的。对沟通的主题他们已经了解多少。有多少专门术语是他们能够理解的。若受众对了解背景资料的需求较低，就不需要在无谓的背景资料介绍上花费时间；若受众对背景资料的需求量高，则应该准确地定义陌生的术语和行话，将新的信息和他们已经掌握的信息结合起来，并给出非常清晰的结构。

第二，受众对新信息的需求。

即分析对于沟通的主题，受众需要了解什么新的信息。他们还需要多少细节和例证。对于新信息需求高的受众，则应提供足够的例证、统计资料、数据及其他材料。对于新信息需求低的受众，如有的受众倾向于依赖专家意见，把做出判断的权力交给了沟通者，则主要向这些受众提供决策的建议。概括而言，沟通者应考虑受众实际需要什么信息，而不要只考虑能为他们提供什么信息。

比如，餐饮店对其顾客的需求要按照不同的目标客户的需求来划分服务安排，如表 8-1所示。

表 8-1　餐饮店客户需求分布

人　群	特　色
在外打工族	快餐式中饭：适合同事聚会、客户洽谈的轻松场所
孩子尚小的家长	高座椅、儿童餐，等着上菜时供孩子们嬉戏的娱乐设施
常常外出吃饭的人	富于变化的食品和装饰

续表

人　群	特　色
囊中羞涩者	经济食品,而且不用付小费(咖啡馆或快餐店)
特殊要求	低糖食品、低热食品、素食、清真食品
以外出用餐作为晚间消遣的人	音乐伴奏、歌舞表演、优雅环境、餐后观看表演的订座服务,看完表演后仍可就餐的晚间服务

第三,受众的期望和偏好。

即分析在沟通的风格、渠道和格式方面,受众更偏向于哪一种。具体在风格偏好上,要分析受众在文化、组织和个人的风格上是否有偏好,如正式或非正式、直接或婉转、互动性或非互动性交流形式。在分析渠道偏好时,则要分析受众在渠道选择上的偏好,如书面还是口头、纸面报告还是电子邮件、小组讨论还是个人交谈。

例如,某公司董事长有一个习惯就是不轻易接受下属直接口头汇报工作,而要求用书面的方式提交报告。董事长审阅递交的报告后,认为有必要找报告人面谈,再约一个固定的时间。不需要自己面谈的,就转交给相关部门的经办人去办理即可。该董事长的体会是,只有这样,工作时间才是自己的。

如果你的上司是这样的一种管理风格,显然,书面沟通是有效的沟通渠道。而且,从这个领导的管理风格看,他的时间管理意识很强。因此,即使在提交书面报告时,你也应该"长话短说",简明扼要地表述你的想法,以尽可能少的笔墨,让你的上司对你的建议感兴趣。

(3)他们感觉如何

分析受众的感觉,就是要掌握受众会如何想。为使沟通者对其与听众的沟通过程中可能产生的情感反应有一定了解,需要解决以下问题:

沟通者必须要分析受众对沟通主题及结果的关注程度,或者他们认真阅读或聆听信息的可能性大小,为自己制定沟通策略提供依据。对于受众来说,沟通的信息如果对他们的财务状况、组织地位、价值体系、人生目标产生较大影响,就会对信息有较大的兴趣。根据这些问题的考虑,受众可能出现三种意见倾向:或正面,或负面,或中立。若估计受众会表现出正面或中立的意见倾向,沟通者只需强调信息中的利益部分以加强他们的信念。

当估计受众会出现反面意见时,可以运用以下技巧:

第一,将预期的反对意见在开始时就提出来,并做出反应,如列出反对意见加以驳斥,这要比受众自己提出反对意见更有说服力。

第二,先列出受众可能同意的几个观点。若他们赞成其中的两三个关键之处,那么他们接受沟通者整体思想的可能性就比较大。

第三,首先令他们同意问题确实存在,然后解决该问题。

第四,你所要求的行动对受众来说是否容易做到。

即考虑你预期的行动对于受众来说,完成的难易程度如何。他们是否会感到过于耗时、过于复杂或过于艰难。若你估计对受众比较难,则一定要强化你所希望的行动对于受众的利益和信念。若过于艰难,则要采取下述对策:

一是将行动细化为更小的要求,“积跬步以至千里”。

二是尽可能简化步骤,如设计便于填写的问题列表。

三是提供可供遵循的程序清单和问题检核单。

(4)激发受众兴趣

激发受众的兴趣可以通过以下方式实现:

第一,以明确的受众利益激发兴趣。

上述对受众背景的分析,最直接的动机是明确受众的利益期望,创造出高效的受众受益处。受众的利益期望包括他们在接受你的产品、服务和信息后,或者根据你的建议执行相关的活动过程中所能够得到的好处和收益。总体来说,受众的利益有两类:

第一类是具体好处,即强调某一事物的价值或重要性(但不要夸张,否则适得其反)。

第二类是事业发展和完成任务过程中的利益。包括:

首先,向受众展示沟通者所表达的信息对于他们目前的工作有所裨益。

其次,任务本身的驱动,如受众往往会更乐于接受具有挑战性的任务或者共同处理艰巨的工作。

再次,对个人事业的发展或声望感兴趣,如表明你的沟通内容将有效地帮助他们得到组织上或上级的重视,有利于他们获得声誉和建立交际网络。

比如,在说明性公文中,强调读者的受益可以用来解释为何要执行你宣布的政策,说明该政策是好的。在劝说性沟通中,强调受众为什么能在实施你的建议后,有助于他们实现自己的目标,从而克服对方的抵触情绪。

简单地说,以明确的受众利益激发兴趣,就是解决“什么能打动他们”的问题。为了更好地通过明确并传递受众利益激发他们的兴趣,必须注意两点:一是,要明确受众的利益;二是,传递恰当的信息给受众以利益。对于不同的受众以及他们所期望的不同的利益。有的利益是直接明朗的,因而,沟通者比较容易识别,沟通时能够明白地告知。有的利益是只可意会而不可言传的,沟通者就需要深入去了解和发掘,可以使用下面的技巧去确认受众的利益:

首先,了解能引起受众需求动机的感受、恐惧和欲望。

其次,找出自己产品的客观性能或将推行的政策对受众的影响。

再次,说明受众怎样利用介绍的产品和政策才能达到他们自身的需求。

洛克认为,分析受众的感受、恐惧和欲望可以从马斯洛的需求层次理论分析入手,以某一产品为例,通常企业所提供的产品能同时满足几个不同层次的需求,在信息沟通过程中,应重点强调与受众最相关的内容,如薪水已经很高的经理,整日忧心忡忡。那么,其原因可能是夫人刚刚失业,而他们得同时抚养孩子上大学和赡养老人。由此,在沟通时就要针对受众的具体需求动机提供相应的沟通信息。

寻找针对受众具体需求的沟通信息,关键在于找出自己产品的客观性能或政策有助于实现这种感受(恐惧、欲望)的理由。假如你想劝说人们到你的饭店消费,的确,每个人都要吃饭,但是仅仅说明可以在这里解决饥饿问题显然是很难吸引顾客到你饭店来的,必须要根据顾客的要求安排不同的沟通信息。

说明受众如何利用介绍的产品或政策才能达到他们自身的要求。仅强调特色未必能引起受众的购买欲望，把特色同受众的利益相结合，提供必要的细节，会使受众受益生动感人，所以在许多时候，对受众受益的描述一定要具体。

如有许多人抱怨，刚添孩子时，接二连三地接到给孩子买保险的电话，而且很多业务员上门推销保险（包括教育险、人身保险等）。搞得家里应接不暇，后来不管什么业务员如何联系，干脆一律回答：买了！一次，我算了一下账，所有保险到一定年限（如 18 年）的实际回报，远不如存银行合算。于是，当业务员上门，我就拿出计算器帮他们算账。

第二，通过可信度激发受众。

受众对主题的涉及和关注程度越小，沟通者就越应该以可信度作为驱动因素。具体策略有：

一是，通过确立"共同价值观"的可信度激发受众。以"共同价值观"的可信度驱动，就是构建与受众的"共同出发点"。如果在一开始就能和受众达成一致，在以后的沟通中就更容易改变他们的观点。从共同点出发，即使讨论的是全不相关的话题，也能增强你在沟通主题上的说服力。比如先谈及与受众在最终目标上的一致性，而后表明为达到目标在方式上存在的不同意见。

二是，以传递良好意愿与"互惠"技巧以激发受众。遵循"投桃报李、礼尚往来"原则，通过给予利益而得到自己的利益；通过己方让步换得对方的让步。

三是，运用地位可信度与惩罚技巧激发受众。地位可信度的一种极端驱动方式就是恐吓与惩罚，如斥责、减薪、降职乃至解职。但这种方式只有在你能确保对方的顺从且确信能消除不良行为的产生时，才能奏效。

第三，通过信息结构激发受众。

通过信息结构激发受众，即利用信息内容的开场白、主体和结尾等结构的合理安排来激发受众。

通过开场白激发受众，就是从开头起就吸引受众的注意力，如一开始就列举受众可能得到的利益。先列举存在的问题，采用"提出问题—解决问题"的模式。先讨论并明确话题和受众之间的关系，唤起受众兴趣。

通过沟通内容的主体激发受众，就是通过适当的内容安排在沟通过程中增加说服力。具体技巧有：

"灌输"技巧。即通过先列举系列反对意见并立即加以驳斥，或直接向受众"灌输"自己对可能引起的反对意见的不予认可。

"循序渐进"技巧。即将行动细化为可能的最小要求，然后逐步去得到更大的满足。

"开门见山"技巧。即先提出一个过分的且极可能遭到拒绝的要求，然后再提出较适度的要求，因而后者更可能接受。

"双向技巧"，即将受众可能提出的反对意见和自己注重的观点加以比较阐述，并表现得更为中立与合情合理。

通过信息结尾安排激发受众，就是通过简化受众对目标的实现步骤以激发兴趣。如列出便于填写的问题表或易于遵循的检核清单，或列出下一步骤或下一行动的具体内容。

二、沟通客体一般策略

沟通对象由于心理需求、性格、气质、沟通风格等的不同，可以分为各种不同的类型：

第一，按照心理学的观点，人由于心理需求的不同，可以分为成就需要型、交往需要型和权力需要型三类。

第二，根据个性的不同，卡尔·荣格(Carl Jung)博士把人分为内向型和外向型两类。

第三，根据信息处理方式的不同，卡尔·荣格把人分为思考型、感觉型、直觉型和知觉型四类。

第四，根据处理人际关系方面的不同风格，凯瑟琳·迈尔斯和伊莎贝尔·布里格斯把人分为统治指挥者、社会活动者、平和处世者和谨慎思考者四个群体。

第五，根据个体气质的不同，可以分为分析型、规则型、实干型和同情型四类。

第六，根据不同个体管理风格的不同，把管理者分为创新型、官僚型、整合型、实干型四类。

针对不同类型的人，在沟通过程中，应采用不同的策略。以下将对不同分类法下的个体特点及相应的策略做分析，其中重点讨论不同类型个体的管理风格下的沟通策略。

不同的个体由于心理需求的不同可分为成就需要型、交往需要型和权力需要型三类。承认不同个体的需要特点，在沟通时朝着满足他人需要的目标努力，既有助于问题的解决，又有助于建立良好的人际关系，以实现建设性的一一沟通。

1. 成就需要型

具有成就需要型的人通常为自己建立具体的、可以衡量的目标或标准，并且在工作中朝着目标努力，直到实现他们的目标。他们总想做得更好，或比他们过去做得更好，或是比其他人做得更好，或是要突破现行的标准。与这类人沟通时，可以采取的策略是：

要充分认同这类人自己对工作的责任感，沟通过程不要输出“你们要认真负责，要把事情做好”之类的信息，在沟通时应给予他们的是大量的反馈信息，要对他们表示肯定的态度，如告诉他们“你们的工作做得很好”。

对于这类人，对于下一次挑战，他们从来不会“干不了”，他们的满足感来自于已经实现的目标。

2. 交往需要型

具有交往需要的人，更看重友情和真诚的工作关系，令他们愉快的是能有一种和谐的、既有付出又有收获的、轻松的工作氛围。交往的需要驱使他们写很多的信、打很多的电话、花费很多的时间与同事沟通。与这类对象沟通时，建议采取以下策略：

以交朋友的姿态和口气与他们交流，要设法与他们建立良好的人际关系。从理念上应该始终坚持平等相待的原则。在具体沟通过程中，可以先询问他们的家庭情况、生活情况(如聊聊周末的计划安排)，了解他们的兴趣爱好，甚至可以与他们在参加活动的过程中以轻松的氛围交流某些看法，与他们就一些事物交换彼此的想法和感受。

3. 权力需要型

具有权力需要的人，热衷于对工作负责，具有很强的权力欲。他们瞄准权力，以便使自己能够事事做主，决定自己和他人的命运。他们渴望一种权威作为他们权力的象征。交流中他们果断行事，而且在大多数的交流场合能够影响他人。与这类人沟通时，可以采取的策略是：

采用咨询和建议的方式,而尽量不要以命令和指导的方式。要认同他们在工作中的职责,在沟通时要对他们的职责给予肯定。在倾听过程中,对于对方的影响力要特别表示出你的兴趣。

第二节　向上沟通

一、与上司沟通的程序

在上述的沟通情景下,需要从以下几方面来考虑沟通过程和沟通策略:

(1)目标确定。对于这种类型的沟通,目标要非常明确。一般包括两方面:①取得间接上司对建议的认同;②避免直接上司给自己"穿小鞋"。为实现这两个目标,沟通过程中的一个基本原则是,必须坚持以事实和问题为导向,避免以人身为导向。

(2)客体策略。基于上述目标,深入分析两个沟通对象的特点,包括他们的背景、偏好、思维方式等。

(3)主体策略。分析自身的特点,对自我做恰当的定位。

(4)渠道策略。分析沟通渠道策略的选择,确定最佳的沟通路径。

(5)信息策略。分析沟通信息的内容、表达方式、信息的客观性和被认同性。

(6)环境策略。分析沟通环境的选择,尽量选择与对方特点和自身特点相适应的沟通场合。

二、客体背景分析

对沟通对象的具体分析,关键在于以下几方面:

(1)充分掌握间接上司和直接上司的背景。分析他们各自的心理特征、价值观、思维方式、管理风格、偏好和知识背景(包括学历和文化层次、专业背景等)。

(2)了解直接上司不愿意接受你的建议的原因。这一点很重要,因为有可能你的间接上司不希望你所在的部门改变原来的管理模式。或者你的直接上司可能已经向他的上司谈起过你的建议,是你的间接上司不主张马上改变局面,如果事实是这样,你去沟通就没有意义。

(3)了解直接上司与间接上司之间的关系。他们之间是相互信任还是不信任。他们之间原来的关系是否融洽,如果不融洽,原因何在。如果这两个上司本来关系就非同一般,你就没有必要去冒风险了。

(4)了解间接上司对越级反映问题的态度及其处理艺术。间接上司对越级沟通的态度是支持、中立还是反对;对间接下级反映的问题是乐于接受还是不乐于接受;是否能够艺术性地处理好越级反映的问题。

三、主体认知策略

对于自身地位和特点的认知,在越级沟通中非常重要。对自我的认知,重点在于分析以下几个问题:

(1)“我是谁?”“我在什么地方?”对自己在公司里的地位和身份有合理的认知,不要以为自己懂得管理,说不定你的直接上司早就考虑过这些问题。

(2)自身的可信度。考虑间接上司对你的认同程度,分析自身在公司中的地位和影响力。如果你在公司中口碑并不好,在别人心目中的印象是负面的,就可能会影响你的沟通效果。

(3)你对问题看法的客观程度,对目标问题考虑得深入程度和系统程度。如果你提出的只有问题,没有对策,最好不要提,领导更感兴趣的是如何解决这些问题的建议。

四、信息策略分析

对于信息策略的分析,关键在于要站在间接上司和组织的角度来分析问题,具体策略包括:

(1)就事论事,对事不对人。如根据个人感受,立足于公司的利益去确定内容。不对上司的人身做评论,不对他人评头论足。

(2)在信息结构安排上,从客观情况描述入手,引出一般性看法。再就问题提出自己的具体看法。征求间接上司的意见,在恰当的时机提出相应的建议。

(3)在语言的表达上,言辞不能过激,表情平淡,态度谦虚。

五、沟通渠道分析

在沟通渠道的选择上,有直接面对面沟通或间接沟通、口头沟通或书面沟通、正式渠道或非正式渠道。一般来说,为了尽量避免直接上司知道,私下沟通较为合适,或者可以通过工会开会、合理化建议的方式作为反映问题的通道,或者用其他灵活安排的沟通渠道。

六、沟通环境策略

在沟通环境策略制定上,应选择合适的时机、合适的场合,以咨询的方式提出,如以“表面上的不刻意,实际上的精心准备”作为策略,营造合适的、宽松的氛围,向间接上司提出建议。

七、识别上司的管理风格

伊查克·爱迪思在《把握变革》一书中,根据不同个体在思考问题时的结构化程度差别、过程和结果之间的优先级不同(目标导向)、注意力视角的不同和沟通速度的快慢四个维度,把不同个体的管理风格分为四种类型:创新型(E)、官僚型(A)、实干型(P)、整合型(I),如表8-2所示。本章引用爱迪思的分类方式,把上司这一特定的沟通对象区分为整合型、创新型、官僚型和实干型四类,进而从管理沟通的角度探讨与这些不同管理风格的上司在沟通时可采取的策略。

表 8-2 管理风格特征

类 型	特 征	适合的工作
创新型(E)	有全局眼光、非结构化风格、关注结果、动作快	市场营销部门、高层管理部门
官僚型(A)	注重局部与细节、结构化风格、关注过程、动作慢	会计部门、办公室
实干型(P)	注重局部与细节、结构化风格、关注结果、动作快	技术开发部门、生产部门
整合型(I)	有全局眼光、非结构化风格、关注过程、动作慢	党政职能部门

关于思考过程的结构化和非结构化区别,可以通过一个例子来说明。在非结构化的过程中,一个人可能从谈论事情 A 开始,这件事使他想到了事情 D,然后他又去处理事情 Q,接下来是 B,最后事情到了 C,他这样东一榔头西一棒子的,是因为他在按照一种独特的方式在思维,认为任何事情都是与其他事情关联在一起的。然而在结构化的过程中,人们是直线型的。在他们完全理解事情 A 之前,他们是不会开始事情 B 的,而且在事情 B 完全理解之前,他们也不会去想着开始事情 C 的。所以,结构化思考表现出收敛性思维模式,而非结构化思考那样,更偏向于发散性思维模式。

1. 创新型上司的特征

创新型的上司,在沟通过程中性格比较外露,当他们赞成某一观点时,他们会当即表现出来;即使当他们不同意某种主张时,他们也总是形于声色。创新型的人凑在一起时,喜欢争论,好像彼此都不赞同,但实际上他们却是在加强彼此的观点;一旦当他们听了某个观点后保持沉默,很大的可能是他们已经同意了你的观点。在创新型人的字典里,“是”和“不”的含义有他们自己的解释。“是”往往意味着也许,说“不”则表明了他们明确的态度。从处事风格看,创新型的人具有全局性的眼光,动作很快但却是非结构化的。这类人往往是急性子,他们总是先从自己出发开始考虑,关注的是“如何告诉对方‘我为什么要这样做’”,而不是“他会怎么想”。当这类人去跟他人会面时,往往边走边在考虑问题,可能当他刚进会见方办公室时,他的脑子还在飞速思考。

创新型上司不喜欢约定时间,他们一有了主张就想去处理。他们可能会事先不打招呼就往他人办公室里跑,而官僚主义者最恨的就是这样的人。在他人的观念中,创新型上司没有时间概念,或者说,他们的时间概念与众不同。创新型上司有很强的感觉力,他们一天到晚在思考新的点子,他们不关心问题,把很大的注意力集中到机会的发现,但他们往往拿不出解决问题的办法。

2. 官僚型上司的特征

官僚型特征的上司,无论在管理上,还是在相互沟通过程中,强调结构化的模式和风格。如在与人约会时,官僚型上司会在每次约会(不管是否正式)前就打电话预约,并很守时。在交谈时,他会喋喋不休地谈论问题的来龙去脉,好像不知其历史你就不理解这个问题一样。等到切入问题的主旨时,发现时间已经过去两个小时了。然后,他会对问题可能带来的结果做全面剖析,最后的结论往往是:“太困难了!这件事简直没法干。”

正因为官僚型上司强调结构化的风格,他们非常强调整个过程。在面临某个事件,无论是常规事件,还是偶发事件,他们会细心规划整个事件的处理过程,他会认真去考虑可能出现的各种问题，然后分析如何去解决问题。因此，可能的结果，等官僚型的人找出最佳的解决途径时，事情已经过去了。

由于官僚型上司在决策过程中非常谨慎，他们不会轻易就某个事做出决定，他们往往会这样告诉你："你的想法不错，但能否实施，如何实施，还有待我们研究研究。"因此，官僚型上司制定决策比较慢，瞻前顾后，反应也比较慢。关于官僚主义者有一个笑话，"你最好不要在星期五对官僚主义者讲笑话，因为他们有可能要到星期天中午吃午饭时才笑得出来。"官僚型上司的慢性子不是因为他们笨，而是因为他们正在考虑对方会说什么，在思考他们所主张的反应是什么。因为要把每一个主张都条理化需要花点时间，因此，当他们与具有创新精神的人发生观点冲突时，那情形就如雪崩一样。他们处理起来确实会比较困难。对每一个创新型上司的主张，至少会有 10 个让官僚型的人觉得重要的反应，于是官僚型的管理者会觉得不堪重负，也无法处理，于是，他们会很快放弃思考和倾听，让这些主张成为耳旁风，心里却在嘀咕："这个人怎么这样头脑发热、异想天开，还不快点走。"

3. 整合型上司的特征

整合型上司处事灵活，没有结构化程式的限制，能够根据不同的情形采取相应的沟通方式，而且当他说出某句话后，可以从不同的角度解释这句话的含义。整合型上司对人的感觉比较敏感，但对于现实的需求并不敏感。他一般不会轻易地说"是"或"不"，如果说了，可能是迫于压力使然。今天说了"是"，可能在明天他能解释为"也许"。

整合型上司很看重沟通的过程，他会在沟通的过程中取得相互之间的平衡，至于结果对他来讲并不重要，因为结果对他来说无关紧要。由于整合型的人要考虑各种关系人的平衡，所以全局观强，在没有弄清一个事件的全局影响之前，是不会轻易表达自己意见的，而等到他有意见时，也就不是什么意见了。

与整合型特征的上司沟通，内外部政治关系的处理非常重要。整合型上司习惯于考虑他人（尤其是上司的上司）是怎么想的，而不愿意自己做主去决定某件事，他们总是设法圆滑地摆平各方面的关系，因此，这类人往往被称为是"老狐狸"、"跟屁虫"。

4. 实干型上司的特征

在气质分类法中已经谈到了实干型上司的一些特征。实干型上司的思考过程具有结构化特点，他们习惯于直线型的思维方式。实干型上司像铁路工程师，他们会说，"你只要知道轨道往哪儿走，其他的就别管了。"

实干型对象的另一个特点是追求快速反应，他们往往是快速决策者，他总是恨不得马上有个结果。他们最见不得他人干事拖拖拉拉，拖泥带水。在工作现场他们最喜欢说："需要你干什么？你们去干吧。我们有事干就行。少废话，多干事。"

也正因为实干型对象的结构化风格和快速反应作风，他们没有多少时间去不断考虑事情的结果是什么，在他们的心目中，"只要把过程老老实实地做好了，结果是不会错的"，所以他们会把每个细节都做得很好，有很高的效率；而对效益则不太关心。

由于不同类型对象的不同风格，在沟通时，要能够正确去判别他人沟通的语言表达方式。这里特别就不同类型的对象所说的"是"和"不"的定义差别做解释。对于创新型特征的人来说，"是"意味着也许；说"不"的时候，他们是肯定的。相反，对于官僚型特征的人来说,说“不”的时候,只是意味着也许,你还可以回头去说服他们,但一旦当他们说“是”的时候,他们的决心就已经定了。对于实干型的人来说,“是”就是是,“不”就是不。然而,对于整合型的人来说,无论说“是”还是“不”,都只能理解为“也许”,所以,这类人常被称为是“政治动物”。

实训分析

这位王经理属何种类型?

你来到王姓副总经理的办公室,你进门后这样告诉他:“王总,问题是这样的,解决方案是那样的。我们想获得你的同意。”他会回答:“还没到时候,我们还没有准备好。”接着,他会问:“你跟甲谈过吗?跟乙呢?跟丙有没有谈过?”

这时,你就得巩固你所有的基础,你可以这样回答:“我们已经和甲、乙、丙都谈过了,并且就解决问题的方案取得了一致意见,现在想听听您的意见。”这时,他又会问:“那么,丁的意见又如何呢?”如果你没有跟丁谈过,他就会说:“嗯,我认为我们还没有准备好,还要进一步研究研究。”但如果你说:“我们跟丁也谈过了,他完全赞成。”这时,他就会说:“那我们还等什么呢?干!”

八、不同上司的沟通策略制定

根据不同上司的特征,就可以采取相应的策略以实现与不同对象的有效沟通。在与具有创新型特征的上司沟通时,由于他们很希望在每个事情的处理上留下他们的痕迹,并且对各种机会有他们独到的认识,应该让他们参与到问题解决中来。在沟通时,不要带着“最后”答案去见他们,而应该让他感觉到“问题还处在未决状态”,因此,在信息组织上,可以这样说:“我建议……”“我一直在想……”“您怎么认为?”……这种表达方式不但对你的上司有用,对同级、下属一样有效。

与官僚型上司沟通时,应记住“方法比内容重要”的原则,你必须使自己的风格适应他的风格。具体说,你要十分注重形式。比如,跟他有事情相商,你老老实实地也打电话预约一下,千万不要做不速之客。同时,沟通时还要放慢速度,控制自己的情绪。在沟通过程中,如果你是创新型的人,要注意不要把没有成熟的观点一股脑儿地倒给他,这样,你反而会什么答案都得不到。

与整合型上司沟通时,注意的策略应该是把所有相关的背景资料都准备好,把有可能要他承担责任的问题,先处理好。当你就某个问题请教他时,他会告诉你,你要注意影响,要注意他人的看法,然后,他会告诉你,要注意谁谁谁的看法。对于问题的过程和方式如何,他不太关心。

与实干型特征的上司沟通,你要注意主动性。由于他们一般不会授权于你,你要采取主动行动。而且在问题的提出上,要直接从问题的结果出发,要使他感觉到问题的压力,甚至让他觉得问题不解决是一种潜在的危机,以引起他的注意,让他马上觉得这个事情确实非办不可。如果你与实干型下属沟通,注意要肯定他们踏实勤奋的工作作风,但要有意识地引导他们在工作过程中考虑效率问题,你可以这样问:“你认为这件事的结果会怎样?”

特别说明的是，上面对上司管理风格的分析也适合你的下属，所建议的策略对不同的下属也有对应性。

实训练习

有效的管理者善于调整自己的领导风格，使之顺应员工和具体情况的需要。本项目的目的是通过练习，识别各种领导风格的一些明显特点，帮助每个人确定自己的领导风格。

通过对广为人知的领导者的领导风格的评判，识别每位领导风格的典型特征，再结合自身的情况，确定每个人自己的领导风格。

让学生对谁是最有效的沟通者、最有才能的谈判者、最有效的问题解决者、最信任的领导者、最会对工作进行积极评价者、最适合做你上级监督者的人进行选择，并说明理由。选出学生选得最多的两三个人进行评价，哪个领导者善于处理他自己面对的管理问题，你想成为什么样的领导者，什么样的障碍阻碍你成为你想成为的哪个类型的领导者。

第三节　向下沟通

一名厨，他的拿手好菜是烤鸭，深受顾客喜爱，特别是他的老板，更是对其倍加赏识。不过老板从来没有给厨师任何鼓励，厨师闷闷不乐。

一天，老板有客从远方来，在家设宴招待，点了数道菜，其中一道就是老板最爱的烤鸭。厨师奉命行事。然而，当老板夹了一鸭腿给客人时，却找不到另一只鸭腿，便问身后的厨师："另一条腿哪里去了？"

厨师说："老板，我们家里养的鸭子都只有一条腿！"老板感到诧异，但碍于客人在场，不便问个究竟，饭后，老板跟着厨师到鸭笼去查个究竟。时值夜晚，鸭子正在睡觉，每只鸭子都只露一条腿。

厨师指着鸭子说："老板你看，我们家的鸭子不全都只有一条腿？"

老板听后，大声拍掌，鸭子被惊醒，都站起来。老板说："鸭子不全是两条腿吗？"

厨师说："对！对！不过，只有鼓掌拍手，才会有两条腿呀！"

一位成功的老板这样说过："我的下属的确在适应我，但我为了适应他们而做出的努力要多得多。"被称为日本"经营之神"的松下幸之助，他的管理思想里倾听和沟通占有重要的地位，他经常询问下属："说说看，你对这件事是怎么考虑的？"他还经常到工厂里去走走，一方面便于发现问题，另一方面有利于听取工人的意见和建议。所谓"所见略同"指的就是这个道理。韦尔奇也是沟通理论的忠实执行者，为了充分了解下情，他喜欢进行"深潜"。可见，掌握与下属员工沟通的技巧和艺术，对领导者无疑有着举足轻重的意义。那么，怎么做才能使向下沟通有效果呢？有三个建议供大家参考。

一、多了解下属状况

与下属沟通时,如果你是一个“空降兵”,自己以前并不是做这一行的,给你一个建议:多学习,多了解,多询问,多做功课。

上海有一个有名的百年老店,可是它的经营始终不好,这就是权力都是从上面下来的后果。为什么这样说?因为上面派了一个总经理去管,他这一辈子没有干过酒店,不具备管理的经验,怎么可能搞得好经营呢?

记住,不了解状况就发表言论会显得外行,只有了解状况后,你才可以掌握主动权。可以这样对他说:“你说呢?我现在听听你的意见。”不了解的事情你跟他说做得不好,下属就会“将你军”地反问你:“领导,如果你觉得我做得不好,那么你做给我看。”你马上就很尴尬。当然,下属可能不敢公开对你这样讲,但是他在心里肯定会这样说:你有这个本事,做给我看。所以,要勤于与下属沟通。多了解他,多了解状况是一件非常重要的事情。真的不了解就回去做功课,把功课做好了,再把你的手下叫过来面对面地谈,这样你言之有理,人家才会心甘情愿听你的话。很多领导都说底下的人不听话,其实他不想听是因为你说不出什么。

二、从鼓励开始沟通

哪个孩子不是在尝试中长大的?如果你的孩子在吃饭的时候——他只有三岁,饭碗掉到地上摔烂了,你“啪”一个耳光就打上去,那么,你家孩子以后拿碗手都会发抖。其实,正确的做法是,他的碗摔碎之后,你用很快的速度把它收走,然后再给他一个新碗,说:“小宝啊,再拿拿看,刚才那个碗是怎么掉下去的?”你很快就会发现,他自己会发现那个碗是怎么掉下去的,这就叫作尝试。用一个碗的代价,让一个孩子知道如何正确端碗是值得的。所以换句话说,花点学费,让属下去体会是值得的。很多领导不愿意犯任何错,也不愿意让下属做任何实践,这听起来很安全,其实他就成了一个永远长不大的业务员。

上司对下属的鼓励方式也很重要,掌握好一门鼓励的技巧是成为一名成功并受人尊敬的管理者的必要条件。首先,你对你的下属的态度要真诚。其次,鼓励的内容要具体(依据具体的事实评价)。再次,要注意赞美的场合。要知道,公开赞扬的方式并不适合于每一个员工。最后,要适当运用间接鼓励的技巧。①

三、提供方法,紧盯过程

与下属沟通,重要的是提供方法和紧盯过程。如果你做过业务,就告诉他合约是怎么签的。如果你管过仓库,就告诉他存货是怎么浪费的。如果你当过财务,就告诉他回款为什么常常有问题。总之,做人家的领导,就是要给人家方法。沟通就是为了要获得方法,你既然比他有经验,就把你的方法提供出来。但是人总有一种惰性,为了防止有人偷懒,方法提供出来后,还要紧盯过程。

终于到了年终,小王兴冲冲来到会计部经理宁静的办公室问道:“宁经理,你

① http://www.docin.com/p-8676906.html.

说过只要我们部将今年的年终报表做好就可以加5%的工资，是吧？”

“我是说过，小王，可是……”宁经理说道：“可是你知道公司有自己的一套关于薪金、晋升的规定和程序，并不是我随意更改的事。嗯，我向总部申请看吧。”

“啊？宁经理，我们部的员工都是在你这句话的鼓动下才加班加点完成工作的呀，小李还带病坚持工作呢，现在这个结果让我怎么跟他们说呢……”

“好吧，别不高兴，我一定会向总部申请，表彰你们辛苦工作的，我保证。”

但是小王还是带着失望的表情离开了宁经理的办公室。

事实上，作为管理者要“防微杜渐”，加薪是一件很敏感的事，知道的人越少越好，不能将其作为完成工作的奖励，否则，一有变动就很难“摆平”。

第四节　水平沟通

什么是水平沟通？这里指的是没有上下级关系的部门之间的沟通。因部门和平级之间沟通经常缺乏真心，没有肺腑之言，没有服务及积极配合意识，所以水平沟通存在很多障碍，最常见的就是“踢皮球”。在全球企业视野内，这样的障碍无处不在。正因为如此，水平沟通对双方的沟通能力提出了很高的要求。

一、主　动

在单位，王经理与同级领导的关系非常紧张，他为此感到很苦恼。这一天，他向朋友诉说心中的苦闷，朋友给他讲了一个“让地三尺”的故事：

古时候，一个丞相的管家准备修一座后花园，希望花园外留一条三尺之巷，可邻居是一名员外，他说那是他的地盘，坚决反对修巷。管家立即修书京城，看到丞相的回信后管家放弃了原计划，员外颇感意外，执意要看丞相的回信。原来丞相写的是一首诗：

千里家书只为墙，
让他三尺又何妨。
万里长城今犹在，
不见当年秦始皇。

员外深受感动，主动让地三尺，最后三尺之巷变成了六尺之巷。王经理听了很受启发，现在，他和同级领导相处得非常融洽，且配合默契，工作效率也大大提高了。

水平沟通第一个要求是主动。案例中王经理前后的变化，道出了一个永不磨灭的真理：只要主动与同级部门沟通，自然就会拥有博大的胸怀。①

二、谦　让

在企业里，凡是比你先进来的人，都是你的前辈。日本人遇到这种情况，他们有一句话叫：“先进。”无论谁进入企业工作，面对其他部门的同事要谦虚，多称他们为“先进”，多

① http://blog.sina.com.cn/s/blog_5f8790b30100lzi5.html.

称他们为前辈,这对你没有任何坏处。你为什么要人家记得你是大学高才生?这种高傲的态度很难让人家帮助你。一个人只有学会了谦虚,在需要帮助的时候才会容易得到别人对你的支持。

三、体　谅

一个业务经理跟厂长说:"厂长,这个订单你给插个单吧!"插单,就是在生产计划中,临时来了一个订单把它插进去。

厂长不能够接受,说:"这样插来插去,乱七八糟的,这个工厂还能干什么?"

业务经理:"厂长你不想插,我也无所谓,公司都不在乎,我也不在乎,反正你看着办。"说罢,就走了。

厂长心想:"跟我来这套,我就不插!"

这时,另一个业务经理也要插单,他去找厂长时完全不是刚才那位那样的态度。他说:"厂长,我刚刚坐上这个职位,好不容易抢了一个订单,看起来是个小订单,但对我来讲是拼了半条老命才拿到的。厂长,我知道您的工作很满,但是我已经查了一下,下个星期二、星期三、星期四,您分别各有两个小时的空当,我这张小单四个钟头就可以做完了,您看,下个星期二到星期四,我能不能用你其中四个钟头,比如说星期二两个钟头,星期三两个钟头?"

厂长还在犹豫。业务经理又说道:"厂长,我的兄弟我会叫他过来帮忙,你看是搬材料还是搬机器?还有,厂长,我手上有一点点预算,两万块钱,我打算拨个五千给你的兄弟们,加加菜,喝喝汽水,你看怎么样?"

厂长一听,笑了笑说:"好吧,你的兄弟不用过来。"

当然不用过去,去了也是白去,他们又不懂工厂生产,但是那五千块不要忘记。

为什么前一个业务经理插单不成,后一个业务经理就成功了呢?一个人跟别的部门沟通的时候,不但要主动地帮别人把事情分析好,还要想方设法让人家只说"是"、"可以",这叫作体谅。而不是说:"厂长,你不在乎,我也不在乎,公司无所谓,我也无所谓。"这招叫作烂招,人家根本不怕,有本事去状告董事长好了。何必要弄成这样呢?所以一个人要多体谅别人,从他的角度去替他着想,替他排时间,替他去找预算,这才叫作真正解决问题。

四、协　作

人都是先帮助别人,才能有资格叫人家来帮助你,这就叫作自己先提供协作,然后再要求人家配合。我们不妨借用团队管理的例子,来说明这一道理。令人欣羡的高绩效团队是一支常胜军,他们不断破纪录,不断改变历史,创造未来。作为伟大团队的一分子,每个人都会骄傲地告诉周围的人说:"我喜欢这个团队!我觉得自己活得意义非凡,我永远不会忘记和那些人心手相连、共创未来的体验。"

有一次,一位生产经理到马来西亚出差,在机场看到一个很漂亮的高尔夫纪念品,就把它买回来,送给财务经理。其实生产经理不打高尔夫。但财务经理很喜欢打高尔夫。后来生产经理发现《税法》修改,就马上买了两套最新修改的《税法》,也送给了他。生产经理当然知道，财务经理要叫公司买公司也会买，但是他买了两套送给他，那个感觉就不一样了。结果有一次原料商跟生产经理提出该公司每次给他们开票时间太长，他们都不想把好的材料给生产经理了。没有好的材料哪能做出好东西？生产经理只好去跟财务经理说："财务经理，对方说我们每次开票，开三个月久了一点，那个好的铁砂可能不想卖给生产经理们了，你看开两个月怎么样？"财务经理愣了一下说："当然。只要董事长没有意见，我就没有意见。""太好了，财务经理，我刚才跟董事长汇报过，他说只要你没有意见他就没有意见，既然你们两个都没有意见，那么就开两个月的吧。你看怎么样？""好吧。"

问题就这样解决了。为什么？早开和晚开与财务经理有什么关系？公司的钱又不是他的钱，但是他不想开就可以不开。他为什么答应开两个月的呢？其实是生产经理先帮了他的忙，再过来要求他帮生产经理的忙。

联合国教科文组织"国际21世纪教育委员会"报告《学习：内在的财富》中指出："学会共处"是对现代人的最基本的要求之一。这是人与人之间、民族与民族之间、国家与国家之间互相依存程度越来越高的时代提出的一个十分重要的教育命题。学会共处，就要学会平等对话，相互交流。平等对话是互相尊重的体现，相互交流是彼此了解的前提，这不但是人际、国际和谐共处的基础，也是水平沟通的重要特征。

五、双　赢

跟平行部门沟通的时候一定要双赢，我们叫作"WIN-WIN"。这个名词最近很流行，但大家都只会讲这句话。双赢以前一定要有个利弊分析，这是为什么呢？我们可以这样来设想：如果你与别人沟通的时候，你对他说这东西对他很有帮助，人家会笑：对我有帮助？人不自私天诛地灭，不会吧？所以"对你有帮助"这句话最好不要讲，因为太虚假。另外有一句话也不要讲——"这个东西对你很重要。"应该说"WIN-WIN"，即两边都有好处。

会谈判的人知道对方什么时候讲真话，什么时候讲假话，什么条件可以交换，什么条件一定会坚持，于是这个谈判一定会成功，大家达到双赢。与别的部门进行水平沟通时，以双赢为前提同样重要。

我们可用人体的三个器官来形象说明这三种不同的方向：往上沟通没有胆，往下沟通没有心，水平沟通没有肺。

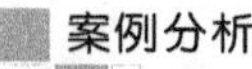

案例分析

研发部的梁经理①

离职再就业

研发部梁经理才进公司不到一年，工作表现颇受主管赞赏，不管是专业能力还是管理

① http://wenku.baidu.com.

绩效,都获得大家肯定。在他的缜密规划之下,研发部一些延宕已久的项目,都在积极推行当中。部门主管李副总发现,梁经理到研发部以来,几乎每天加班。他经常第二天来看到梁经理电子邮件的发送时间是前一天晚上 10 点多,接着甚至又看到当天早上 7 点多发送的另一封邮件。这个部门下班时总是梁经理最晚离开,上班时第一个到。但是,即使在工作量吃紧的时候,其他同仁似乎都准时走,很少跟着他留下来。平常也难得见到梁经理和他的部属或是同级主管进行沟通。

李副总对梁经理怎么和其他同事、部属沟通工作觉得好奇,开始观察他的沟通方式。原来,梁经理都是以电子邮件交代部属工作。他的属下除非必要,也都是以电子邮件回复工作进度及提出问题,很少找他当面报告或讨论。对其他同事也是如此,电子邮件似乎被梁经理当作和同仁们合作的最佳沟通工具。但是,最近大家似乎开始对梁经理这样的沟通方式反应不佳。李副总发觉,梁经理的部属对部门逐渐没有了向心力,除了不配合加班,还只执行交办的工作,不太主动提出企划或问题。而其他各个主管,也不会像梁经理刚到研发部时,主动到他房间聊聊,大家见了面,只是客气地点个头。开会时的讨论,也都是公事公办的味道居多。李副总趁着在楼梯间抽烟碰到另一陈经理时,以闲聊的方式问及小主管对梁经理的看法。陈经理说,梁经理工作相当认真,可能对工作以外的事就没有多花心思。李副总也就没再多问。

这天,李副总刚好经过梁经理房间门口,听到他打电话,讨论内容似乎和陈经理业务范围有关。他到陈经理那里,刚好陈经理也在说电话。李副总听谈话内容,确定是两位经理在谈话。之后,他找了陈经理,问他怎么一回事。明明两个主管的办公房间就在隔邻,为什么不直接走过去说说就好了,竟然是用电话谈。陈经理笑答,这个电话是梁经理打来的,梁经理似乎比较喜欢用电话讨论工作,而不是当面沟通。陈经理曾试着要在梁经理房间谈,当面沟通。梁经理不是用最短的时间结束谈话,就是眼睛还一直盯着计算机屏幕,让他不得不赶紧离开。陈经理说,几次以后,他也宁愿用电话的方式沟通,免得让别人觉得自己过于热情。了解这些情形后,李副总找了梁经理聊聊。梁经理觉得,效率应该是最需要追求的目标。所以他希望用最节省时间的方式,达到工作要求。

李副总以过来人的经验告诉梁经理,工作效率是很重要,但良好的沟通绝对会让工作进行顺畅许多。

思考题

1. 你觉得梁经理在与公司同事(上司、同级主管、下属)的沟通中存在什么缺陷?应该如何改善?

2. 作为上司,李副总应该如何运用沟通技巧来建议梁经理改正缺点,又不挫伤他的工作积极性?

第三篇

管理沟通基本技能

第九章　面　谈

这是来自《新阅读》的一篇趣闻：有一次，我在书房写东西，听到门铃响。老婆很谨慎，没有立即去开门，可能从猫眼里看了看。就听外面大声说："我是来送广告的！"一个女孩子的声音。可能没有危险吧，就听老婆开了门。门刚开，就听见女孩子说："要换鞋子吗？"我一听来劲了，这是受过专业训练的业务高手啊，没有问能不能进来的问题，因为那样有可能遭到拒绝，而是直接跳过拒绝，问要不要换鞋子。高！无论要不要换，进来是肯定的了。我竖起耳朵在书房听。可能是换鞋子的当口，女孩子一定看到了我们家到处贴的儿童挂图，就听她用怀疑的口气说："您都有孩子啦？"仿佛我老婆还像个小姑娘似的。这一招叫赞美女主人，瞒不过我。但我老婆肯定是心花怒放了，哪个女同志不希望自己看起来永远年轻呢！我在书房里咳嗽一下，提醒老婆不要麻痹大意。女孩子可能觉察到了我的存在，紧接着说："你们家装修很上档次嘛！"这一招叫赞美男主人，因为一般家里的条件都是男同志创造的。我虽然识破此招，心里还是很受用的。一边聊，女孩子一边把袜子拿出来了，好像是让我老婆拉着，她用钢针在袜子上演示袜子刮不破的特殊性能。最后，老婆买了人家 4 包 8 双袜子，不得不赞叹人家销售的功夫。其实，这就是面谈技巧的实际运用。

第一节　面谈概述

一、何谓面谈

面谈是一个极普通的经历，它由于不同的原因而出现在几乎是多种多样的环境之中。在很多情况下，当我们跟我们所生活和工作的社会环境系统发生关系时，面谈就会发生。例如，当我们看医生时，当我们想进入学习班学习时，或者当别人想了解我们如何完成工作时，等等。那么到底什么是面谈呢？它又是如何发生的呢？

字典中关于面谈的典型定义包括如下的义项："一项正式的见面或谈话，或者为了检验一个申请人是否适合于某一职位而进行的接见。"其他的解释可能还包括一个记者为了给某人写传记或为电台、电视台写新闻报道时，在某些环境下向被采访者询问他们的观点与个人经历。所有这些及其他定义都说明，面谈不是偶然的或随机的社会碰面，是事先安排好、有目的的见面。更进一步的研究表明，所有的面谈，不论它们的目的或内容如何，都有一些共同点，它们是：

(1)面谈是预定的正式的事件，是事先计划好的见面，而不是路上偶遇的闲谈。

(2)面谈包括两个或更多的人,是具有双向性的沟通交流,而不是一个人的自言自语。

(3)面谈通常是面对面的接触,但不一定每回都是。现代大数据时代下,高级商务的面谈也会选取“电脑视频会议”来代替面谈。

(4)面谈之所以发生,是因为其中的某一参与者或所有参与者都相信这类面对面的交流可能满足或可以导致满足他们的个体需要。

所有这些面谈中的共同点都与广泛的沟通技巧有关,面谈者必须学会使用与理解技巧。面谈发生的媒介主要是以语言为基础的口头沟通,当然也包括非语言沟通的使用,如体态、手势、面部表情和距离与界限的使用等,这些包含于面谈过程之中的技巧还包括听、表达,使用与理解“身体语言”和谈判。还应当注意的是,面谈必须要有主客体和目的。一般说来,面谈与许多沟通过程相同,它可以被分成以下几个方面:

第一,交换信息。信息的交换是面谈双方或多方最基本的会面意图。如当向银行申请贷款时,银行的经理将会询问申请者的财政状况,如工资和支出等,同时这个潜在的购买者也会询问利率和还款期限。

第二,影响。如当面试申请工作时,申请者将尽可能地展示他们的经历与背景资料,以此影响面试者给他们这个工作的机会。

第三,命令。如当决定一项调查的面谈为一个严肃经济的过程的一部分时,管理者可能命令面试者不要再重复相同的错误。这些目的经常发生重叠。譬如,在一个选举面谈中,竞选者需要给面试者更多的信息以施加影响。很明显,发生在这些面谈中的沟通的形式是相当复杂的,而且还包括通过以言语和非言语为基础的媒介与所有参与面谈者进行的双向沟通。综上所述,我们可以得出一个面谈的定义,即:

面谈是指任何有计划的和受控制的、在两个人(或多人)之间进行的、参与者中至少有一人是有目的的,并且在进行过程中互有听和说的谈话。在两个或两个以上个体之间进行的正式的、有目的的、预先安排好的交谈。

那么面谈如何才能适合一个管理者工作的内容,并使管理工作满意呢?首先,在被接见过程中的自我暴露是每个管理者都会经历的,面谈作为更换工作和到另一公司去职位升降、更换工作或另谋高就的必不可少的重要环节,没有管理人员不与之打交道。其次,对有些管理者来说,面谈其他人的过程是经常性的,甚至是每天的工作,因为这是他们管理工作中的一部分,像这种管理工作还包括市场调研、招收新雇员或管理咨询等,而面谈在其中则作为一项以命令为核心的技巧。

如上所说,这些面谈发生的原因与内容各不相同。然而,根据管理学的一般内容,它们的发生可被认为是由于以下一个或几个原因:

第一,为了招新或选举。如大学学生会招新时所选取的最直接的方式就是面试,即报名者与几位主考官面对面交流,以面谈的形式来选取新的学生会干事。

第二,为了收集或交换信息。如一些专门的调研结构与部分调研对象的面谈,即为收集调研资料而进行的面对面交流。

第三,为了反馈和讨论。如大型的专业类研讨报告会多采用面谈的形式,以达到反馈信息、讨论各路观点的目的。

以上几个范畴在本章中都会有详细介绍，然而本章的起始部分将主要探讨一下面谈的基本过程。

二、面谈的过程

面谈是指两个或两个以上个体之间的碰面，本质上说它是社会性的，而且有一定的目的，在这个碰面当中的互动是复杂的，同时也反映了参加碰面的个体在其中的角色。例如，面谈通常是由参加面谈人中的一个人组织、控制并实行的，执行此项职责的个体被称为面试者，而被面谈的人则一般被称为受试者，受试者通常被期望能向面试者展示更多的信息，在一些环境中，如选举面谈或咨询面谈，这些信息可能就是个人的写照。然而，面谈并不是两个平等个体之间的社会碰面。面试者可以并且也经常在以下几个方面施加巨大的影响。

1.所谈论的内容

首先，谈话内容要充实周到。这是谈话的先决条件。如客户经理在推销商品的时候，不能单纯地谈论商品的品种、数量和价格，还要了解所推销商品的各项内在指标，要清楚商品的优缺点以便于更全面、更详尽地向客户介绍产品。其次，谈话内容要真实具体。这是取信于人，树立自身形象的关键。谈话不要吞吞吐吐，说一些似是而非的话，要一是一、二是二，把要表达的意思说清楚，尽量让受试者明白你的意图。最后，谈话内容要因谈话对象而异。对不同身份、不同性格的人采取不同的谈话方式和策略，是实现谈话目的的关键。面谈对象各不相同，这就要求掌握他们的性格特点、了解他们的志趣爱好，投其所好，“对症下药”，从他们感兴趣的话题入手，以此作为一个重要的切入点来实现谈话目的。

2.时间的选择

首先，约见面谈的时间很重要。一般而言不要在星期一和星期五访问新的潜在客户，星期一老总们都要开内部会议，安排一周的工作，星期五周末，大多数的人早早就没了心思，如果能够提前一分钟下班，他们也会那么做。这两天不是营销的好日子，应该集中在星期二至星期四这样的日子，并且还要看准对方，有没有可能出现好的时机。如果万一时机不宜，也不妨就此放弃面谈，隔一些时间等待下一次。其次，正式面谈的时间也不宜过长，没有人愿意听别人滔滔不绝地讲一下午，所以要控制好你的面谈时间。较为恰当的面谈时间在 15～30 分钟之间。当然，这也与不同的受试者有关。

3.谈论内容的细节

在谈论时，要培养积极地倾听技巧；让受试者把话说完，并记下重点。在面谈时，若面试者秉持客观、开阔的胸怀，则能使受试者感到放松，从而更顺利地进行面谈；对受试者所说的话，不要表现防卫的态度，要掌握受试者真正的想法。

面试者可以直接地、公开地施加一些影响。例如，面试者可能直接提出实际的问题，同时他希望受试者也能以同样的方式回答。然而，面试者的这些公开、直接的行为并不是其展示影响的唯一途径。例如，面试者根据自己的想法对受试者进行引导以便使受试者能够提供更多的相关的信息。而在某些环境中，面试者的影响并不那么直接。例如在咨询面谈中，面试者多采用迂回的方式，限制自己的行为，对那些与受试者利益息息相关的东西尽量少加评论,因为他们所做的只是一些咨询性的工作,而做决策的是受试者。然而,甚至在这种受试者处于主动地位的情况下,他们也应该注意到面试者正在聆听、注视着他们的一言一行、一举一动,他们应该对面试者的身体语言做出迅速的反应,以获取更多的信息,并且他们应该密切注意面试者对他们的语言信息、动态信息做出的反应。

在几个人参加由一个人主持的群体性的面谈中,如选举委员会或评论小组,这其中的互动是相当复杂的。出于这种原因,在讨论会形式的面谈中,往往是由一个人进行管理与控制。这个职位通常被认为是“讨论小组的主席”。它具有主席职责的许多特征,他们召开面谈的目的是讨论问题、解决问题,但他们工作的中心主要集中在受试者所讨论的问题的时间、内容、平等性和标准,以保障面谈的主题不被歪曲,保持面谈顺利、平衡地进行。

图 9-1 展示了关于面谈过程实质的一个较全面的观点,它阐明了在面谈中面试者、受试者和面谈环境之间的互动关系。在这种互动关系中,环境、洞察力和行为是相当重要的因素,以下将对这些因素一一阐述。

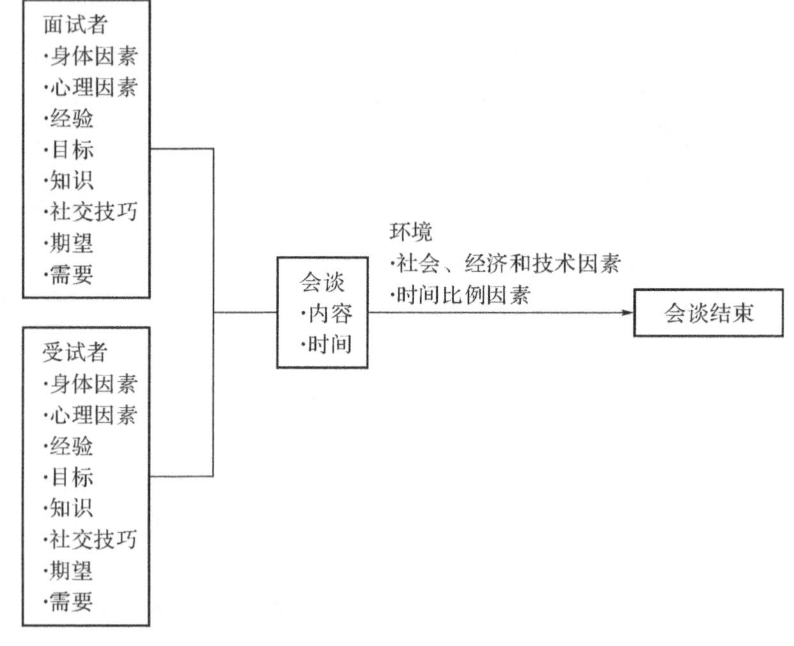

图 9-1 面谈过程

三、影响面谈的因素

1. 环境

环境因素不仅包括面谈所发生的客观小环境,而且还包括外部大环境。外部大环境能介入并影响面谈。它的介入与影响不但来自外部的噪声,如电话铃声和交通的噪声,而且还来自参加面谈的人自身带到面谈室中的知识与影响。这些知识、影响与面谈环境的社会因素、技术因素、经济因素和政治因素都有着千丝万缕的联系。比如说失业率因素,它将在很大程度上影响求职面试,在高就业率与高增长率的情况下对受试者有利,而在高失业率与低增长率的情况下则对面试者有利。现在让我们看一下面谈的小环境。人们注意到面谈“空间”的布置可以对面谈互动的质量施加惊人的影响。有的学者指出,大部分办公室都可以分为两个区域。

(1)压力区域

压力区域是指办公桌周围的那片区域,它的设置主要是为正式交谈服务。它们的特点通常是办公室的主人坐在办公桌的后面,他们是交谈的引导者。

(2)半社会化区域

稍远离办公桌的那一区域,如果是较大的办公室,其中可能还会有舒适的沙发和茶几,在这个区域内的交谈被认为是建立在比较平等的基础之上的。

改变办公室的设置与布局将会使这些区域发生改变。另据研究表明,双方座位成直角时交谈要比面对面交谈自然六倍,比肩并肩的交谈要自然两倍。

最后,我们为了不同的目的还可以利用我们周围的空间。所谓空间利用就是指交谈者彼此间的距离控制和空间变化。行为学家把常见的身体距离分为四种,并研究了它们的间隔尺寸,公众距离 12 英尺以上,如演讲、上课;社会距离 4～12 英尺,如一般熟人、同事等;个人距离 18 英寸至 4 英尺,如老朋友、近邻、关系密切的师生等;亲密距离 0～18 英寸,如密友、亲人等。虽然我们的日常交际中不一定有这种精确的距离控制,但个人之间的空间距离感是存在的,无意中改变了人们的习惯距离,就会引起不自然的感觉,甚至反感。上电车时,如车内空位较多,人们不会坐在有人的座位旁边;在公共电梯内人们总有些局促感。社会心理的实验结果表明:人们越亲密,越友好,彼此就站得越近。朋友比陌生人站得近,相爱的人站得近,想成为朋友的人站得近。

如果交际中人们有意或无意地改变了这种距离,就会被理解为某种暗示,也会自然收到反馈信息。如初次约会的女子,对坐得过近的男子会产生疏远的感觉。同样道理,一对恋人对爱抚动作的回避,也可能暗示关系的冷淡。交谈时人们常常自觉或不自觉地使用空间距离变化来表示对谈话内容的好恶。听到令人惊喜的消息会跑过来站在讲话者旁边,希望再听听。听得入神时会把身体倾向说话者或者无意识地主动靠近。

以上阐明了外部环境、实际的面谈环境和面谈者在这些环境中的动作以及运用这些环境的方式是如何来影响面谈的质量与结果的。

面谈的质量与结果还要受以下因素的制约,参加面谈的人的期望、经验、目标和需要、社交技巧、外貌和观点。下一部分将对其中一些因素进行评述。

2.洞察力与行为

有人将人际互动比喻成戏剧,个体和团体通过“表演”来影响和操纵“观众”的理解与印象。把这个比喻运用到面谈环境中,又引来了一些争论,即作为演员的面试者和受试者所使用的面谈环境被称为“舞台”,“舞台”的大小与状态受到大环境的影响,面试者与受试者不仅相互之间发生作用,而且对他们的“角色”起作用。通过一些影响外表的因素的简短评述就可以说明这一点。这些因素包括头发、服饰和眼睛。头发是外表中一个重要的因素,人们往往通过一个人的头发来判断一个人的类型。例如,银行经理和僧侣的头发较短,而长头发的人主要是嬉皮士、音乐家、艺术家和对社会不满者。发型也常常代表一个人所处的文化团体,如朋克发式。再有关于在某一工作环境中女性是否适合于管理工作

的评判标准也受到服装、首饰和发式的影响。服饰的选择与一些因素有着一定的关系,这些因素包括:

第一,个性的某些方面。如性格活泼开朗的人多喜欢鲜艳复杂的服饰,而内向孤僻的人则大多喜欢暗色调的服饰。

第二,精神面貌。衣着规整的人大多心态良好并有积极向上的生活态度,而颓唐消极的人总是不在意自己的外在形象,大多显得邋里邋遢。

第三,社会阶层。现代社会的服饰品牌总是象征着人的社会地位。穿着做工精致、样料考究的服饰的人代表着权力阶层或是精英群体。而穿着寒酸、勉强蔽体则是社会最底层人民的真实写照。

第四,认知或期待的行为。对服饰的选择实则是个人品味的体现,暗含着个人行为认知与价值审美标准。如在大型国企的面试中,受试者大多会选择正式的较老套的着装;而在应聘一些创意性概念外企时,则会选择相对个性化、凸显个人风格的服饰以获得面试官的关注。

除去服饰对面谈评判标准的影响外,一个人的原有外形也是非常重要的。有报道说,在美国的公司中身材较高的人好像更容易找到工作,而且起薪也较高,相反,较胖的人找工作就要困难一点,特别是那些人际交往方面的工作。可见,外在形象无论是自身样貌还是服饰搭配,都会在面谈过程中对面谈者产生评判干扰。

一些研究人员已经把社会互动模式化了,试图阐述认知行为中目的和动机之间的关系,图 9-2 阐明了面谈中这些因素之间的关系。

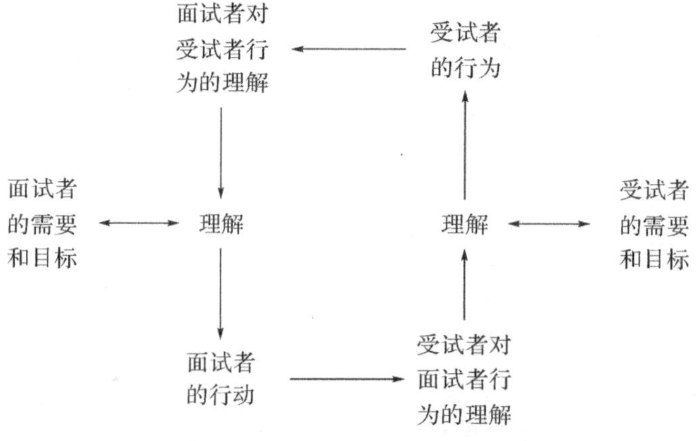

图 9-2　作为一种社会碰面的面谈

第一,对对方行为的理解,即对此行为与他们自己先前行动之间的关系的认识。

第二,对他们如何对对方将要做出的行为做出反应的认识。

第三,他们各自的目标与需要。

例如,在刚刚开始的一个收集信息的面谈中,面试者可能会意识到受试者的回答只是简单的"是"或"不是",这是受试者紧张的标志。由于面试者想要使面谈成功,就会想尽可能地获取更多的信息,此时面试者将会改变面谈的行为、过程或时间,尽量去减少受试者的紧张心理。面试者所选择的行为反映了以下一系列因素:

第一,他们对受试者的理解与感知。如当面试者认识到自身与受试者实际上是处在平等地位时，面试者更能感知并理解受试者的紧张，并能积极地采取缓压技巧以营造轻松的谈话环境。

第二，面谈的经验。相对而言，有着丰富面试经验的面试官更能灵活运用谈话技巧，也能在无意识中将紧张的气氛缓和下来。他们能让原本紧张得讲不出话来的人开始滔滔不绝地谈论某一观点，也能让原先废话连篇毫无观点的受试者慢慢地抓住谈话的重点。

第三，面谈发生的主观环境和客观环境。无论是主观环境还是客观环境，只要符合面谈双方各自心理上的舒适放松范畴，大多都会起到缓解紧张的作用。

第四，对行为可能成功的估计。若面试者对自我面试成功概率把握较大，则在面试时会显得相对更有信心，面试氛围也更为融洽；反之则会显得局促不安，面试氛围相对紧张。

例如，如果早先的面试者认识或在面谈之前遇见过受试者，那么面试者就会更有信心和更轻松地理解受试者的感受并问及产生紧张的原因。受试者的回答依赖于面试者所表现出来的行为是否得体或具威胁性。相反，如果面谈结束得相当快，那么受试者会认为是浪费时间。甚至从这个简单的例子，我们都能明显地看出，作为一个面试者要具备熟练的社会技巧。在一些特殊的情况下，适当地运用一下社交技巧是非常有益的，也是必要的，当这些技巧被考虑到面谈过程中，面试者发现这些技巧还包括：

(1)与受试者建立了和谐的关系。

(2)具有精确的洞察力。

(3)能适应环境。

(4)在面谈中占据主动而不是被动。

(5)合理、自然地运用社交技巧。

面试者还通常使用如下技巧：

(1)准备有明确内容与结构的面谈。

(2)在面谈刚开始就与受试者关于以上方面进行了沟通。

(3)运用开放性的提问方式，如“你的工作干得怎样”、“新的规章对部门士气影响怎样”。

(4)运用反映与调查的技巧。

(5)有效地结束面谈。

一个高效的面试者必须具备并使用以下方面的知识与能力，即互动的手势语言体态和非言语因素。面谈中，语言包含的内容只占面试者与受试者之间所传递信息的一小部分。沟通中的大部分信息都包含在互动中的非语言因素与动态因素中，非语言因素包括在谈话的特征中，如声音。非语言因素强调词语的声调和重音，时间控制着重于感情和含蓄的思想。例如，它们能使一个有经验的面试者认识到受试者是否：

(1)紧张(音调升高和长时间的停顿)。

(2)外向(语速快和声调高)。

(3)争强好胜、缺乏耐心(语调低沉，速度快，重点突出)。

语音、语调的准确使用，变化的音高，优美的嗓音，足够的音量，都能适当地反映一个人的交谈状态，也对交谈的积极进行产生影响。语言与个性有着一定的联系。这些联系使听者通过讲话人讲话的方式来认识讲话人的性格特征。例如，一个人讲话声音尖细，且不够洪亮,那么他就会被认为太年轻或是有些造作。如果言语中缺乏高潮,音调平缓,则被看成冷漠、孤傲。一个讲演者成熟、现实、平衡或调节的特征在演讲中表现出来就是运用喉音,如嘶哑、刺耳的声音。面试者和受试者还使用手势来解释并强调口语语言,研究人员发现手势通常在以下情境中使用:

(1)相关的词语或短语之前。

(2)大多数在停顿中使用。

手的动作可以表示各种可能即将实施的行为。心理学家能够依据一个人抱起的双手、无精打采的姿势、毫无表情的面孔、呆滞的目光、拘谨的动作,判断出一个人要自杀,从而有效地采取防范措施。据有关资料介绍,日本负责接待事务的工作人员发现,当接待人员把倒满的热茶端给客人时,攥紧食指、中指,双手稳稳地接住的客人,一般为人诚实忠厚、通情达理。用大拇指和食指轻轻地接住的人,一般都敏捷练达、精干社交。而小拇指翘起,其他四指合起接住杯子的人,一般都自卑感较强,神经过敏。接待人员根据客人的接杯姿势来判断客人的性格,从而为客人提供恰到好处的服务。不仅手势能反映人的性格与心理,足部动作有时也能反映人的心理。据说为了在剧烈的经济竞争中获胜,有的情报人员甚至录下谈判者的足部动作用来分析和研究对方的个性心理特征,以便"对症下药",采取相应措施来征服对方。据有关资料介绍,人在神情专注和感情兴奋时,双足会缓缓摇动,或停止不动;而陷入沉思时脚尖则会摆动频繁;坐下喜欢把脚架起来的人,往往较傲慢和得意,这样做是为了显示自己的地位和优势;那些架脚而又好晃动脚尖的人,往往性格轻浮,目空一切,狂妄自大;那些坐立不安,频频移动双脚停放地点的人,往往内心十分焦虑、烦躁和不安,等等。在面谈过程中,眼神、面部表情和头部动作的运用都会增加信息互换。研究发现想要说服听众的演讲者都必须注意以下方面:

(1)总在注视对方。

(2)运用更多的手势和点头。

(3)说话速度快且斩钉截铁。

(4)总在微笑。

眼神通常被用于传递信息,强调词语、短语或增加口语语言的说服力。在交谈时,眼睛会告诉人们很多的东西。人们可以通过眼睛流露的隐秘去调整交谈的方向、节奏、基调,也可以通过眼睛表达出丰富的内涵,增强讲话的效果。在非语言信息的传递中,目光具有特殊的作用。人们往往通过目光去判断一个人的性情、志向、心地、态度。眼睛不会隐瞒,正直的人眼睛明亮,心术不正的人眼睛污浊。所以交谈者应该心怀坦诚,目光从容,否则"第一关"就难以通过。对谈话人来说,应该把自己的真诚、热情、感染力通过炯炯目光传递出去,而听话人的目光就是无形的屏幕,能把自己的情绪告诉谈话者。目光的交流对谈话状态的维系是必不可少的。

有关观察结果表明,瞳孔的放大与缩小,眼睑的睁大与闭小,都是内心变化的反映。爱一个人时,瞳孔是放大的。仇恨、气愤、厌恶、冷漠时,瞳孔是缩小的。专心致志地听,脸部肌肉放松,眼睑是睁大的;反感、不解时,眼睑又会闭小。目光接触也有不同的含义。一般来说,听后或说话的人如果心中有鬼,是不敢正视对方的。我们看有关法制的电影也会看到这点。目光接触少的人也可能羞怯,但羞怯的偶尔一瞥的目光,与歹人暗中观察别人的目光是全然不同的。女性在交谈中喜欢观察别人，如果双方不说话时，她们又会转移视线。男性则喜欢盯着别人，在对方讲话时又会显出漫不经心的样子。据有人观察，交谈时注视的时间占30%～60%之间。如果凝视时间过长，说明双方对人的兴趣超过了话语本身，如情侣间便是如此。

目光接触因民俗不同而各异。据说阿拉伯人谈话要求看着对方。日本人则是看着面部，不死盯着一处。美国人可能对视时间长些，而英国人对视要少些。

了解了眼神语言的含义，我们就能在交谈时合理地运用目光，以增强交谈效果，减少误会。一般情况，除去演讲，正常交谈时双方的目光以水平位置相同或相近为好。俯视时有盛气凌人之感，会使对方产生自卑或抵触情绪。有人在办公桌前坐定，一边办公，一边与人交谈，常使人感到不快。交谈时也切忌斜视，因为一般场合，斜视的含义贬多于褒。恰如其分的目光，可以体现出一个人的道德、修养、情操。交谈时东张西望、左顾右盼是不礼貌的。如果说话者如此，则反映出傲慢、缺乏交谈的诚意、修养欠佳；如果听者如此，则反映出轻视、不专心，都会影响双方感情。谈话时应该看着对方，但不必总是盯着对方的眼睛，以免使对方手足无措。凝视、注视对方要适度，否则会使人觉得不礼貌，对女性尤其要注意这点。前段时间曾报道，美国3名女警官同时起诉，指责办公室一名男警官对她们的凝视有亵渎的成分，使她们无法正常地工作。结果女警官们获胜，男警官被解职，这说明了不礼貌的眼神对社会关系的影响。

3.面谈的内容

影响面谈的另一重要因素即面谈的具体内容。在面谈正式开始之前，要用心准备面谈的问题清单，以保证面谈能顺利有序地进行。

第一，为什么(Why)

(1)面谈的主要类型是什么？

(2)究竟希望实现什么？

(3)你寻求或传递信息吗？如果是，那么是什么类型的信息？

(4)该面谈寻求信念和行为的转变吗？

(5)要解决问题的性质是什么？

第二，与谁面谈(Who)

(1)他们最可能的反应/弱点是什么？

(2)他们有能力进行你所需要的讨论吗？

第三，何时何地(When&Where)

(1)面谈在何地进行，在你办公室，还是他们办公室？或是其他地方？

(2)面谈可能被打断吗？

(3)在一天的什么时间进行？

(4)面谈前可能发生什么？

(5)你在这件事中处于什么位置？

(6)需要了解事情全貌，还是只需提示一下迄今为止的最新情况？

第四，谈什么(What)

(1)确定需要包括的主题和提问。

(2)被问问题的类型。

第五,怎样谈(How)

(1)如何能实现你的目标?

(2)你应如何表现?

(3)以友好的方式开始和直接切入主题哪种好?

(4)你必须小心处理、多听少说吗?

(5)先一般性问题再具体问题,还是先详细信息再一般性问题?

(6)你准备如何准备桌椅?

(7)如何避免被打扰?

第二节　面谈的技巧和方法

一、选拔面试

要想明白面谈的过程,就必须要考察以选拔人才为目的的面试。大多数申请新工作的人都期望选拔过程包括面试这一环节。然而,面试并不是选拔人才的唯一途径。在选拔过程中,关于心理与能力的测试变得越来越重要。但是关于这些测试的内容、标准和运用在本部分不予提及,本部分的重点放在选拔过程中面试的应用及这个过程的优势和劣势。选拔面试的结构可以分为三个典型的步骤,分别如下。

1.建立和谐关系阶段

在此阶段,面试者至少要向受试者明确此面谈的内容和持续的时间。这个阶段的目的在于引起受试者说话,使面试开始进行。这时面试者主要询问一下诸如受试者的业余爱好等,以慢慢切入正题。这一阶段也被称为面谈前的“引子”,引子的主要作用是建立和维持一种支持交流的氛围,如下文中的这段“引子”:

访谈者:感谢你今天花时间和我谈谈。

被访者:噢,这一点不成问题。我能帮你做什么吗?

访谈者:我想知道你能否对我讲点有关上星期在办公室发生的那件事。首先,你知道它是怎样开始的吗?

被访者:不知道。当时我正在干我的活,突然,那两人就动手了。

访谈者:我明白。你没有听到他们在动手前的谈话吗?

被访者:我没听到。照我看来,好像起因于那个穿蓝衣服的人。

访谈者:你没有留意吗?

被访者:我怎么知道他们会要打架。

从上述的案例中可以看出,面谈之前的引子能确定说话的语气和面谈气氛,引子部分应当包含对整个面谈的定位:

(1)面谈的目的。

(2)他或她将怎样有助于达到那个目的。

(3)将怎样利用面谈中获得的信息。

2. 询问个人简历阶段

这个过程包括询问受试者过去的工作记录等,在此阶段一般使用无时间限制的随便提问、反馈调查和总结等方法。在回答询问阶段,受试者要回答面试者所提出的问题并能得到他们自己所想获得的信息。

3. 分别的阶段

在此阶段,面试者和受试者将会在今后的行动与进程中达成一致意见。

然而,这种选拔面试也有一定的局限性,特别是在大环境日益变化的20世纪90年代,此方法就不适用于管理人才的选拔。例如,在20世纪90年代后期,如果把这些步骤生搬硬套用在俄罗斯经理人员的选拔面试中,这个过程只能提供一些关于他们在稳定无竞争的计划经济中工作能力的信息,它不会提供任何关于受试者在统一的苏联分裂成若干小的独立国的过程中进行管理,并利用这个动荡时期为老板获得更大利益的能力的信息。这个例子(也许过于简单)的重点是它强调了在选拔过程中需要重视选拔过程这个小环境所处的大环境,如果在面试者与受试者之间缺乏社会平等性。正如本章开始提到的,那么最后这个分别的阶段更像是一个"告知"的过程,而不是一个"讨论"或"协商"的过程。然而,这个模式可以被用于提供一个可选择的、更细致的,也许是更具代表性的模式。它包含以下阶段:

(1)目标与期望阶段

"在这一小时中,我所要做的是对你过去在事业中所取得的成就进行一个简单的回顾,然后我们再来探讨一下你的经验如何运用到我们的计算机公司中。"

(2)让受试者感到轻松阶段——"在我们开始之前,你要不要一杯咖啡?"

(3)个人简历的证实与增强阶段——"据我所知,你在BZQ计算机公司从事营销工作,那听起来是一项颇具挑战性的工作。"

"回顾过去,你认为在作为销售经理时你的业绩有哪些?"

(4)询问阶段

"告诉我你在BZQ公司的工作经验与这项工作有联系的原因。"

"你有哪些特长?"

"关于这项工作和本计算机公司你想了解些什么?"

(5)巩固阶段

"你怎样评价你将给本计算机公司带来的一切?"

(6)完成阶段

"我们将在明天晚上结束对所有候选人的面试,如果方便,我希望我们能在星期三下午通知你我们的决定。"

二、影响面试过程的因素

影响面试过程的因素可能有很多种,其中比较重要的是偏见,这对面试者来说也成为一种趋势,即允许偏见或偏好来影响他们对受试者的认识和他们所下的结论。这并不是选拔面试所特有的,在本章后部分所讨论的其他类型的管理面谈中,也有类似的情况发生,在一个长达15分钟的面谈中,平均决策时间只有4分钟,而面谈过程中所剩余的时间是用于证实自己先前所下的结论。对面试者来说偏见和错误的其他来源包括:

(1)对受试者是否喜欢的反应。

(2)过分着重背景、教育的相似点。

(3)固定形式。

(4)外貌因素。

这些与其他普遍存在的因素导致了面试者的偏见几乎不可能消除,但可以减少或限制,做到这一点可以通过以下方法:

(1)有组织地、系统地提问。

(2)几个面试者单独面谈但共同决定。

(3)对面试者进行培训。

选拔面谈中错误的另一个来源与所问问题的内容和顺序有关。在一个面谈中,提问的主要目的在于获得信息、观点或者意见,因此问题应该:

(1)开放而不是封闭。

(2)限制诱导。

(3)按照彻底、连贯的顺序进行。

诱导式提问可以有三种方式:

(1)简单:"你开车来的,不是吗?"

(2)复杂:"由于石油价格的上涨,对我们来说节约开支是非常重要的,所以你是否认为应当坐火车出差?"

(3)微妙的提问:"我们能使我们的市场份额增长多大?""我们将使我们的市场份额增长多少?"一字之差的问题但其所产生的回答是完全不同的。

上个月,李先生受某大型制药企业总经理王总的邀请,给他们做一个重要职位招聘面试的测评,将要招聘的职位是高级营销经理,很不凑巧,飞机晚点,没有时间和王总做面试前的沟通。所以,李先生只好急匆匆赶到现场,还好,面试刚刚开始。由于事先已经做了筛选,来参加面试的只剩下两位候选人。由王总亲自担任主考官,在半小时里,他对第一位候选人问了三个问题:

(1)这个职位要带领几十个人的队伍,你认为自己的领导能力如何?

(2)你在团队工作方面表现如何?因为这个职位需要到处交流、沟通,你觉得自己的团队精神好吗?

(3)这个职位是新设立的重要岗位,压力特别大,并且需要经常出差,你觉得自己能适应这种高压力的工作状况吗?

当候选人回答完以后,李先生马上叫暂停,因为李先生意识到王总提出的问题不妥当,李先生花了五分钟对应聘者进行了询问,然后他把应聘者的回答和他的真实想法告诉了王总。

候选人是这样回答三个问题的:

第一个问题:我管理人员的能力非常强(实际上王总也并不知道好不好)。

第二个问题：我的团队精神非常好（只能答“YES”，因为王总已经提供了太明显的暗示，即希望我的团队精神非常好）。

第三个问题：能适应，非常喜欢出差（实际上，如果把工作条件进行排行的话，我最痛恨的就是出差，还有就是占用自己的下班时间。但是老总的问话方式直截了当地给候选人暗示，使候选人必须说“是”）。

事实上，王总问的是三个本应该设计成封闭式的问题。第一问：有没有领导能力？第二问：有没有团队精神？第三问：能不能承受巨大的工作压力？很明显，这些问题都错误地采用了封闭式提问的方式进行提问，而候选人由王总询问的问题中很容易就知道他想听到的答案是什么，实际上这是面试中最大的忌讳，而且肯定无法得到正确的答案。

接下来李先生花了10分钟的时间从三个方面重新为王总设计了以下问题：

1. 管理能力方面：

(1)你在原来的公司工作时，有多少人向你汇报？你向谁汇报？

(2)你是怎么处理下属成员间的矛盾纠纷的？举个例子好不好？（行为式问题）

2. 团队协作能力方面：

(1)营销经理和其他部门特别是人力资源部门经常有矛盾，你是否遇到过这样的纠纷？当时是怎么处理的？（情景式问题）

(2)作为高级营销经理，你曾经在哪些方面做过努力来改善公司内部的沟通状况？

3. 能不能经常出差：

(1)以前公司的工作频率如何？经常要加班吗？多长时间出一次差？

(2)这种出差频率是否影响到你的生活？对这种出差频率你有什么看法？

重新设计以上问题，王总从两位候选人中得到了更多的信息，最终选择了他需要的人才。①

三、应聘者的准备

作为应聘者，参加招聘面试的目的主要是让面试者了解你，看你是否符合某一工作岗位的要求。为此，应聘者要注意收集有关工作和企业的信息，做好多方面的准备。只有这样，在面试过程中，应聘者才能充分展示自己的优势，做到自然、自信，从容不迫地面对面试者。

1. 准备面试问题

面试中会遇到许多标准化的提问，换言之，面试者提问的意图、需要了解的信息是大致相同的，只是具体的提问方式有所差异。因此，应聘者可以通过预先的准备来扬长避短，充分展示自己的才能。

---

① http://www.xici.net/d84928353.html.

面试中经常被问及的几个问题:

(1)在中学或大学的教育中,哪些背景使你成为这个职位合适的候选人?

(2)你具备哪些条件和资格使你能胜任这项工作?

(3)你为什么对这份工作特别感兴趣?

(4)你有哪些业余爱好与兴趣?

(5)你经常阅读哪些报纸杂志?最近看过什么书?

(6)从以往的工作经历中,你学到了什么?

(7)如果你正在工作,为什么要离开你现在的公司到此来应聘?

(8)你认为自己身上存在哪些不足?

(9)你如何证明或显示自己的创造性、主动性以及组织能力?

作为应聘者,回答问题要紧紧围绕主题。因为面试者正是通过你的回答来判断你的表达能力与逻辑思维能力的。

2.注意倾听,认真作答

要仔细倾听,努力了解面试者的意图,即他究竟希望招聘到什么样的人。在面试过程中,你也可以适当提问,比如问“你能告诉我更多的情况吗”这种开放性问题。在面对问题的时候,应当冷静思考,认真回答。

3.留下良好的第一印象

良好的第一印象在面试中非常重要。很多情况下,面试者在面试的最初时刻就对应聘者形成判断,而且,这种印象一旦形成往往很难改变。因此,应聘者在面试时应该注意:

(1)得体的着装;

(2)良好的修饰;

(3)有力的握手;

(4)表现出控制力;

(5)恰当的幽默和微笑;

(6)保持适当的目光接触;

(7)对面试者的尊重与关注;

(8)对公司的了解和愿意效力的意识。

4.回避不必要的提问

作为应聘者,你也可以委婉地拒绝回答面试者提出的某些问题,特别是一些易带来歧视性倾向的问题,不必有问必答。如“你与男朋友的关系是否会影响工作”就可能暗含着性别歧视。

5.注意非言语行为的作用

与面试者保持适当的目光接触非常重要,回答问题时,眼睛不要东张西望,说话要有力量,表述要清晰流畅。

参加摩根士丹利的最后一轮面试时,一位分析员面无表情地与我握手寒暄后,不动声色地发问:“如果你找到一份工作,薪水有两种支付方式,一种是一年

12000 美元，一次性全部给你；另一种同样是一年 12000 美元，按月支付，每月 1000 美元。你会怎么选择？”

我心里“怦”地一跳：这人怎么不按常理出牌啊！我搬出课本里的名词：“这取决于现在的实际利率。如果实际利率是正数，我选择第一种；如果是负数，我选择第二种；如果是零，两者一样。同时，我还会考虑机会成本，即便实际利率是负数，假如有好的投资机会能带来更多的回报，我还是会选择第一种。”说完这一长串的答案，我不禁有些沾沾自喜，因为我知道回答这类问题时，相对于答案本身，思考的过程更被看重。

“一般人都说选择第一种，你还不错，考虑得很周全。”淡淡的一句点评后，他并没有就此罢休，“那实际利率又是什么呢？”

“名义利率减去通货膨胀率。”经济学的基础知识还没有完全荒废，我暗自庆幸。

“现在的联储基准利率是多少？通货膨胀率在什么水平？”

这一次，我真的被问住了！准备面试时，我就告诉自己要秉承一个原则，不懂的千万不能装懂，不知道的更不能胡编乱造。于是，我老老实实地回答：“对不起，我不知道，不过如果需要，我回去查清楚后，马上打电话告诉你。”

那位分析员不依不饶地又提出了一个通常只有咨询公司才会问的智力问题：“9 个硬币，有一个重量和其他的不一样，你用两只手，最多几次可以找出这枚特殊的硬币？”“三次。”我不服输地飞快回答。

“还是 9 枚硬币，改变其中的一个条件，两次就可以找出这枚特殊的硬币，这个条件应该怎么修改？”“告诉我这枚特殊的硬币比其他的硬币重还是轻。”在我再一次以飞快的速度给出正确答案后，他终于低声说了句：“Good”

据说在我的评定书上，他填写的意见是：不惜代价，一定要雇佣！①

四、信息收集面谈

这种类型的面谈与以下部分内容有关：

(1)数字数据。“那发生过多少次？”

(2)客观事实。“他哪天说的？”

(3)描述。“告诉我你怎样处理这些发票？”

(4)主观评价。“你认为士气比去年涨了还是低落了？”

(5)感受。“你喜欢做那件事的方式吗？”

管理人员运用信息收集面谈的例子包括市场调研面谈或事故之后的调查面谈和旨在评估组织内部变更基础的面谈。信息收集面谈的结果常常包括报告或研究文件，它们可能用于指明主要组织变革范围，如新的营销策略，同时回顾组织变革的过程，指出需要变革的必要性并把其作为有效变革管理的第一步。信息收集面谈通常是起始步骤中的关键

① 这是一篇以第一人称写成的报道，其中的“我”即指曾子墨。资料来源：曾子墨. 墨迹. 武汉：长江文艺出版社，2007.

一环。需要指出的是关于废品率、质量成本和工人意见等的事实无论对服务性组织还是生产性组织来说,都是通向提高质量道路上的关键而重要的第一步。再次强调一下,信息收集面谈是起始步骤中的关键一环。

尽管选拔面试信息收集面谈在结果和目标上存在着差异,但是它们之间还是有许多相似之处。例如,当一个管理人员在调查一个计算机系统故障时,他要对操作者关于相关事实的描述做出反应,他的行为上的偏见表现在问题上就是,他会问操作者:“你究竟是为什么去那样做?”而不是问:“你能告诉我你决定那样做的原因吗?”像“那令人不满意不是吗?”这样的封闭性问题通常都会使回答受到限制。然而还存在其他一些环境,如市场调研,在这些环境中,管理人员工作的重心是获得大量用于分析的调查结果。在这些环境下,对封闭性问题的回答将更简洁,更易记录和分析,在调研面谈的过程中,面谈的正确性和可靠性主要取决于:

(1)调查问卷。

(2)受试者。

(3)面试者。

在这种类型的信息收集面谈中,应多采用有组织、有条理的问卷调查方式。大多数信息收集面谈的过程都可计为四个阶段。它们是:

第一,收集背景信息。这个初始阶段包括建立一个基本的、实用的框架,用以回答“什么”、“怎么样”和“谁”。它可能还包括组织图表,生产记录和一系列文件,所有这些都作为背景信息。

第二,准备阶段。在这个阶段,要决定在面谈中需要获得何种信息并如何获取这些信息,这些决定将回答如下问题:

被面谈人是谁?顺序如何?

面谈的时间有多长?

面谈的地点在哪儿?

将问一些什么样的问题?

面谈结果如何记录,是笔记还是录音?

第三,会谈过程。获得的信息的质量不仅取决于提出的问题,而且取决于提问的方式。一个老练的面试者将在会谈中运用一些无限开放性问题和沉默等技巧,并掌握说话的时间与会谈的时间。

第四,分析阶段。会谈结束之后,有必要分析一下所得到的信息及会谈过程的效率。

正如我们在本章开始所看到的,信息收集面谈是多种管理面谈类型中的一种,还有一种面谈是反馈与咨询面谈。

五、反馈与咨询面谈

这种面谈通常是指在管理人员同他的一名下属之间进行的关于这名下属自身发展问题的讨论。其类型分为:

(1)答评面谈。

(2)咨询面谈。

由于我们以下将详细讨论这两种类型的面谈，所以我们将会看出这两种类型的面谈在过程与结果上的主要的、明显的差异。

1.答评面谈

对进行答评面谈的管理者来说，答评面谈的目的是：

(1)回顾答评者在某一特定时期内的表现。

(2)指明其将来业绩有待提高的方法。

(3)制定其个人业绩的目标。

(4)评估一下其培训与发展的需要。

这些面谈为公司的人事调动和工资管理提供数据，我们以后将会看到这其中的一些目的可能会与接受答评的个人的目标发生冲突，这种类型的答评面谈是那些正式的社会场景，它发生在使用"开放"答评系统的组织中。在这种类型的答评系统中，接受答评的雇员可以看一些文字报告，并被允许对报告进行评论，也许还能在报告上做标记。在封闭的答评系统中，答评报告是保密的，接受答评的雇员不会看到报告，封闭的系统可能使进行答评的管理人员在他们的报告中更公平一些，这可能导致不严格的无意义的、不具挑战性的评价。而且很难看到雇员对"秘密的"报告做出积极的反应，也很难看到这种报告会激励雇员去提高他们的工作业绩，然而，开放的答评系统也存在着一些问题，被答评的人有其自己的目标——如我们前面说的，其中一些目标可能会与答评者的目标发生冲突，受评人的目标包括：

(1)增加升职与加薪的机会。

(2)影响老板的判断。

(3)怎样才能使领导看到其工作业绩。

(4)找出提高的方法。

(5)接受培训、帮助或支持。

发生冲突的可能性，对雇员和管理者双方来说，取决于他们在答评过程中坦率与诚实的程度，如果管理者不展示他们对其下属工作业绩的真正评价，那么答评过程很可能就变成了走一下官僚形式，那些对其业绩与错误抱着诚实的态度，没有弄虚作假的雇员将会冒过度批评的危险。如果有文字记录，如果面谈和记录都着重于客观地评价行为、业绩和目标而不是个性特征，那么这种危险性就可以减少。

这个过程中客观的程度受一些因素的影响，如前文提到的偏见。显然，为了再考虑一下当前的工作业绩和以后提高工作业绩的方法，有必要示明：

(1)工作的目标或内容。

(2)好的工作业绩是什么。

对许多管理工作来说，结果或目标很难以客观的或定量的形式表达出来，结果，鉴定者与受评者之间的对话可能趋于主观和个人的判断，像这样的一个对话，其局限性与发生冲突的可能性是很明显的，必须采取措施以保证对工作业绩的评价具有"特定的共同设立的、适度的"目标。但是，具有争论性的是没有这些目标对工作业绩有效的反馈就不能发生。反馈是管理过程中一个极其重要的因素，它不应该仅仅局限于"每年一次"的正式面谈，而应当融汇到管理者与被管理者日常的互动之中。如果是那样的话正式的答评面谈将成为一个非正式的连续过程的一部分。

然而,正式的答评面谈仍将有可能提高这些互动的质量,因为它应是仔细地计划、准备并执行的,在本章前面所讲的选拔面谈或信息收集面谈的内容中,有很多观点同样可以运用到答评面谈中。高效的答评面谈的步骤如下:

第一,准备阶段。

这包括一些显而易见的环节:通知受评者面谈发生的时间和地点,保证地点适合于面谈并有足够的时间进行面谈。它还要求答评者阅读有关的背景文件,如去年所说的和所达成的一致意见。最重要的是,在面谈之前要告诉受评者他们答评的目的。在受评者回顾期间,应该给其以足够的时间,让其能够准备关于他们工作业绩的想法。

第二,面谈阶段。

首先,答评者要让受评者回忆以前定下的目标并告诉他们这次面谈的内容和过程,由于面谈的重点是工作而不是人,所以在面谈的开始要鼓励受评者谈一谈他们关于自己工作业绩的观点,答评者应当使用倾听技巧,调查并明确好的、坏的方面,这部分面谈的结果必须是双方都同意的,是为提高工作业绩而定下的目标。面谈期间应当做一些记录,但是不能破坏已经建立起来的和谐的关系,对那些敏感性的问题不要做任何记录,最后面谈结束要做一个总结。

第三,面谈以后阶段。

记录的笔记要正式记录下来,如果是一个开放的系统,要让受评者看完后再签名,共同达成的目标也要记录下来,这其中也包括管理人员的行动,这些行动的实施与任何回顾的日期的标准对答评面谈的可信度来说都是非常重要的。然而,当答评面谈把批评与特定的情景和事件联系起来,仅用随之产生的对话来建立目标时,答评面谈也就只能用来提高工作业绩了。

2. 咨询面谈

咨询不只是帮助或倾听或提供一个“可伏在上面哭泣的臂膀”,这个过程的有效实施需要很多技巧。

关于咨询过程进行的方式有许多观点,这些观点是基于一个严谨的理论方法之上的。它们包括精神动力法、认识法、行为法和人本法。完成咨询过程需要的技巧由所使用的方法决定。例如:人本法或间接法要求顾问:

(1)真诚。

(2)对他们的受试者要不落俗套并且应该是积极的。

(3)完全接受受试者。

(4)能体会受试者的情感。

而其他方法更注重于顾问的理解、分析评价受试者谈话内容的能力以及调查受试者开始所表现出的问题以外的能力。咨询的技巧并非是受过专业训练的顾问所特有的专利,作为一个管理者必须认识到熟练咨询需要经过训练,这种训练包括长时间的理论学习和实际工作,这都是在专业顾问的监督之下,除非管理者受过这些训练,否则他们的咨询工作将在以下方面遇到麻烦:

第一,在初始阶段试图解决一些对工作业绩有直接或间接影响的问题。

第二，难以明确何时何地给雇员提供工作上的咨询。

咨询的水平在其结果上可能受到限制，这可能会使管理者感到他们没有全力帮助他们的雇员，但这确实使其雇员得到了工作上的帮助。它可以使管理者在没有受过训练的领域不承担过多的责任，那些超出自己能力范围的“业余”顾问，对雇员和他们自己来说，就像是一个“一切都让你自己去做”的脑外科医生。一个老练的职业顾问应该受过高度的训练，他在工作中将运用资源和支持系统，这都是管理者不具备的。

面谈怎样才能更好地进行呢？在讨论这个问题的答案之前，我们必须看到，在这种类型的面谈中，受试者的洞察力和偏见是极其重要的。在面谈中，管理者不能将自己的感情、反应和观点强加给受试者，认识不到咨询的这个基本规律，不仅会影响面谈的效率，而且会使受试者感到迷惑不解。

尽管存在着以上的差异，此类面谈的过程还是与本章所讲的其他类型面谈有很多相似之处，其过程为：

第一，准备阶段。

咨询面谈是建立在管理者与受试者之间和谐关系基础之上的，如果管理者面谈中感到不自在，那他应该考虑换一个人代替他进行面谈或由人事部门处理。但是如果受试者特别指出要与他会谈，那么他就应该完成这个面谈。准备阶段还包括准备一个安静的房间，保证面谈在进行时不被打断，还要求管理人员准备足够长的面谈时间。

第二，会谈阶段。

这种类型的面谈是相当耗时的，如果管理者时间有限，他在会谈开始前应提出来。如果有必要，他还可以考虑再另选一个时间进行另一部分的会谈。另一个困扰管理者的问题是信心，如果会谈双方中的某一方对会谈没有信心，那么会谈就不要进行下去，这时需要一个职业顾问来把会谈进行下去。会谈的目的是让受试者阐述出现的问题，在会谈中，管理者需要倾听受试者所讲述的问题，运用与此过程相关的技巧。这个过程中，不需要管理者阐述自己的判断，也不必发表自己的观点，他只需要倾听和接受。如果需要采取行动，那么管理者的职责只限于帮助受试者选择某种行动方案，但真正做决策的是受试者，因为这是他的问题而不是管理者的，许多咨询会谈可能达不到决策阶段，但是至少应该有这样一个准备。再强调一下，这应该是受试者的选择，也许，这也是下次面谈的主题。

第三，会谈完成后阶段。

会谈结束后，管理者有必要“自我评价”一下他的咨询，并反思一下是否还有可改进的地方。在实际的工作中，有效的咨询还包括减少摩擦或冲突，更好地控制时间，保持高昂的士气。

案例分析

下水道井盖为什么要设计成圆的[①]

我的专业是中文,兼修英语,属于大众而不出众的那种。大学毕业那年,在网上看到一家房地产公司要招聘广告策划人,我决定去碰碰运气。很快,公司通知我去面试。

被引到办公室后,我看到了三位"考官",一女二男。居中的是一位大姐,应该是主考,三十来岁,长得慈眉善目。左边是三十来岁的西装男,右边是四十岁左右的平头男。

大姐发话:"你的资料我们看过了,你觉得自己有什么实力应聘广告策划这个岗位?"

"我主修中文,兼修英语,在运用中英文表达创意方面可以发挥自己的优势。当然,最主要的还是我对这个岗位的热爱。"

"你觉得广告策划的首要目的和原则是什么?"大姐继续问。

"广告类书上的定义大家都看过,我个人认为,广告策划的首要目的是'灌水',原则是不断'灌水'——把广告这碗水灌进受众的眼球里、耳朵里、心坎里。"我答道。

"哦,很形象!"大姐笑了,旁边两位也跟着笑了。我自己都佩服自己:灵感啊!

西装男发话:"在此之前,你为什么没有找到工作?""哦,找工作容易,找合适的工作就难了。"

平头男也上场了:"我提一个问题:下水道井盖为什么要设计成圆的?给我两种以上的答案。"

什么?这是什么问题?这一刻我的大脑几乎停止了思考,但很快就急速转动起来,组织好答案:"如果我是设计师,我会这么考虑:第一,圆形的井盖在安装到井口上时,不需要像其他形状那样旋转对准;第二,圆形的井盖可以在地上滚,一个人就能搬动;第三,盖子下面的洞是圆的,因为圆柱形最能承受周围土地的压力。"平头男赞许地点了点头。这时,大姐做了总结发言:"来应聘的人很多,今天就到这里,祝你好运!"

两周后,我收到了这家公司的录用通知。

思考题

1. 招聘面试过程通常包括哪几个步骤?

2. 在招聘面试时,面试官应做好哪些准备工作?在招聘面试过程中,面试官应该注意哪些问题?

3. 在参加招聘面试时,应试者应该做好哪些准备?在参加面试的过程中,应试者应该注意哪些方面?结合工作实际,与小组成员进行交流。

4. 试述本案例中三位考官的提问各有什么特点,他们的提问各有什么侧重。

5. 如果面试官问:"在此之前,你为什么没有找到工作?"你会如何回答?

6. 平头男问:"下水道井盖为什么要设计成圆的?给我两种以上的答案。"这类问题主要考查应聘者哪方面的能力?如果你遇到这类问题,该如何回答?

---

① http://wenku.baidu.com.

第十章　说　服

说服别人的能力也是与人沟通能力的体现。其实每个人天天都在沟通，说服别人是人一生中不断重复的工作，尤其是推销与管理工作，虽然有很多的书籍教诲别人如何运用沟通的技巧，但沟通只有出自内心的真诚，才会真正打动对方，技巧是“术”，需要合理地使用才能获得希望的结果。本章将为大家详细介绍说服技巧。

第一节　经典案例赏析

言语交际是双向互动的过程，掌握了说服艺术，就能为成功多创造条件。中国古代很多人能凭一张“三寸不烂之舌”，纵横捭阖，这样的例子数不胜数。在《战国策》《史记》《吕氏春秋》《资治通鉴》《说苑·正谏》等文献中我们可以找到大量记载，仅举几例来说明问题。

一、烛之武退秦师

故事源自《左传·僖公三十年》。如图 10-1 所示。

秦晋围郑发生在公元前 630 年(鲁僖公三十年)。在这之前，郑国有两件事得罪了晋国。一是晋文公当年逃亡路过郑国时，郑国没有以礼相待；二是在公元前 632 年(鲁僖公二十八年)的晋、楚城濮之战中，郑国曾出兵帮助楚国，结果城濮之战以楚国失败而告终。郑国感到形势不妙，马上派人出使晋国，与晋结好。甚至在公元前 632 年 5 月，“晋侯及郑伯盟于衡雍”。但是，最终也没能感化晋国。晋文公为了争夺霸权的需要，还是在两年后发动了这次战争。

晋国为什么要联合秦国围攻郑国呢？这是因为，秦国当时也要争夺霸权，也需要向外扩张。发生在公元前 632 年的城濮之战，事实上是两大军事集团之间的战争。一方是晋文公率晋、宋、齐、秦四国联军，另一方则是以楚国为主的楚、陈、蔡、郑四国联军。两年后，当晋国发动对郑国的战争时，自然要寻找得力的伙伴。秦晋历史上关系一直很好；更重要的是，这时的秦也有向外扩张的愿望，所以，秦晋联合也就必然了。

原文：

晋侯、秦伯围郑，以其无礼于晋，且贰于楚也。晋军函陵，秦军氾南。

佚之狐言于郑伯曰：“国危矣，若使烛之武见秦君，师必退。”公从之。辞曰：“臣之壮也，犹不如人；今老矣，无能为也已。”公曰：“吾不能早用子，今急而求子，是寡人之过也。然郑亡，子亦有不利焉！”许之。

图 10-1 晋秦围郑

夜缒而出。见秦伯曰:"秦、晋围郑,郑既知亡矣。若亡郑而有益于君,敢以烦执事。越国以鄙远,君知其难也。焉用亡郑以陪邻?邻之厚,君之薄也。若舍郑以为东道主,行李之往来,共其乏困,君亦无所害。且君尝为晋君赐矣;许君焦、瑕,朝济而夕设版焉,君之所知也。夫晋,何厌之有?既东封郑、又欲肆其西封,若不阙秦,将焉取之?阙秦以利晋,唯君图之。"秦伯说,与郑人盟。使杞子、逢孙、杨孙戍之,乃还。

子犯请击之。公曰:"不可。微夫人之力不及此。因人之力而敝之,不仁;失其所与,不知;以乱易整,不武。吾其还也。"亦去之。

二、邹忌讽齐王纳谏

故事源自《战国策·齐策》。如图 10-2 所示。

原文:

邹忌修八尺有余,而形貌昳丽。朝服衣冠,窥镜,谓其妻曰:"我孰与城北徐公美?"其妻曰:"君美甚,徐公何能及君也?"城北徐公,齐国之美丽者也。忌不自信,而复问其妾曰:"吾孰与徐公美?"妾曰:"徐公何能及君也?"旦日,客从外来,与坐谈,问之客曰:"吾与徐公孰美?"客曰:"徐公不若君之美也。"明日,徐公来,孰视之,自以为不如;窥镜而自视,又弗如远甚。暮寝而思之,曰:"吾妻之美我者,私我也;妾之美我者,畏我也;客之美我者,欲有求于我也。"

于是入朝见威王,曰:"臣诚知不如徐公美。臣之妻私臣,臣之妾畏臣,臣之客欲有求于臣,皆以美于徐公。今齐地方千里,百二十城,宫妇左右莫不私王,朝廷之臣莫不畏王,四境之内莫不有求于王:由此观之,王之蔽甚矣。"

王曰:"善。"乃下令:"群臣吏民能面刺寡人之过者,受上赏;上书谏寡人者,受中赏;能谤讥于市朝,闻寡人之耳者,受下赏。"令初下,群臣进谏,门庭若市;数月之后,时时而间进;期年之后,虽欲言,无可进者。

图 10-2　邹忌讽齐王纳谏

三、触龙说赵太后

故事源自《战国策·赵策》。如图 10-3 示。

图 10-3　触龙说赵太后

原文：

左师触龙言愿见太后。太后盛气而揖之。入而徐趋，至而自谢，曰："老臣病足，曾不能疾走，不得见久矣。窃自恕，而恐太后玉体之有所郄也，故愿望见太后。"太后曰："老妇恃辇而行。"曰："日食饮得无衰乎？"曰："恃鬻耳。"曰："老臣今者殊不欲食，乃自强步，日三四里，少益耆食，和于身也。"太后曰："老妇不能。"太后之色稍解。

左师公曰:"老臣贱息舒祺,最少,不肖。而臣衰,窃爱怜之。愿令得补黑衣之数,以卫王宫。没死以闻。"太后曰:"敬诺。年几何矣?"对曰:"十五岁矣。虽少,愿及未填沟壑而托之。"太后曰:"丈夫亦爱怜其少子乎?"对曰:"甚于妇人。"太后笑曰:"妇人异甚。"对曰:"老臣窃以为媪之爱燕后贤于长安君。"曰:"君过矣,不若长安君之甚。"左师公曰:"父母之爱子,则为之计深远。媪之送燕后也,持其踵为之泣,念悲其远也,亦哀之矣。已行,非弗思也,祭祀必祝之,祝曰:'必勿使反!'岂非计久长,有子孙相继为王也哉?"太后曰:"然。"左师公曰:"今三世以前,至于赵之为赵,赵主之子孙侯者,其继有在者乎?"曰:"无有。"曰:"微独赵,诸侯有在者乎?"曰:"老妇不闻也。""此其近者祸及身,远者及其子孙。岂人主之子孙则必不善哉?位尊而无功,奉厚而无劳,而挟重器多也。今媪尊长安君之位,而封之以膏腴之地,多予之重器,而不及今令有功于国。一旦山陵崩,长安君何以自托于赵?老臣以媪为长安君计短也,故以为其爱不若燕后。"太后曰:"诺。恣君之所使之。"于是为长安君约车百乘质于齐,齐兵乃出。

《邹忌讽齐王纳谏》《触龙说赵太后》反映的都是做臣子的以其杰出的说服才能说服了高高在上的国君,从而改写了本国历史的事件:烛之武退秦师挽救了郑国,邹忌讽齐王纳谏使齐国君主能够广开言路,触龙说赵太后使赵国在危难之时得到了齐国的援助,从而转危为安。为此,他们都成了功臣,名垂青史。那么,他们的说服技巧是什么呢?

综合起来,有以下几点:

(1)尊重对方。烛之武对于秦伯、邹忌对于齐威王、触龙对于赵太后,都是毕恭毕敬的。烛之武一口一个"君",邹忌一口一个"臣",触龙"病足,曾不能疾走",却也要"徐趋"而"至而自谢",每一言一行无不表现了对对方的尊敬。这种尊重获得了对方的好感,拉近了双方的感情距离,使说服能继续下去。

(2)营造和谐的谈话气氛。这一点在《触龙说赵太后》中表现得尤为突出。触龙刚见太后时,"太后盛气而揖之",在这种情况下,如果触龙开口便谈让长安君为人质的事,很可能招致祸患,因为,人在生气的时候,是最不理智的,难于听取他人的意见。精明的触龙充分考虑到了这一点,所以,见到太后,他避而不谈长安君之事,而是询问太后的饮食起居,唠起了家常,从而使太后由"盛气而揖之"到"色稍解",既而"笑曰",和谐的谈话气氛形成了,说服的条件也就成熟了。

(3)采用迂回战术,欲成甲事,先谈乙事,以乙事促成甲事。烛之武的目的是让秦伯退兵,邹忌意在让齐威王接受国人批评,而触龙则是为了让赵太后的爱子到齐国做人质。这些事,即使是一般老百姓也是很难接受的,更不用说是万人之上的一国之君。所以,如果他们在一开始就切入主题,很可能一下子就陷入骑虎难下的僵局,闹不好还会受辱甚至招致杀身之祸。因此,在谈话的开始,他们对自己此行的目的避而不谈,而是谈一些表面上看来与之不相干的事情,烛之武不谈秦退兵之事,而大谈秦国的利害得失;邹忌开口谈的是一些闺房私语,触龙则纯粹是拉家常。但事实上,他们在选择话题时,是煞费苦心的。他们谈论这些话题,其目的都是为了引出自己真正要谈论的内容,都是为后面的话题服务的。这些话题和后面的话题之间有着密不可分的关系。

(4)站在对方立场,为对方着想。人都是有私心的,都要考虑自己的利益,任凭你讲的道理再对，如果对对方没有什么好处，对方是懒得理你的。烛之武与秦伯是一种彻头彻尾的敌对关系，利益上是根本冲突的，郑国的利益秦国是不会考虑的。烛之武很清楚这一点，所以，他在说服秦伯的时候，避而不谈郑国的利益，而是从秦国的利益出发，站在秦国的立场上来分析郑亡对于秦国的利害，使秦伯认识到郑亡确实对秦有百害而无一利，最终实现了让秦退兵的目的。①

第二节 经典案例启示

"前事不忘，后事之师"，我们总结前人的经验教训，得到很多启示，这些原则对我们今天掌握说服艺术有着现实的指导意义。

一、因人而异，投其所好

说服者要研究说服对象的基本情况，如身份、个性、心理、思想等，还要弄清自身与说服对象的关系。如《鬼谷子》一书中有大量的这方面的论述。

与智者言依于博；
与博者言依于辨；
与辨者言依于要；
与贵者言依于势；
与富者言依于高；
与贫者言依于利；
与贱者言依于谦；
与勇者言依于敢；
与过者言依于锐。

在了解明确说服对象的个性与喜恶后，要积极从其身上找到共同的话题，使说服对象能以轻松的心情与你交谈。不能在一开始便明显透露说服者的意图，以免使说服对象产生戒备心理。谈话时不仅要附和对方的观点更要配合对方的心理状态。

二、选择恰当的时机和场合

汉武帝时期的田千秋便是这样一位成功的机会把握者。

班固的《汉书·田千秋传》记载，汉武帝晚年喜怒无常，巫蛊祸起，辗转治死者达数万，上至皇后、太子，下至百官、士庶，人人自危。戾太子(刘据，汉武帝在三十岁的时候和卫子夫生下的第一个儿子)为了自身安全，不得已杀死了深受武帝信任的穷治巫蛊大狱的酷吏江充，由此导致了武帝父子在长安城中的连日血战，戾太子最后兵败自杀。武帝穷究太子造反案，太子亲属或被杀或下狱。武帝在事后也逐渐明白了太子的冤枉，但他虽然思念太子，心中痛悔，却不肯公开承

① 马天德.三篇古文的劝说艺术.语文教学与研究(大众版)，2005(7).

认错误,为太子平反。进谏时机已经成熟,武帝现在急需一个进言者,以便有台阶下,田千秋于是抓住了机遇,适时上书。

田千秋当时官阶极低,任高祖陵庙的护卫。他"上急变讼太子冤,曰:'子弄父兵,罪当笞;天子之子过误杀人,当何罪哉?臣尝梦见一白头翁教臣言!'"谏言不多,却恰到好处。他抓住武帝思念太子,急于为太子平反的慈父心理,以"子弄父兵"一词,轻轻把戾太子率军叛乱的大罪推卸得一干二净。戾太子擅杀绣衣直指江充,本来罪过难赦,他又以"天子之子过误杀人"为借口代为推卸。他开脱了太子的罪过,又诡称白头翁梦中教给自己这些话,为自己预设了退路,巧妙之极。正因为进谏适逢其时,所以效果极佳。汉武帝是聪明人,他顺水推舟,把田千秋杜撰的白头翁附会为高祖刘邦,既然有祖宗出面调停,他下诏为太子平反也就名正言顺了。武帝感激田千秋的适时进言,于是把他从高寝郎擢拜大鸿胪,数月后,又顶替被杀死的刘屈氂为相,封富平侯。田千秋的适时进谏,不但为自己带来了意料不到的荣华富贵,又成功地医治了武帝的心病,也为太子平了反,一举三得。他之所以成功,全在于他能聪明地抓住最佳时机。

在恰当的时机与场合向说服对象传达合理的说服请求,能在一定程度上消除对方的反感心理,增强说服效果与说服成功率。要准确掌握令说服对象不安的真正原因,消除其疑惑不安因素后再择机向其传达说服的全部内容。

三、学会委婉的表达方式

委婉表达自己的观点,给自己和对方都留有足够的空间和余地是我们古已有之的传统。孔子、孟子、荀子等人很擅长运用这类方法。因为古代君主握有生杀予夺之权,大臣进谏常常有所顾忌,委婉地规劝是古代臣子常用的一种说服艺术,它是在难以实现直接说服的前提下采取的方式,通常有类比法、归谬法等。

《史记·滑稽列传》中记载着这样一个故事"优孟谏楚庄王葬马":楚庄王的一匹心爱的马死了,他十分伤心,宣布要用大夫那样的礼仪葬马,左右力谏非但不听,还发怒说谁要再谏必定治以死罪。这时,优孟求见,见面后未曾说话,先"仰面大哭",楚庄王非常奇怪地问这是为什么。优孟说,这马是大王最喜爱的,应以国君之礼安葬。要以雕玉为棺,文梓为椁,祀以太牢之礼,奉以万户之邑。这样,诸侯各国皆知大王将马看得比人还尊贵。楚庄王听到这里,幡然悔悟,深责自己险些铸成大错,打消了厚葬爱马的念头。

优孟在这里所用的就是逻辑学上所说的归谬法,即顺着说服对象的荒谬思路向前推,直推到他自己也觉得大谬不然的地步,从而使其恍然大悟。

四、善用比喻

现实交际中,有时话锋不能太露,应该有所隐藏。但为达到交际的目的,也不能吞吞吐吐，意思还要表达出来。比喻在这时可以派上用场。①

《庄子·外物》中记载，庄子家中贫穷，所以去向河监侯借粮。河监侯答应说："行。我将得到封邑内的租税，得到后借给您三百金，好吗？"庄周听了后气愤得变了脸色，说："我昨天来，道路中有呼喊的声音，我回头一看，是车辙中有一条鲋鱼在那里。我问他说：'鲋鱼，来吧！你是干什么的？'回答说：'我是东海波浪里的鱼。您能有一斗一升的水使我活吗？'我说：'行。我将到南方去游说吴、越的国王，引发西江的水来迎接你，好吗？'鲋鱼气愤得变了脸色，说：'我失去了平常的环境，我没有生存的地方，我只要有一斗一升的水就能活下去。你竟说这样的话，还不如早早到卖干鱼的市场里去找我，现在我因贫穷来向您借粮，您却说要等到粮食收上来再送给我。'如果等粮食收上来，那也只能到佣工市场上去找我了。"河监侯听后，派人把粮食送到了庄周的家中。

庄子用"鲋鱼盆水可救"的比喻，切中要害，但话语委婉，既说明了事实，又不卑不亢，最终成功借到粮食。历史上著名的《邹忌讽齐王纳谏》就是采用比喻的典型。邹忌通过讲自己私生活中引人注意、浅显具体的小故事，含蓄委婉地说明齐王拒谏、受蒙蔽的真正原因及危害性，齐王细加回味，豁然开朗，痛下决心，改过自新。

五、充足准备的基础上随机应变

要善于察言观色，见机而作。要根据对方的不同态度和说法而采取不同的对策，灵活机动。

《晏子使楚》中记载：晏子要出使楚国。楚国人因为他身材矮小，就在城门旁边特意开了一个小门，请晏子从小门中进去。晏子说："只有出使狗国的人，才从狗洞中进去。今天我出使的是楚国，应该不是从此门中入城吧。"楚国人只好改道，请晏子从大门中进去。

晏子拜见楚王。楚王说："齐国恐怕是没有人了吧？让你来当使者。"晏子回答说："齐国首都临淄有七千多户人家，人挨着人，肩并着肩，展开衣袖可以遮天蔽日，挥洒汗水就像天下雨一样，怎么能说齐国没有人呢？"楚王说："既然这样，为什么派你这样一个人来作使臣呢？"晏子回答说："齐国派遣使臣，各有各的出使对象，贤明的人就派遣他出使贤明的国君，无能的人就派遣他出使无能为力的国君，我是最无能的人，所以就只好出使楚国了。"

晏子将要出使楚国。楚王听到这个消息，对身边的侍臣说："晏婴是齐国善于辞令的人，现在他正要来，我想要羞辱他，用什么办法呢？"侍臣回答说："当他来的时候，请让我们绑着一个人从大王面前走过。大王（就）问：'（他）是干什么的？'（我就）回答说：'（他）是齐国人。'大王（再）问：'犯了什么罪？'（我）回答说：'（他）犯了偷窃罪。'"

晏子来到了楚国，楚王请晏子喝酒，喝酒喝得正高兴的时候，两名公差绑着

① http://wenku.baidu.com/view/bcf3d7ebf8c75fbfc77db2f0.html.

一个人到楚王面前来。楚王问道:“绑着的人是干什么的?’(公差)回答说:“(他)是齐国人,犯了偷窃罪。”楚王看着晏子问道:“齐国人本来就善于偷东西的吗?”晏子离开了席位回答道:“我听说这样一件事:橘树生长在淮河以南的地方就是橘树,生长在淮河以北的地方就是枳树,只是叶相像罢了,果实的味道却不同。为什么会这样呢?(是因为)水土条件不相同啊。现在这个人生长在齐国不偷东西,一到了楚国就偷起来了,莫非楚国的水土使百姓喜欢偷东西吗?”楚王笑着说:“圣人是不能同他开玩笑的,我反而自取其辱了。”

从晏子使楚的故事中可以看出,在晏子毫无准备的情况下,面对楚王的羞辱,只能采取随机应变的策略以扭转局面。晏子巧妙地将楚王意欲羞辱他的理由转变成了反击楚国的有力理由。这种灵活运用对方语言上的漏洞以增强自身语言优势的说服技能,晏子可谓是运用得炉火纯青。

案例分析

艾柯卡的说服技巧[①]

美国汽车业“三驾马车”之一的克莱斯勒汽车公司拥有近70亿美元的资金,是美国第十大制造企业,但自进入20世纪70年代以来该公司却屡遭厄运,从1970年至1978年的9年内,竟有4年亏损,其中1978年亏损额达2.04亿美元。在此危难之际,艾柯卡出任总经理。为了维持公司最低限度的生产活动,艾柯卡请求政府给予紧急经济援助,提供贷款担保。

但这一请求引起了美国社会的轩然大波,社会舆论几乎众口一词:克莱斯勒赶快倒闭吧。按照企业自由竞争原则,政府决不应该给予经济援助。最使艾柯卡感到头痛的是国会为此而举行了听证会,那简直就是在接受审判。委员会成员坐在半圆形高出地面八尺的会议桌上俯视着证人,而证人必须仰着头去看讯问者。参议员、银行业务委员会主席威廉·普洛斯迈质问他:“如果保证贷款案获得通过的话,那么政府对克莱斯勒将介入更深,这对你长久以来鼓吹得十分动听的主张(指自由企业的竞争)来说,不是自相矛盾吗?”

“你说的一点也不错,”艾柯卡回答说,“我这一辈子一直都是自由企业的拥护者,我是极不情愿来到这里的,但我们目前的处境进退维谷,除非我们能取得联邦政府的某种保证贷款,否则我根本没办法去拯救克莱斯勒。”

他接着说:“我这不是在说谎,其实在座的参议员们都比我还清楚克莱斯勒的请求贷款案并非开先例。事实上,你们的账册上目前已有了4090亿元的保证贷款,因此务请你们通融一下,不要到此为止,请你们也全力为克莱斯勒争取4100万美元的贷款吧,因为克莱斯勒乃是美国的第十大公司,它关系到60万人的工作机会。”

艾柯卡随后指出日本汽车正乘虚而入,如果克莱斯勒倒闭了,它的几十万职员就得成

---

① http://www.eywedu.com/harvard/mydoc046.html.

为日本的佣工，根据财政部门的调查材料，如果克莱斯勒倒闭的话，国家在第一年里就得为所有失业人口花费27亿美元的保险金和福利金。所以他向国会议员们说："各位眼前有个选择，你们愿意现在付出27亿，还是将它一半作为保证贷款，日后并可全数收回？"持反对意见的国会议员无言以对，贷款终获通过。

思考题

对于艾柯卡而言，谈判的背景与环境对他的不利点在哪里？艾柯卡又是如何运用说服技巧来扭转局面，最终获得国会贷款？

第十一章　演　讲

历史上著名的演讲有很多，其中最为激动人心与充满斗志的演讲莫过于马丁·路德·金于1963年8月28日在华盛顿林肯纪念堂发表的著名演讲《我有一个梦想》，内容主要关于黑人民族平等。这篇激情慷慨的演讲词对美国甚至全世界影响都很大，让我们先来欣赏一下这篇演讲词中的经典段落，体会一下其演讲词的高明技巧之处。

> 我梦想有一天，这个国家会站立起来，真正实现其信条的真谛："我们认为真理是不言而喻，人人生而平等。"
>
> 我梦想有一天，在佐治亚的红山上，昔日奴隶的儿子将能够和昔日奴隶主的儿子坐在一起，共叙兄弟情谊。
>
> 我梦想有一天，甚至连密西西比州这个正义匿迹，压迫成风，如同沙漠般的地方，也将变成自由和正义的绿洲。
>
> 我梦想有一天，我的四个孩子将在一个不是以他们的肤色，而是以他们的品格优劣来评价他们的国度里生活。
>
> 今天，我有一个梦想。我梦想有一天，亚拉巴马州能够有所转变，尽管该州州长现在仍然满口异议，反对联邦法令，但有朝一日，那里的黑人男孩和女孩将能与白人男孩和女孩情同骨肉，携手并进。
>
> 今天，我有一个梦想。
>
> 我梦想有一天，幽谷上升，高山下降；坎坷曲折之路成坦途，圣光披露，满照人间。

马丁·路德·金的这篇演讲词中运用了重复技巧。在这次演讲中，"我有一个梦想"这句话被重复运用了不下9次。这是运用重复技巧的高超而诗意的例子。当我们在演讲中重复某些东西时，都是在创建一种模式，并且是大脑喜欢的模式。重复技巧能加深听众对重复观点的认知度，深化演讲主题。重复技巧是演讲技巧中的一项，本章将详细地介绍演讲的技巧与注意事项。

第一节　演讲概述

演讲，在古希腊被称为"诱动术"，其含义是劝说鼓动听众。演讲作为一种社会实践活动，必须具备三个条件：演讲者、听众、当时的环境。演讲是有声语言与态势语言的统一，再加上演讲者的形象来作为传播信息的手段的。只有"演"与"讲"这两个要素和谐地、有机地统一在一起，才能构成完整的演讲，这才是演讲的本质属性，是区别于其他现实口语表达形式的关键所在。

综上所述，演讲可定义为：演讲者在特定的时间、环境中，借助有声语言和态势语言的手段，面对听众发表意见，抒发情感，从而达到感召听众的一种现实的带有艺术性、技巧性的社会实践活动。

一、演讲的分类

根据演讲方式的不同，演讲可以分为以下几类：

(1)照稿宣讲。就是在演讲的时候，演讲者照着讲稿逐字逐句念讲，不做任何解释和说明，不做任何修改和补充。这类演讲的关键是要有一份完备的演讲稿。这种方式适合于政策性强、法定性强或内容重要、场合严肃的演讲。

(2)脱稿背讲。就是有稿不用稿，先熟记在心，演讲时背稿进行。这种方式适合于演讲的准备时间长，演讲稿较短，演讲者的记忆力好，又追求演讲现场效果的演讲。如应聘时的自我介绍，到新单位的就职讲话等。

(3)按提纲讲。就是演讲没有讲稿，只有提纲，以这个提纲为依据进行演讲。所谓提纲主要是内容要点和结构安排。这种演讲方式，常出现在演讲者临时决定做演讲，但受时间限制，来不及写讲稿，在允许的时间内，只能把他的构思、设想的演讲蓝图浓缩在一个提纲里。

(4)照腹稿讲。所谓腹稿是一种仅在心里构思着的想象之中的演讲稿，来不及诉诸文字，甚至连提纲都没有。这种方式，多数是在演讲者与会以后，受到邀请，临时决定演讲时出现的。照腹稿讲要求演讲者要有良好的演讲心理素质，有相当的演讲经验，有即兴演讲的训练，并且在他的头脑里已经形成了演讲稿的思维模式。

(5)即兴演讲。就是在没有腹稿的情况下，现想现说。通常，这种方式需要有相当丰富的经验和娴熟的技巧，才能使演讲激动人心、精彩、成功。

二、演讲的特点

1.演讲的特点

我们要学习、准备演讲，首先必须弄清它的特点、性质。演讲有如下三个特点：

(1)它可以言简意赅地讲清问题，能较快地见到效果。

(2)它是一种面对面的宣传鼓励形式。这种形式使得演讲者的发言更富于鼓动性、感染力、灵活可变且易于调整，另一方面又要求演讲者本人要诚恳和有耐心。

(3)它具有艺术性。演讲是运用语言和体态来影响听众，因此演讲内容的哲理化、语言的文学化、姿态的戏剧化都不同程度地存在于各类演讲中。

2.演讲过程

演讲通常是由演讲者“告知”听众的单向过程。然而，演讲实际上是一个双向过程，见图 11-1 所示。

经验丰富的演讲者(Tx)能够根据反馈的信号判断出他与听众(Rx)交际沟通的效果。反馈的信号包括：眼神、身体姿态、疑问和其他有关听众兴趣和注意力的表现形式。在演

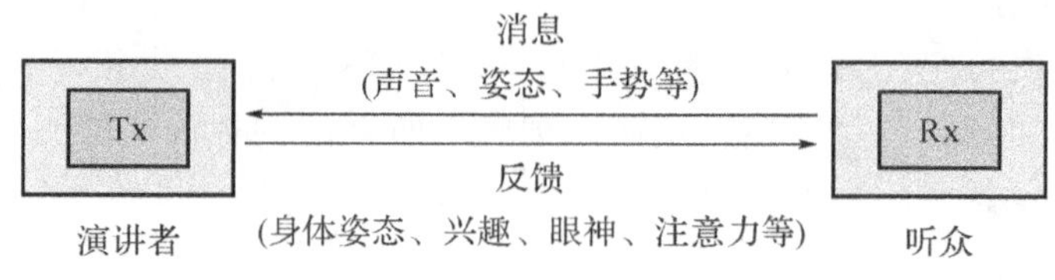

图 11-1　演讲过程

讲过程中，听众的身体姿态、眼神将向演讲者反馈这样的信息：听众是否在聆听他的讲话。

然而，演讲中经常要鼓励听众提出问题，这一过程如图 11-2 所示。

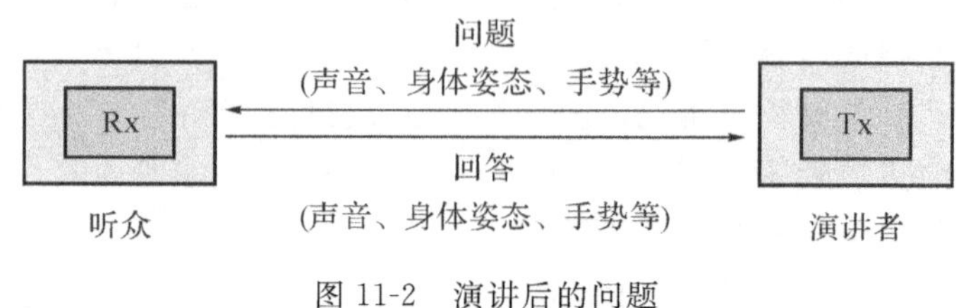

图 11-2　演讲后的问题

3. 演讲者的目的

一般来说，演讲者有以下四种主要目的：

(1)说明情况。主要是用来传递信息。在当今社会，即使是最简单的事情，人们亦应彼此合作，因而，他们首先必须相互了解。语言是了解的主要传递媒介，所以必须精确地使用它，尤其是演讲手段。

(2)说服听众。这种演讲是为了说服某些态度冷漠或持有相反意见的听众转变观点，甚至赞同并采取实际行动以支持演讲者的观点。在这种演讲中，要运用感情感染力和逻辑感染力，以使听众同意演讲者的观点。对顾客的说服也可属于这种目的的演讲。

(3)激励听众。主要是激励听众，进一步强化他们对某一事业的认同感，更加积极地去努力实施相关措施。这类演讲中常用激动人心的语言，它的有效性在于听众与演讲者的观点基本一致。

(4)娱乐听众。这种演讲的目的主要是在轻松愉快的气氛中，演讲者通过幽默诙谐的话语使听众获得欢乐和教益。这种演讲的中心议题由一连串幽默话组成，偶尔也涉及一些真实可靠的信息。在欢庆胜利的宴会上，会有这种娱乐性的演讲。

三、听众的特点

1. 听众心理的四个特点

(1)听众对信息的接受具有选择性。它们包括：

第一，选择性注意。他们一般只注意那些他们熟悉、有兴趣、与他们有关或他们渴望了解的部分。

第二，选择性记忆。听众在记忆信息时有明显的感情色彩和倾向性。他们容易记住自己愿意记住的信息。

第三，选择性接受。每个听众都有强烈的自尊感，总愿意接受那些与自己意见一致的观点。

(2)听众心理是独立意识与从众心理的矛盾统一。一方面,他们自身有独特的想法,是有独立思想的个人,易于表达个人观点与个人情感倾向。另一方面,他们又是群体性生物,喜欢追随大众的步伐,与大众情感保持基本一致。在这种矛盾心理双重作用下,听众往往呈现出多样复杂的受听心理。

(3)“名片”效应与“自己人”效应。“名片”效应和“自己人”效应就是由于交往双方存在相似性和共同之处,因此使各自的信息容易被对方所接受,交往双方容易彼此沟通。“名片”效应主要指双方观点一致,“自己人”效应不光是观点一致,而且增强了亲密感,信息传播者对接受者的影响更大。

管理心理学认为,“如果你想要人们相信你是对的,并按你的意见办事,那就首先需要人们喜欢你。否则,你的尝试就会失败。”也就是说,要引导别人,首先要缩小彼此之间的心理距离,产生“名片”效应和“自己人”效应。

(4)首因效应和近因效应。首因效应指的是“第一印象”在人际知觉中所具有的主导性质。因为在人们的潜意识中,总认为第一印象是最正确的。近因效应是指新形成的印象对人际知觉所具有的重要意义。

2. 听众的构成

(1)目的。要充分考虑听众听您演讲的目的何在。一般来说,听众有这样几种目的:因仰慕您的名声而来,因明了您演讲的主旨而来,因想知道您演讲的结论而来,因出于礼貌不得不来,因被要求参加而不能不来,因想一睹您的风采而来,因心中疑惑于某个问题为寻找答案而来,等等。只有针对听众的实际需要来决定演讲的题目、内容、语气,您才会有成功的演讲。

(2)人数。一般说来,听众人数越多,越容易接受“群体影响”的支配。所以,在听众较多的场合,更需要变更说话的语调,提高内容的感情成分。

(3)性别。听众是男性还是女性,或者男女比例各占多少,假如是女性多的场合,应更多地用温和的声调,更注重感情沟通。

(4)年龄。要注意听众的年龄结构。当今时代的青年或热情冲动或理性挑剔,中、老年人则较含蓄、稳健。由于听众年龄结构不同,思维方式、价值理念皆有很大的不同,这一点尤其要重视。

(5)知识水准。对知识水准较高的听众应要言不烦,而对不同职业和教养水准的听众,就应先从通俗易懂的内容出发,然后再往深处适当发挥。

要做一次精彩而成功的演讲,就要事先做好演讲构思的工作。“事预则立,不预则废”。盖楼房先要设计蓝图才能进行施工,军事家需运筹帷幄才能决胜千里。演讲也一样,需要事先进行构思,才不至于想到哪里,说到哪里,说到哪里,讲到哪里,无边无际,使听众一头雾水不知所云,演讲者自己也往往乱了方寸。

那么,在演讲之前,要进行哪些构思工作呢?演讲构思主要有以下四个方面的工作:确定论题、处理材料、营造结构、锤炼语言。在接下去的一节中将对演讲构思进行深入的分析与探讨。

第二节 演讲构思

一、确定论题

我们把演讲中讲什么叫作选题,把演讲中所要表达的中心思想叫作主题,而演讲的选题或主题的扼要概括,在演讲术语中便称为论题。演讲的主题不仅是演讲者关心的,也是听众注目的。题目是演讲者与听众的最初连接媒介,是听众选择是否听讲的依据,是一篇演讲稿不可缺少的组成部分。题目的确定与演讲的内容、形式、风格、情调息息相关。一个新颖而富有影响力的题目,不仅能在演讲前激发起听众的听讲欲望,而且在演讲之后仍会给观众留下深刻的印象,甚至成了一个警句而广为流传。可见,题目的选择对一个演讲起到了画龙点睛的作用。那么怎样来拟定演讲的题目呢?

1.题目与内容的关系

演讲题目与内容的选取应注意以下几方面:

(1)选取大多数人普遍关心的问题来演讲。比如说以美国为首的北约用导弹袭击中国驻南斯拉夫使馆后,科索沃危机及中国的军事外交战略等都是大家关注的问题,以此为题进行演讲,必然引起许多人的兴趣。

(2)选取能带给听众新的信息、新的知识、新的思想观点的主题来演讲。这些信息和知识能满足听众的求知欲望,能激发听众兴趣,这样的演讲很少失败。

(3)选取适合自己的身份、适合演讲时间、适合听众实际水平的内容来演讲。让一个农民来讲《艾滋病的危害与预防》;在一个5分钟演讲中选择《21世纪的全球经济政治格局展望》;向街道里弄的老太太做《论相对论》的报告,都是不恰当的。

2.题目的拟定

(1)标题要富有建设性。在实事求是的基础上,标题要选择那些给人以希望的、积极向上的、令人振奋鼓舞的文字。同样的内容,不同的标题会产生不同的效应。与其用《自学并非容易》不如用《自学可以成才》,前者固然不无道理,后者却给人以信心。

(2)标题要新奇醒目。古人说,"语不惊人死不休",演讲的题目总是最先和听众见面的,要像磁石一样,一下子把听众紧紧吸引住。鲁迅的演讲标题很是讲究,很有先声夺人、振聋发聩的吸引力,例如《老而不死论》《魏晋风度与文章及药与酒之关系》等,这样一类的标题,必然会在大量雷同、陈旧、平庸、司空见惯的演讲题目中脱颖而出,受到听众的关注。

(3)标题三忌:忌冗长、忌深奥、忌空泛。题目简洁,便于记忆,冗长的题目不易醒目。当然,简洁不能只用字数衡量,上面鲁迅先生的《魏晋风度与文章及药与酒之关系》,字数多、结构复杂,但这个题目无一字可删,且紧扣演讲内容乃至演讲风格,乃不失简洁二字;题目令人费解,弄得艰深晦涩,读来别扭,就引不起听众的兴趣;题目空泛,内容势必不集中,听众无法猜度你所要讲的内容,自然就无从产生兴趣了。

3.主题的提炼

(1)主题应该是现实生活中急需回答的问题。无论是从生活经验中思考得来的,还是从书本知识中启悟得来的，都必须有的放矢。那种不痛不痒、空对空的说教，永远得不到听众的欢迎。唯有解决人们普遍关心、急于得到回答的问题，这样的主题才有启迪作用，才有价值。

(2)主题应该是演讲者有独创之见的思想观念。“唯陈言之务去”，切不可老生常谈，人云亦云。要发人之未发，见人之未见。一次具有真知灼见的演讲，就其社会价值而言，千百倍地胜过那些拾人牙慧、平庸无奇的演讲。

(3)演讲主题要集中，要有重点。企图面面俱到，结果必然蜻蜓点水，不深不透，搔不到痒处。“伤其十指，不如断其一指”。应紧紧围绕一个主题，把问题讲深讲透，从而使演讲重点突出，给听众留下深刻的印象，取得良好的效益。

二、处理材料

演讲的材料指的是为演讲提供内容、表达主题的事物与观念。处理材料，具体地说，就是占有材料、筛选材料和使用材料。

1. 占有材料

只有占有足够充分的材料，在演讲中才能左右逢源、游刃有余；否则，难免捉襟见肘、穷于应付。演讲的材料分为直接材料、间接材料和创见材料三种。直接材料是指人们从生活中观察、调查、体验所获得的材料。间接材料是指从阅读、摘录书刊文献等资料所获得的材料。特别值得重视的是创见材料，所谓创见材料，是在前两者的基础上归纳、分析、研究而得出的新的材料。前面说过，演讲的材料包括事物和观念两方面，既然观念是演讲的材料，创见材料这种经过思想活动重新“制作”的新的材料就顺理成章、水到渠成了。材料的占有，要依靠平时的积累，希望一蹴而就是不可能成功的。

2. 筛选材料

(1)材料要服务于主题，演讲者要把最典型、最生动、最真实、最有说服力的材料奉献给听众而不应将自己所掌握的材料随意拼凑，滥竽充数。只有使主题和材料有机统一，水乳交融，浑然一体，方既有吸引力，又有说服力。

(2)要选择针对性强的材料。这些针对性包括：针对不同场合、不同听众的具体特点、爱好，使用不同的材料，针对听众的心理要求使用与听众切身利益相结合的材料。

(3)要选择演讲者力所胜任的材料。要掂量一下，哪些材料自己拿得起来，哪些材料自己拿不起来。只有当你选择的材料在你的能力范围之内，你才可能在演讲时滔滔不绝、条理分明。

3. 使用材料

演讲中材料使用的先后次序、详略安排都要得体。比如，适当安排趣味成分的材料调节演讲的变化层次，以集中听众的注意力，对于抽象的专业术语尽量用通俗的语言加以解释和说明，对于统计数据的使用要严肃认真。

三、营造结构

合理的结构安排是一篇演讲成功的基础。只有精心营造演讲的结构，在演讲之前对于如何开头、如何结尾、何处为主、何处为次、怎样铺垫、怎样承接早已了然于胸,在演讲时才能思路清晰、顺理成章,中心突出、铺排严谨,首尾照应、浑然一体。这样不仅利于演讲者在有限的时间内讲更多的内容,也有利于演讲者克服怯场。古希腊著名演说家科拉克斯提出一个好的演讲结构应包含:开场白、正文和结尾。

1. 开场白要巧妙

一个良好的开场白应该达到两项目的:迅速和听众建立良好的关系,迅速使听众抓住演讲的主题。

只要符合这两项要求(甚至只完成其中的一项),就是一个成功的开场白。至于每一个开场白怎样组织、怎样构思,那就要根据具体演讲、具体对象、具体时境灵活掌握、随机安排,真可谓"法无定法",没有一定之规,没有现成的公式,没有既定的格局。我们平日多留心一些成功的演讲,可以从中有所借鉴。

例如,可以开门见山,由题目、主题讲起;可以介绍背景,由演讲的缘由讲起;可以先声夺人,以名言警句或惊人的意外事件讲起;可以设问发问,从听众的兴趣点讲起;可以引而不发,从某个悬念故事讲起;可以平易近人,从一些幽默笑话讲起;可以联系听众,从现场的情景讲起;可以出奇制胜,从实物表演引发开去……不管什么样的开场白,从形式到内容都要有新意,要有独创性,要有特色。不管怎样新奇的开场白,都要为打开局面、点明主题这两项目的服务。好的开场白需要演讲者在实践中反复寻觅,努力探索。但要提醒的是,同样的演讲,此时此地的好开场白到了彼时彼地不一定用得上,即使是好的开场白,时境不同、对象不同,也还得另起炉灶,重新寻觅。

在演讲的开头切忌讲一些毫无必要的客套话,貌似谦虚,实则虚伪。诸如:"同志们,我没什么准备,实在说不出什么,既然让我讲,只好随便谈谈。"此类的废话只会弄烦听众。在演讲的开头东拉西扯、离题万里也是万万要不得的。开场白还要注意紧扣主题,适合听众心理和时境,切不可为追求新奇而故弄玄虚。

[演讲开头实例]

例 1:提问

"我想问一下在座的诸位,哪位知道在过去 24 小时里中国有多少企业倒闭?"

"我想知道,如果我告诉您,您的计算机在买进时已经过时,您有何感想?"

例 2:事实陈述

"今天,我市又有 30 个孩子的父亲因工去世——这类死亡本可得到预防!"

例 3:提及

"今天,这里的每位都记得,当我们听到'9·11 事件'的震惊和悲痛。"

例 4:主题

"我今晚要给您讲述令人激动振奋的 XR5 多用程序,然后告诉您这种电脑将如何改变您的经商方式。"

例 5:引用

"一位伟人说:每个人的经历远远超过他的想象范围。不过,正是经验而不是想象,才影响人的行为。"

例 6:感染情绪

“好心的人们,您只要掏五毛钱,就可以使这个孩子活下去,直到下年的收获季节,那时他就可以养活自己。”

2. 正文要层次清楚、重点突出

正文是演讲的主要部分,演讲质量的好坏、论题是否令人信服,都取决于正文的阐述。正文在结构安排上离不开提出问题、分析问题和解决问题。但它又不是一成不变的刻板的公式。我们要根据主题的需要,恰如其分地安排好正文的层次结构,做到层次清楚,逻辑紧密,重点突出,内容连贯。在安排正文的结构时还要注意到,演讲的结构不同于文章的结构,不能肆意铺排,不可太复杂。文章可以反复看,结构复杂一些,读者反复揣摩也会弄通。演讲一遍过,结构过于复杂,听众会抓不住纲目,始终不得要领。

(1)演讲的正文部分要求

第一,紧扣开场白。正文的内容不能杂乱无主题,应紧扣开场白中所提到的演讲主题,层层推进,环环相扣,在条理清晰的行文思路中展开正文演讲。

第二,突出演讲的重点。如果整一篇演讲稿都平淡无奇,没有语言、情节上的起伏,你的听众很可能已经开始在座位上玩手机了。所以,你的演讲稿必须有其出彩之处,即你要突出你演讲的重点,以重点来吸引听众的收听兴趣。

第三,安排好演讲内容的层次。你的演讲稿如果没有逻辑顺序,很容易让听众感到不知所云,也会逐渐丧失听演讲的兴趣。安排好演讲内容的层次,多由浅入深,给听众一个接受、理解、消化的缓冲时间。层次间内容尽量不要重复,多以风趣的小故事作为串联每个层次间的过渡段,既能使演讲稿贴近生活,又能增强演讲的趣味性与结构性。

演讲稿划分层次的方式有:

第一,并列式。它是横向地从各个不同角度或侧面去分析论题的结构形式。其主要特征是把演讲的主题所涉及的若干主要问题并列起来讲述,各个层次之间的关系是并列的,相对独立而又有联系。

第二,递进式。演讲者抓住某个问题,步步深入,层层推进,鞭辟入里地进行分析,使演讲的结构呈现出递进的形式。这种结构的主要特点是在论述主题时,各层意思之间一层接一层,一环扣一环,最后水到渠成。

第三,总分式。演讲者首先概括阐明自己的观点、见解或评价,然后围绕这些论点分出层次加以论述。这种总分式的特点是使人首先获得总体印象,然后通过分别论述,可以加深听众对演讲内容的全面理解。

第四,对比式。这种讲述层次是,在分论点与分论点之间、段落与段落之间形成一正一反的对照,使听众从两种事物的不同或对立之中明辨是非,认识中心论点的正确性。

(2)划分段落

构段时,要注意内容的统一与完整,并有内在联系。统一,就是一段集中表达一个意思;完整,就是一个意思要在一段里集中讲完。各段之间有内在联系,是指各段之间内容连贯,上下段之间在内容上有逻辑联系,体现出下一段是上一段意思的必然发展。

(3)注意过渡与照应

过渡一般有这样几种情况:

第一,讲述的问题由总到分或由分到总时。

第二,由一层意思转到另一层意思时。

第三,由议论转为叙述或由叙述转为议论时。

照应也有三种情况:

第一,行文和演讲题目的照应。

第二,论点和表现中心思想的关键词的照应。

第三,提出问题和解决问题的照应。①

3. 锤炼语言

深刻的主题、动人的材料、精巧的结构都需要用语言来表现出来,语言的表达水平,直接地影响演讲的质量。具体地说,演讲的语言表达有下列几个基本要求:

(1)要口语化。稿子写完后要念一念,请人听一听,看看是否上口、顺耳。这里推荐几种方法:

第一,把长句改成适合听的短句。

第二,把单音词改成双音词,如:应——应该、如——如果。

第三,把听众不易听懂的文言词语、方言改换掉。

(2)要通俗易懂。要采用通行的说法和规范化的语言。

第一,把生僻的词改成常用的词。

第二,不用生造的词语。

第三,多举例,用它来说明听众陌生的事物。

第四,用具体形象的语言解释抽象的理论。

(3)要生动感人。

第一,用形象化的语言,包括运用各种修辞手法。

第二,发挥语言的音乐美,即声调的和谐与节奏的变化。

第三,运用幽默的语言。

(4)要准确朴实。郭沫若在全国科技大会上发表的《科学的春天》的演讲,就是语言锤炼的一个绝好范例。他在结尾时讲道:"日出江花红似火,春来江水绿如蓝,这是人民的春天,这是科学的春天!让我们张开双臂热烈地拥抱这个春天吧!"

第三节 演讲技巧

一、克服怯场

你在黑暗中静静等待,马上就要上台发表演讲了。你双手冒汗,来回踱步,不时翻看手中的演讲稿。心想放第一张幻灯片时,你应该讲些什么,你貌似也不记得了。前一晚你已经熬了一夜,以为做了充分的准备,可是临近入场,你又心慌了。自己的领带与衣服搭配吗?领结是否整齐?你又上上下下地检查了一遍。早上还看起来精致得体的西装,此

① http://www.docin.com/p-70472263.html.

刻怎么感觉皱巴巴的，而且穿在身上太紧了。你感到脸红发热。如果忘了要说什么该怎么办？如果听众不喜欢你又该怎么办？如果他们提刁钻古怪的问题，你应该如何回答？

很明显的，你怯场了。不要担心，任何人在大庭广众之下演讲都会产生紧张情绪。其表现是面红耳赤，说起话来声音颤抖变调，心里发慌。我们发表演讲时经常是在一些较大的场合，出现怯场是很正常的。以下是几种克服怯场心理的方法常用方法：

(1)选择您所熟悉的题目进行演讲。对于一个您已经演讲过的题目或已经从事过研究又十分感兴趣的题目，往往会有助于您顺利地开始。例如，要您讲讲企业怎样经营、怎样注意产品质量、怎样做好广告，等等。

(2)熟悉讲稿。

(3)要有充分自信。既然您被请去演讲，那就是对您的信任，您就是在这个问题上最有发言权的“专家”。

(4)不要把听众看成是专来取笑你的“捣蛋鬼”，而要把他们看作是自己的朋友。从一开始就要寻找那些对你注视、微笑、点头、仔细倾听的听众。首先面对他们讲话，就能克服慌乱情绪。待紧张情绪消除后，再转向其他听众。

(5)在演讲前可以做几次深呼吸，活动一下脖子或与身边的人小声说一两句话，有利于消除紧张情绪。

二、表达技巧

1.有声语言表达技巧

(1)发声技巧。古希腊的亚里士多德在《修辞学》一书中指出“什么时候说得明亮，什么时候说得柔和，或者介于二者之间；什么时候说得高，什么时候说得低，或者不高不低……都是关系到演讲成败的关键问题。”演讲时，明朗浑厚的中低音比较受人欢迎；演讲的语速以每分钟150字左右为宜。同时，演讲者还应注意加强声音的共鸣，这样能使声音变得洪亮圆润，传送得远，蕴含感情。

(2)巧用重音。在演讲中，根据表情达意的需要，有意突出强调某个词或词组，而和其他词或词语形成对比处理，这种技巧便是重音。有的时候，读得比其他词轻，也能起到突出的作用。确定重音主要根据演讲者的目的、理解、心境、感情等综合因素。

(3)停顿的技巧。停顿有语法停顿、逻辑停顿和心理停顿。前两种是根据语法和逻辑结构来处理语言的手段，其目的是保证语意清楚明确、重点突出。而心理停顿则是演讲停顿技巧中最活跃的一种。心理停顿清楚明确、重点突出。心理停顿是有意识安排的，停顿时间比语法停顿、逻辑停顿长，听众可以明显感受到它的效应。具体说，它有以下作用：

第一，给演讲者和听众整理思路、体会情感的时间，从而达到“沟通同步”。

第二，有利于内容的进一步展开、推动主题。

第三，体现设问和暗示的作用。

第四，用于引起听众的好奇、注意，令听众产生悬念。

(4)把握节奏的技巧。演讲中的节奏是由演讲者言语过程所确定的，是演讲者为适应内容的需要和感情的需要而造成的叙述过程中的抑扬顿挫、轻重缓急的对比关系。演讲节奏可分为：

轻快型:适于致欢迎词、宴会祝词、友好访问词等较随和场合。

持重型:适于理论报告、纪念会发言、严肃会议开幕词、工作报告等。

舒缓型:适于科学性演讲和课堂授课。

紧促型:适用于紧急动员报告或声讨发言。

低抑型:适于追悼会等具有哀伤气氛的场合。

高扬型:适于誓师会、动员会、批判会等。

单纯型:适于简短的演讲。

复杂型:适于内容复杂、费时较长的演讲。

(5)语气语调的运用技巧。语气语调在沟通中也占有举足轻重的地位。实验证明:即使没有实在内容的声音形式也可以沟通感情。在演讲中"气徐声柔"可以表达爱;"气促声硬"可以表达憎;"气沉声缓"可以表达悲;"气满声高"可以表达喜;"气提声凝"可以表达惧;"气短声促"可以表达急;"气粗声重"可以表达怒;"气细声黏"可以表达疑。除了语气以外,语调的运用也可表达不同的感情。一般来说,平调表示严肃、平淡、压抑、悲痛;升调表示疑问、反问、愤慨、呼唤;曲调表示讽刺、暗示、欢欣、惊讶;降调表示感叹、请求、肯定、赞扬。

2.体态语言表达技巧

(1)善用表情和眼神。面部表情是人的思想感情最复杂、最准确、最微妙的"晴雨表"。演讲中表情贵在自然,切忌拘谨木然、精神慌张或故作姿态。面部表情应随演讲的内容和演讲者情感的变化而变化,一笑一颦一展一蹙都要和演讲的内容合拍。"眼睛是心灵的窗户。"演讲表情中最重要的是眼神,所以在演讲中要尽量看着听众说话;多和听众的目光构成实在性接触。注意眼神运用的灵活多样,以便"美目流溢,顾盼生辉"。

(2)姿态和手势的运用技巧。不少演讲家提倡在演讲中使用站姿。站立的姿态,一般提倡两腿略微分开,前后略有交叉,身体的重心放在一只脚上,另一只脚则起平衡作用。这样,便于站立,也便于移动,身姿和手势也可以自由摆动。长时间的演讲可以采取坐姿与站姿相结合。一般来说,运用坐姿,可以使演讲显得随和,适合于"拉家常"式的演讲。手势是身体姿态中最重要的表达手段。在演讲中,自然而安详的手势,可以帮助演讲者平静地陈述和说明;急剧而有力的手势,可以帮助升华情绪;柔和、平静的手势可以帮助抒发内心炽热的情感。在演讲中,手势的运用要有变化,要服从内容的需要,符合听众的习惯,简单明了,适当有节。

三、控场技巧

虽然演讲活动一般都在充分准备的基础上进行,但出乎意料的因素总是难免发生。在这种情况下,当机立断、酌情控场与机变,就显得十分重要与必要。

1.控场和机变要注意的原则

(1)观察要敏锐。要善于捕捉听众各种细微的情绪变化和反应,做出准确的判断和迅捷的措施。

(2)处变而不惊。当会场上出现不安和骚动时,演讲者应冷静、沉稳,要有一个震慑全场的气概，始终保持充分的自信，以毅力和韧性克服一时的骚动。

(3)有理有利有节。在一般情况下，绝大多数听众是通情达理的，至于个别听众的问题，要分清问题的性质、原因和责任，采取适当措施，把事变消灭在萌芽状态。有时演讲者也可以采取视而不见的办法，见怪不怪，其怪自败。

2.演讲中意外情况的处理

(1)发现内容多、时间少。拖延时间是演讲大忌，所以在这种情况下，应果断压缩内容，删除某些句段和事例。妥善使用概括语，注意保持整个演讲体系的完整性，切忌虎头蛇尾，草率收兵。

(2)演讲者发生失误。发生失误以后，最重要的是要处变不惊，其次是果断采取应急措施，及时调整自己的演讲。

(3)对听众当场递条子或口头质疑的处理。遇到这种情况，不管是善意质询还是恶意诘难，演讲者都要头脑冷静、保持清醒，切忌感情用事。采取灵活处置，保证演讲顺畅进行。有时可以抓住这一时机，进一步深入地阐发自己的观点。

(4)发现听众反应冷漠、缺乏合作。演讲者应迅速冷静地分析出可能的原因，根据实际情况调整演讲内容，切不可敷衍了事，草草收兵。

(5)对听众持对立观点的处理。在这种情况下，演讲者应在一开始就努力缓和对立情绪，创造一个宽松、和谐的气氛，便于逐步阐述自己的观点，最终说服听众。

四、视听辅助手段

不管演讲者对演讲的内容如何充分准备，也不管其非文字的表达技巧如何高，由于演讲者说话的速度总是跟不上听众听的速度，因此，演讲者要运用视听辅助手段来填充由于听众信息接收速度和演讲者输出速度差所带来的时间空隙。同时，运用视听辅助可以帮助厘清思路，使得接收的信息更有条理。另外，视听辅助手段还有助于提示听众理解演讲的内容，增强信息的接收量，加深印象。视听辅助手段的设计应注意以下四个方面的技巧：

(1)列出演讲内容的议程图表。议程图表就是演讲的“提纲”、“基本框架”。议程图表是演讲的目录。仔细研究设计议程表并确保后面的图表都是由议程表引出。

(2)列出证据支持图表。支持性图表是为了支持你的观点。议程表中的每一部分都要一系列图表的支持。支持图表可以是文字，也可以是图形或图解。

(3)使用标题信息。使用标题信息的目的在于帮助听众直观地理解图表的含义。使用信息标题的方式，可以是信息标题，也可以是主题标题。当演讲者需要表达某个观点时，应该用信息标题。如果演讲者不在乎听众从图表中去获得某一结论，需要由他们自己去理解，则只要用主题标题就可以了。一般来说，应采用信息标题，这样更准确、易于理解。

(4)做好图片之间的衔接。做好图片之间的衔接，就是要让听众从图表中看出上下层图表之间的直观联系。如议程图表和支持性图表之间的衔接。

另外，演讲者在制作演示图片时，要注意：内容要层次清晰、结构合理、简单明了。

案例分析

乔布斯在斯坦福大学的演讲①

斯坦福是世界上最好的大学之一,今天能参加各位的毕业典礼,我备感荣幸。(尖叫声)我从来没有从大学毕业,说句实话,此时算是我离大学毕业最近的一刻。(笑声)今天,我想给你们讲我生命中的三个故事,并非什么了不得的大事件,只是三个小故事而已。

第一个故事关于串起生命中的点点滴滴

退学是我这一生做出的最正确的决定之一。我在里德大学待了 6 个月就退学了,但之后仍作为旁听生混了 18 个月才最终离开。我为什么要退学呢?

故事要从我出生之前开始说起。我的生母是一个年轻的未婚妈妈,当时她还是一所大学的在读研究生,于是决定把我送给其他人收养。她坚持我应该被一对念过大学的夫妇收养,所以在我出生时,她已经为我被一个律师和他的太太收养做好了所有的准备。但在最后一刻,这对夫妇改了主意,决定收养一个女孩。候选名单上的另外一对夫妇,也就是我的养父母,在一天午夜接到了一通电话:"有一个不请自来的男婴,你们想收养吗?"他们回答:"当然想。"事后,我的生母才发现我的养母根本就不是大学毕业生,而我的养父甚至连高中都没有毕业,所以她拒绝签署最后的收养文件,直到几个月后,我的养父母保证会把我送到大学,她的态度才有所转变。

17 年之后,我真的上了大学。但因为年幼无知,我选择了一所和斯坦福一样昂贵的大学。(笑声)我的父母都是工薪阶层,他们倾其所有资助我的学业。在 6 个月之后,我发现自己完全不知道这样念下去究竟有什么用。当时,我的人生漫无目标,也不知道大学对我能有什么帮助,为了念书,还花光了父母毕生的积蓄,所以我决定退学。我相信车到山前必有路。当时做这个决定的时候非常害怕,但现在回头去看,这是我这一生做出的最正确的决定之一。(笑声)从退学的那一刻起,我就再也不用去上那些无趣的必修课了,我开始旁听那些看起来比较有意思的课程。

这件事情做起来一点儿都不浪漫。因为没有自己的宿舍,我只能睡在朋友房间的地板上;可乐瓶的押金是 5 分钱,我把瓶子还回去好用押金买吃的;在每个周日的晚上,我都会步行 7 英里穿越市区,到克利西纳教堂吃一顿大餐,我喜欢那儿的食物。

我跟随好奇心和直觉所做的事情,事后证明大多数都是极其珍贵的经验。我举一个例子:那个时候,里德大学提供了全美国最好的书法教育。整个校园的每一张海报,每一个抽屉上的标签,都是漂亮的手写体。由于已经退学,不用再去上那些常规的课程,于是我选择了一个书法班,想学学如何写出一手漂亮的字。在这个班上,我学习了各种字体,学会了如何改变不同字体组合之间的字间距,以及如何做出漂亮的版式。书法有一种科学所不能及的美感、历史感和艺术感,我发现这太有意思了。当时,我压根儿没想到这些

① http://scsxlx.bokee.com/viewdiary.16565421.html.

知识会在我的生命中有什么实际应用价值，但是10年之后，当我们设计第一款Macintosh电脑时，这些东西全派上了用场。我把它们全部设计进了Mac，这是第一台可以排出好看版式的电脑。如果当时我大学里没有旁听这门课程，Mac就不会提供各种字体和等间距字体。自从Windows系统抄袭了Mac以后，(鼓掌大笑)所有的个人电脑都有了这些东西。如果没有退学，我就不会去书法班旁听，而今天的个人电脑大概也就不会有出色的排版功能。当然，我在念大学的那会儿不可能有先见之明，把那些生命中的点点滴滴都串起来，但10年之后再回头看，生命的轨迹变得非常清晰。再强调一次，你不可能充满预见地将生命中的点滴串联起来，只有在你回头看的时候，你才会发现这些点点滴滴之间的联系。所以，你要坚信，你现在所经历的将在你未来的生命中串联起来。你不得不相信某些东西，你的直觉、命运、生活、因缘际会……正是这种信仰让我不会失去希望，它让我的人生变得与众不同。

第二个故事关于爱与失去

被苹果公司开掉是我这一生所经历过的最棒的事情。

我是幸运的，在年轻时就知道了自己爱做什么。我20岁时就和沃兹在我父母的车库里创办了苹果电脑公司。我们勤奋工作，只用了10年的时间，苹果公司就从车库里的两个小伙子扩展成拥有4000名员工、价值20亿美元的企业。而在此之前的一年，我们刚推出了自己最好的产品Macintosh电脑，当时我刚过而立之年。然后，我就被炒了鱿鱼。一个人怎么可以被他所创立的公司解雇呢？(笑声)这么说吧，随着苹果的成长，我们请了一个原本以为很能干的家伙和我一起管理这家公司，在刚开始的一年左右，他干得还不错，但后来，我们对公司未来的前景出现了分歧，于是我们之间出现了矛盾。由于公司的董事会站在他那一边，因此我在30岁时被踢出局。我失去了一直贯穿于我整个成年生活的重心，这个打击是毁灭性的。在失业的头几个月，我真不知道要做些什么。我觉得自己让企业界的前辈们失望了，因为我丢掉了传到我手上的指挥棒。我遇到了戴维·帕卡德(惠普的创办人之一)和鲍勃·诺伊斯(英特尔的创办人之一)，我向他们道歉，因为我把事情搞砸了。我成了人人皆知的失败者，甚至想过逃离硅谷。但曙光渐渐出现，我还是喜欢自己做过的事情。在苹果公司发生的一切丝毫没有改变我，一个比特都没有。虽然被抛弃了，但我的热忱不改。我决定重新开始。

我当时没有看出来，但事实证明，被苹果公司开掉是我这一生经历过的最棒的事情。成功的沉重被凤凰涅槃的轻盈所代替，每件事情都不再那么确定，我以自由之躯进入了自己整个生命当中最有创意的时期。在接下来的5年里，我创立了一家叫作“NeXT”的公司，接着是一家名叫“Pixar”的公司，并且结识了后来成为我妻子的曼妙女郎。Pixar制作了世界上第一部全电脑动画电影《玩具总动员》，现在这家公司是世界上最成功的动画制作公司之一。(掌声)后来经历了一系列的事件，苹果买下了NeXT，于是我又回到了苹果，我们在NeXT研发出的技术成为推动苹果复兴的核心动力。我和劳伦斯也拥有了美满的家庭。

我非常肯定，如果没有被苹果炒掉，这一切都不可能在我身上发生。生活有时候就像一块板砖拍向你的脑袋，但不要丧失信心。热爱我所从事的工作，是一直支持我不断前进的唯一理由。你得找出你的最爱,对工作如此,对爱人亦是如此。工作将占据你生命中相当大的一部分,从事你认为具有非凡意义的工作,方能给你带来真正的满足感。而从事一份伟大工作的唯一方法,就是去热爱这份工作。如果你直到现在还没有找到这样一份工作,那么就继续找。不要安于现状,当万事了然于心时,你就会知道何时能找到。如同任何伟大的浪漫关系一样,伟大的工作只会在岁月的酝酿中变得越陈越香。所以,在你终有所获之前,不要停下你寻觅的脚步。不要停下。

第三个故事关于死亡

在17岁时,我读过一句格言,好像是:"如果你把每一天都当成你生命里的最后一天,你将在某一天发现原来一切皆在掌握之中。"(笑声)从我读到之日起,这句话就对我产生了深远的影响。在过去的33年里,我每天早晨都对着镜子问自己:"如果今天是我生命中的末日,我还愿意做今天本来应该做的事情吗?"如果一连好多天答案都是否定的,我就知道做出改变的时候到了。

提醒自己行将入土是我在面临人生中的重大抉择时最为重要的工具。

因为所有的事情——外界的期望、所有的尊荣、对尴尬和失败的惧怕———面对死亡时都将烟消云散,只有真正重要的东西才会留下。在我所知道的各种方法中,提醒自己即将死去是避免掉入畏惧失去这个陷阱的最好办法。人赤条条地来,赤条条地走,没有理由不听从你内心的呼唤。

大约一年前,我被诊断出癌症。在早晨7:30我做了一个检查,扫描结果清楚地显示我的胰腺出现了一个肿瘤。我当时甚至不知道胰腺究竟是什么。医生告诉我,几乎可以确定这是一种不治之症,顶多还能活3~6个月。大夫建议我回家,把诸事安排妥当,这是医生对临终病人的标准用语。这意味着你得把自己今后10年要对子女说的话用几个月的时间说完,意味着你得把一切都安排妥当,尽可能减少你的家人在你身后的负担,意味着你向众人告别的时间到了。

我整天都想着诊断结果。那天晚上做了一个切片检查,医生把一个内窥镜从我的喉管伸进去,穿过我的胃进入肠道,将探针伸进胰腺,从肿瘤上取出了几个细胞。当时我打了麻醉剂,但我的太太在场,她后来告诉我说,当大夫们从显微镜下观察了细胞组织之后,都哭了起来,因为那是非常罕见的、可以通过手术治疗的胰腺癌。我接受了手术,现在已经康复了。

这是我离死亡最近的一次,我希望在随后的几十年里都不要有比这一次更接近死亡的经历。在经历了这次与死神擦肩而过的体验之后,死亡对我来说只是一个有效的判断工具,并且只是一个纯粹的理性概念,我能够更肯定地告诉你们以下事实:没人想死;即使想去天堂的人,也希望能活着进去。(笑声)死亡是我们每个人的人生终点站,没人能够成为例外。生命就是如此,因为死亡很可能是生命最好的造物,它是生命更迭的媒介,送走耄耋老者,给新生代让路。现在你们还是新生代,但不久的将来你们也将逐渐老去,被送出人生的舞台。很抱歉说得这么富有戏剧性,但生命就是如此。

你们的时间有限,所以不要把时间浪费在别人的生活里。不要被条条框框束缚,否则你就生活在他人思考的结果里。不要让他人的观点所发出的噪音淹没你内心的声音。最重要的是，要有遵从你的内心和直觉的勇气，它们可能已知道你其实想成为一个什么样的人。其他东西都是次要的。

在我年轻时，有一本非常棒的杂志叫《全球目录》(*The Whole Earth Catalog*)，它被我们那一代人奉为圭臬。这本杂志的创办人是一个叫斯图尔特·布兰德的家伙，他住在Menlo Park，距离这儿不远。他把这本杂志办得充满诗意。那是在20世纪60年代末，个人电脑、桌面排版系统还没有出现，所以出版工具只有打字机、剪刀和宝丽来相机。这本杂志有点像印在纸上的Google，但那是在Google出现的35年前。它充满了理想色彩，内容都是些非常好用的工具和了不起的见解。

在《全球目录》快要无疾而终的时候，斯图尔特和他的团队出版了最后一期杂志。那是在20世纪70年代中期，我当时处在你们现在的年龄。在最后一期的封底有一张清晨乡间公路的照片，就是如果你喜欢搭车冒险旅行的话经常会碰到的那种小路。在照片下方有一行字：物有所不足，智有所不明(Stay Hungry, Stay Foolish)，这是他们停刊前的告别留言。物有所不足，智有所不明——我总是以此自省。现在，在你们即将毕业开始新生活的时候，我把这句话送给你们。

思考题

1. 这是一篇颇具启示性的演讲，试从乔布斯的故事中体会其深刻含义，重点关注一次成功演讲应具备的要素，并与小组成员进行交流。

2. 如何准备做一次成功精彩的演讲？

3. 乔布斯的这篇演讲有何特点？他是如何影响听众的？

4. 请评价乔布斯的开场白和结尾。

5. 乔布斯在演讲中运用了哪些技巧？请举例说明。

6. 你认为乔布斯的演讲成功吗？为什么？

7. 你从乔布斯的演讲中得到了什么启迪？

8. 以单位述职为主题，试拟一篇讲演稿，在小组成员中进行交流。

第十二章　倾　听

在我国历史上，汉高祖刘邦是个非常有自知之明的人。他认为自己在许多方面都不如别人，但他最大的优点就是善于用人，善于听取别人的意见。作为一名领导者，经常有人向刘邦提出各种建议，而他也总能在各种复杂的讯息中迅速做出正确的判断并立即执行。刘邦虽然并没有多少出众的能力，也没有提出过什么精彩的谋略和计划，却因为总能耐心听取别人的建议而做出了许多重要的决策，这也是他能够取得成功的最重要原因之一。①

"而在现代社会的公司里。一个口头信息从管理层传到销售人员那儿会损失掉80%的内容！"明尼苏达州州立大学听力研究专家莱曼·斯蒂尔博士的研究结果让人触目惊心，"全美国有超过1亿工人，如果他们每个人因听错话而浪费掉10美元，这样就会损失掉10亿美元。公文必须重新印，约见要改期，装过的货船也要再装一遍。"

由此可见，沟通过程忽视倾听往往会对公司造成直接或间接的影响。作为管理者来说，错误理解决策层的意思更是会造成不可挽回的损失。而用心倾听则可以帮助我们获取重要的信息。这些信息包括高层的意图，员工和顾客的问题、挫折以及需求——从而提高我们的管理绩效。②

第一节　倾听概述

一、何谓倾听

谈及沟通，人们往往把它等同于掌握读、写、说的技能，这一点可以从我们日常生活及学校教育中体现出来。在学校，从小学开始，读、写能力就是考试的考查重点。在家庭中，学会说话成为孩子发展过程中重要的里程碑，也是年轻父母的心愿。但在这些目标和期望中，我们往往忽略另一种重要相关技能，即倾听。事实上，在每天的沟通过程中，倾听具有十分重要的作用，并且占有重要地位，直接影响沟通效果。据调查统计，我们花费在话语接受上的，尤其是倾听的时间，要超出其他沟通方式许多。美国学者曾对沟通过程中的各个部分做过统计分析，结论如图12-1所示。

可能正因为我们每天用于倾听的时间如此之长，以至于我们忽略其存在及其重要性，

---

① 马欣.论企业内部倾听氛围改善策略.商场现代化，2008(21).

② 杨申.良好的倾听是成功管理的基础.科技信息，2009(7).

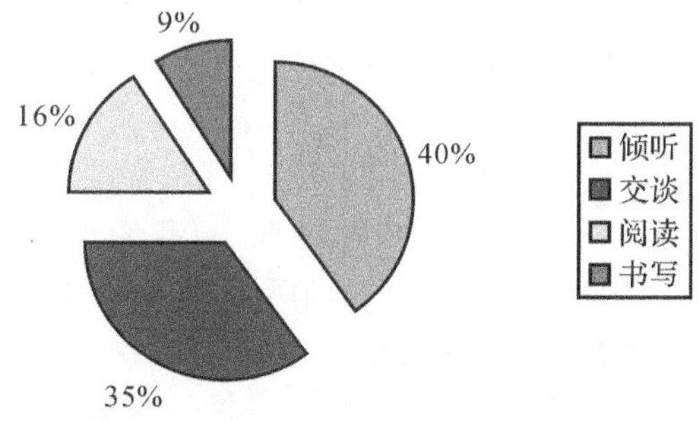

图 12-1 沟通行为比例

认为这不过是自然而然、不费吹灰之力的事，但事情并非如此简单。如果我们仔细回想每天发生的沟通过程，就会发现，我们曾经数次未捕捉到对方话语中的重要信息，也曾经多次误解了别人话语中的含义。倾听对于普通人尚且如此重要，对于管理者，则更是一项必须具备的管理素质之一。沟通理论和经验都告诉我们，是否善于倾听是衡量一个管理者水平高低的重要标志。一名成功的管理者，在很大程度上，都是善于倾听的人。日本“松下电器”的创始人松下幸之助把自己的全部经营秘诀归结为一句话：首先细心倾听他人的意见。松下先生是用自己的实际行动证实了倾听对于一位管理者经营公司的重要性。在商品批量生产前，他会充分倾听各方面人员的设想和意见，在此基础上做出决策，确立下一步经营目标。由于松下先生能充分认真听取公司各个层次人员的意见，所以他在处理问题时总是胸有成竹，当机立断，表现出敏锐的判断力。

在畅销书《亚科卡传》中，亚科卡先生精辟阐述了倾听能力对于一名管理者的重要性：“我只盼望能找到一所教导人们怎样听别人讲话的学院。毕竟，一位优秀的管理人员需要听到的至少与他所需要说的一样多。而恰恰有许多人不能理解沟通是双方面的。”他认为虽然管理者不可能接受员工每一项建议，但必须对每一项建议做出反应。否则，员工的积极性将受到极大影响，对公司形成冷漠态度，管理者将听不到来自员工的任何对公司的发展有建设性作用的意见和建议，影响员工个人价值的实现。他总结说：“假如你要发动人们为你工作，你就一定要好好听别人讲话。一家蹩脚的公司和一家高明的公司之间的区别就在于此。作为一名管理人员，使我感到最满足的莫过于看到某个企业内被公认为一般的或平庸的人，因为管理者倾听了他遇到的问题而使他发挥了应有的作用。”从这些实业家的经验之谈中，我们可以看到，倾听是管理者成功的首要条件。

二、倾听的要素

对于我们大多数人来讲，倾听是从我们听到别人讲话声音开始的，但倾听不仅仅是“听”别人讲话，那么倾听与听有什么区别呢？学者一般认为“听”是人体感觉器官接收到的声音，或者换句话说，“听”是人的感觉器官对声音的生理反应。只要耳朵听到别人谈话，就可以认为我们在“听”。倾听虽然以听到声音为前提，但更重要的是我们对声音的反应过程和结果。倾听必须是人主动参与的过程，在这个过程中，人必须对信息进行接收、思考、理解，并做出必要的反馈。同时，倾听的对象不仅仅局限于声音，还包含更广泛的内容。美国学者列出了以下倾听对象：

第一,语言,主要指双方在沟通过程中的交流内容。

第二,声音,主要指倾听对象在沟通过程中所表现的声音状态。

第三,言语与非言语信息,主要包括肢体语言、表情以及其他相关的非语言信息。

可见,在我们倾听时,我们不仅仅要接收、理解别人所说的话,而且同时也要接收、理解别人的手势、体态和面部表情等内容。在此过程中,我们得到的不仅仅是谈话的信息,而且还包含着对方的情感。因此,我们可以把倾听定义为:通过视觉、听觉媒介接收、吸收和理解对方思想、信息和情感的过程。通过听觉,我们不仅仅听到对方所说的话语,而且可以听到不同的重音、声调、音量、停顿等,这些也是倾听过程中不可忽视的因素,例如,说话人适当的停顿,给听话人一种仔细、谨慎的印象。而过多的停顿,则给人一种急躁不安、缺乏自信或不可靠的感觉。人们也能从说话的声量中区别出愤怒、吃惊、轻视和怀疑等讲话人要表达的态度。当谈话双方可相互看见时,视觉接收到的信息也属于倾听内容。事实上,我们所表达的内容往往由我们的谈话方式而形成特殊的意义,仅仅依靠词语,往往很难确定讲话人的真实思想。例如,听见一位女孩向你说"讨厌",如果她神色娇羞,那你一定会欣喜若狂;如果她横眉冷目,那你最好还是躲开。

三、倾听的功能

倾听是我们沟通能力的一个组成部分,它保证我们能够与周围的人保持互相理解的状态。失去倾听能力也就意味着失去与他人共同工作、生活、休闲的可能。因此,倾听在工作和生活中都发挥着极为重要的作用。一般来讲,我们是为了以下目标而倾听:

第一,获得事实、数据或别人的想法。这是倾听最基本的功能,通过与倾听对象的沟通,可以从其话语中了解最基本的公司情况以及相关的管理数据等内容。

第二,理解他人的思想、情感和信仰。倾听可以使管理者对管理对象的思想、情感以及信仰进行了解,促进双方在更深的层面进行交流,以促进管理效率的提高。

第三,对听到的信息进行选择。在倾听过程中,我们可以通过对相关信息的判断,以及沟通对象在沟通过程中所表现出来的语言以及非语言信息等情况对沟通对象的表达内容进行选择。

第四,肯定说话人的价值。倾听不仅可以通过沟通对象的谈话内容进行相关内容的了解,同时,这也是管理者对沟通对象进行肯定的一个时机,以提高下属的工作积极性。

有效而准确地倾听信息,将直接影响管理者的决策水平和管理成效。一位擅长倾听的领导者能够通过倾听,从同事、下属、顾客那里及时获得信息并进行思考和评估。倾听的重要性是由现代社会运行情况和管理工作特点决定的。面对纷繁复杂的竞争市场,个人难以做出正确的判断,制定出有效的决策方案。在科学技术飞速发展的今天,社会化大生产的整体性、复杂性、多变性、竞争性,决定了管理者必须具备团队合作意识,善于从不同人员身上发掘对公司经营有利的能力。法国作家安德烈·莫洛亚说:"领导人应善于集思广益,应当懂得运用别人的头脑。"他援引希腊谚语说,"多听少讲有利于统治国家"。对领导者与管理者要求虽有区别,但重视倾听这一点应该是一致的。唐代贤臣魏征在劝谏唐太宗时更一针见血地指出:"兼听则明,偏信则暗。"从某种程度上讲,管理过程就是调动人的积极性的过程。善于倾听的管理者能及时发现他人的长处,并迅速让其发挥作用。

倾听本身也是一种鼓励方式,能提高员工的自信心和自尊心,加深彼此的感情,激发员工的工作热情与责任心。美国最成功的企业界人士之一玛丽·凯·阿什是玛丽·凯化妆公司的创始人。现在她的公司已拥有20万职工,但她仍要求管理者记住倾听是最优先的事,而且每个员工都可以直接向她陈述困难。这种管理理念能够有效加深管理者和员工的感情,因为员工要求被重视的自尊心得到了满足。在很多情况下,员工希望公司有途径让他们倾诉,使自己的想法得到表达。日本、英美一些企业的管理人员常常在工作之余与下属职员一起喝几杯咖啡,就是让部下有一个倾诉的机会。

倾听也是管理者获得信息的主要方式之一。虽然报刊、文献资料是获得和了解信息的重要途径,但却受到时效的限制。而倾听往往可以得到最新信息。在交谈中,能够发现很多有价值的信息。这些信息常常是说话人一时的灵感,也许他们自身并未意识到,但对听者来说却具有重大的启发作用。在工作和生活中,我们针对某事的评论意见和交流的信息都是最快的信息获得方式,而不积极倾听是不可能及时获得这些信息的。所以有人说,一个随时都在认真倾听他人讲话的人,在与别人的闲谈中就可能成为一个信息的富翁。

积极倾听带给管理者的好处是显而易见的。对缺乏经验的管理者,倾听可以弥补自己管理经验的欠缺;对于富有经验的人而言,倾听可以减少决策错误。日本松下幸之助先生创业之初只有三人。因为他注意倾听员工意见,随时改进产品,确立新的发展目标,才使松下电器达到今天的规模。玛丽·凯·阿什创业之始公司只有9人,但她善于倾听各种意见,很多产品都是由于销售部门听取了顾客的建议,按照顾客的需要制作的,所以无须大做广告,产品销量照样很好。注意倾听也是给人留下良好印象的有效方式之一。许多人不能给人留下良好印象,就是因为他不注意听别人讲话。心理观察显示,人们喜欢善听者甚于善说者。戴尔·卡内基曾举过一例:在一个宴会上,他坐在一位植物学家身旁,专注地听着植物学家跟他谈论各种有关植物的趣事,几乎没有说什么话,但分手时那位植物学家却对别人说,卡内基先生是一个最有意思的谈话家。学会倾听,实际上已踏上了成功之路。

四、倾听的一般过程

在沟通活动中,倾听既然如此重要,那么,我们倾听的具体过程又是怎样的呢?

1.感知

对方发出信息,传到我们耳膜中,产生刺激,成为我们所获得的信息。但听觉器官,往往并非接收信息的唯一生理器官。我们的言语信息来自听觉,但倾听效果却是各种因素的综合。假如听到有人叫你"滚开",而你同时还看到这话出自一位满脸杀气的壮汉之口,与此同时举着拳头向你扑来,这足以令你逃之夭夭了;反之,若你看到这句话出自一个妙龄女子之口,而她说这话时却满含微笑,一副娇嗔的模样,在这样的"滚开"声中,你无论如何也不会走开半步的。

2.选择

并不是任何信息都为我们所接受,因为我们总是对某一部分信息表示出特别的关注和兴趣,同时又无意识地忽视另外一些自己不感兴趣的信息。例如,在喧哗的场合,突然从背后传来叫你朋友名字的声音,这会引起你的注意。而如果是叫一个你完全不知道的人的名字,你就会无所反应,这就是我们接收信息的选择性。

3.组织

人主要依靠大脑神经中枢进行活动。在倾听过程中,大脑中枢神经主要起到识别、记忆、分析信息等功能。我们把杂乱无章的信息分门别类,集中贮存起来,同时把那些过于简略的信息加以扩充,太过冗长的信息进行浓缩,为进一步地理解信息服务。

4.解释或理解

在此环节中,我们搜寻已知信息,调动大脑贮存的知识和经验,通过判断、推理获得对信息的正确解释或理解。

这四个过程,是一次倾听活动的全部过程,似乎很复杂,但其实都是我们本能地,以惊人的速度完成的。而其具体过程也并非是泾渭分明、按部就班的,它们之间常常互相重叠。从倾听效果来看,倾听可分为两个基本层次。

第一,词面理解型。即对方怎么说,自己就怎么听,也不问其内在的隐含意义是什么,始终处于被动地位。

第二,投入型。即不仅用耳朵听,去获得正确的理解,而且用全部身心进入对方的语境。例如,一对正处于感情培养阶段的青年男女一天去逛商城,女青年指着服装柜中的一件大衣说:"这衣服挺不错的。"如果男青年回答:"是的,挺不错。"那他的倾听效果只是表面性的,而若回答:"是的,挺不错的,你要是喜欢的话我送一件作为礼物,肯接受吗?"这时,倾听效果才算达到投入的层次。作为一名管理者,要争取成为一名投入型的倾听者。只有这样,才能真正从倾听中获得巨大的收益。

五、导致倾听的障碍

倾听的特点在于它的有效性,但事实上并非每次倾听都能取得良好的效果。人们平均每分钟可讲 130 个词,而作为听者,每分钟可轻而易举地处理 500 个词。虽然我们的大脑能够神速消化词汇,但并不意味着我们每次都能处理、利用所接收到的信息。我们在倾听过程中往往因为受到一些因素干扰,而不能有效倾听。导致倾听障碍往往有以下几个因素。

1.环境因素

环境干扰是影响倾听最常见的原因之一。交谈时的环境千差万别,时常影响人的注意力。外界环境中的声音、气味、色彩、光线、地点及一些相关语境都会影响倾听者的注意力集中、对事物的感知程度及信息接收的完整性。公司环境的布置、当天的气候状况、双方的衣着,都是会对倾听造成影响的重要环境因素。当一位女性看到她的男朋友和别人跳舞时,就可能出现心在不焉的情况,对自己和他人说了什么,可能不会有什么印象。而当几个人一起谈话,也可能相互干扰。曾经有人实验,一个人处于同时听到两个信息的环境时,他会选择复述其中一个信息,而放弃另一个信息。所以荀子说:"耳不能两听而聪。"对于管理者而言,抵抗倾听环境的干扰是很费力气的事情,也是一种需要培养的重要能力，需要细心克服。

2.语言表达因素

语言表达因素的障碍主要包括以下几个方面：

(1)过分精确的语言，往往使听话人难以全部接收。例如，当我们向别人提供电话号码时，任何倾听者都很难一次记下来八位数字。

(2)不适当地使用省略语，如“上吊的(上海吊车厂)”、“开刀的(开封刀具厂)”等，往往令听者不知所云。

(3)不恰当地使用行话。对大多数人来讲，“氯化钠”也许陌生，但说“盐”则人人皆知。

(4)过多的信息，很难让你在短时间内接收，如在相声《报菜名》中，恐怕很少有人能记住其中的三分之一。

(5)口头语与体态语不相符。例如，当你与别人谈话时，你想说“3”而此时却伸出5个手指。如果此时听者注意到你的动作，必然会产生疑问，对信息接收产生影响。

3.倾听者的理解能力与态度

(1)对谈话人产生反感时，往往影响倾听效果。

(2)对谈话人存在不正确的假设，往往影响倾听效果。

(3)对于不信任的人，往往很难静心倾听他在说什么。

(4)谈话双方知识水平、文化素质和职业的差别，往往对倾听效果产生影响。

4.生理差异

由于倾听是感知的一部分，它的效果必然会受听觉器官、视觉器官的限制。如果倾听者生理有缺陷，必然会影响倾听效果。倾听者兴趣不浓、情绪不好、精神疲惫、体力较差、身体疾病等心理问题和生理问题都会影响有效倾听。因此，管理者在与倾听对象进行沟通时，必须注意倾听对象是否存在生理方面的问题，以采取合理的方法保证倾听的效果。

5.选择倾向

人人都有评估和判断所接收到信息的倾向。“人人都爱听奉承”，就体现了这种选择倾向。我们往往选择我们爱听，喜欢的来听，而这对倾听效果，往往会产生巨大影响。因各种主客观条件的影响，倾听者将主观理解和判断加入到倾听内容中去，使原有的信息失真和丢失，或只关注话语内容的细节而丢了主题思想。

由于以上因素的影响，特别是有选择性的感情、看法等因素的介入，使倾听受到很大干扰。受到干扰的倾听行为主要有以下几种：

(1)过滤性倾听。这种倾听的执行人受自己的倾向性影响，从而对自己所倾听到的信息在无意中做了选择，同时丢弃了很多有用的信息。

(2)以事实为中心的倾听。这种倾听只注重接收事实、数据、资料信息，而忽视人的存在，这会造成双方关系紧张，影响信息的交流。

(3)预练回答性倾听。由于各种原因，在对方谈话过程中，只是思考如何回答对方，而停止倾听对方所说的内容。

六、倾听的意义

管理者每天花费大量时间用于宣讲自己的观点和决策,同时,投入更多时间用于倾听其他人的看法和意见。美国宾夕法尼亚大学 Nichols 教授和 Stevens 教授认为,一般人每天有 70%的时间用于某种形式的沟通,而在人们用于沟通的所有时间中,45%用于倾听,30%用于交谈,16%用于阅读,9%用于书写。

倾听在沟通中占据如此大的比例,其重要性不容置疑,其意义主要体现在以下方面:

1. 倾听是获得信息的主要方式之一

管理者无时无刻不需要从其他人那里获取信息,而与他人沟通则是其中最直接的一种。在交谈中,聆听对方的语言信息、识别对方的非语言信息,并不时通过积极的身体语言,表明自己的重视与赞赏,鼓励对方更为充分、完整地提供其所知道的信息、表达其想法,可以让管理者最大限度地从沟通对象那里获得信息。

2. 倾听是给人留下良好印象的有效方式之一

心理观察显示,人们喜欢善听者甚于善说者。真诚的聆听态度,最能够使别人觉得受到重视及肯定的价值,也最能让他人感受到倾听者的心理素质和风度,从而增进了解、达成信任。

许多人不能给人留下良好的印象,不是因为他们表达得不够,而是由于他们不注意听别人讲话。别人讲话的时候,他们可能四处环顾、心不在焉,或是急于表达自己的见解,这样的人不受欢迎。

3. 倾听能够防止主观偏见对沟通造成负面影响

管理者可能根据对方以往留给自己的印象,或者面谈中对方的一些表现,在潜意识中给对方贴上某种标签,如"老是说大话、不可靠"或者"太漂亮的女性,能力通常不会太强"等,从而影响对于对方所传达信息的关注与信任程度,而及时调整自己的心态,积极倾听对方的观点,可以消除这种由于主观成见或偏见造成的负面影响。

4. 倾听是表达管理者地位与影响力的方式之一

很多证据都表明,沉着安静地听,是领导者的大境界,见面伊始就哇里哇啦地说的管理者,则显得有些轻率而缺乏领袖魅力。在很多场合,有影响力的领导不是通过无休无止的说教来表现自己的地位,而是通过倾听下属汇报、适当提出问题、让别人说得更多的方式,来展现自己对于事情的驾驭与对下属的控制。只有不自信、不为人所信服的管理者,才需要通过不断打断别人说话并发号施令来强调自己的地位。

七、倾听的珠穆朗玛峰七层次

倾听的"珠穆朗玛峰七层次"是指根据以上过程六个环节的含义,按照投入程度、倾听过程的把握以及沟通效果,将世界第一高峰珠穆朗玛峰的顶点比喻为倾听效果的最高层次,将其山脚比喻为倾听效果的最差层次,依次把倾听从低到高划分为七个层次:佯装倾听、控制、第一印象、尊重、换位思考、激励、把握别人的倾听投入程度。而位于七个层次之下的是"不予理睬",则是尚未进入倾听状态的阶段。

最底层：不予理睬。

不予理睬就是对别人所表达的信息置之不理甚至中途随意打断别人的谈话。例如，和下属谈话时只顾看电脑或者手机而丝毫不顾别人说了什么，不管是有意的还是无意的，这一方面导致对别人的信息无法感知和注意，另一方面也会给对方带来压力、造成对方沟通信息质量低下。

第一层：佯装倾听。

佯装倾听是指在别人讲话时，倾听者假装对别人说的谈话很感兴趣，甚至还点头称"嗯"、"是啊"、"好"，或者有时候露出微笑，但其注意力并没有放在发言者身上，对讲话者所说的实际上一句话也没有听进去。与不予理睬相比，佯装倾听多了一些伪善的成分。通常，当倾听者对讲话者所聊的话题一点都不感兴趣，或者是由于自身精神或身体的疲惫不能保持注意力，或者虽然没有听清对方所说的话但又不好意思询问时，会采取佯装倾听的策略。

第二层：控制。

控制倾听的表现是：通过手势、面部表情或者声音等反馈，控制讲话者的表达内容。不管出于有意无意，掌控权势的人员，例如高级管理人员、法官、教授以及医生通常习惯处于控制别人的状态。

习惯于在任何场合都采取控制性倾听的人，往往使得对方无法自由充分地表达自己的观点，从而无法全面深入地获取信息，在一定程度上导致自己信息缺失，久而久之，就容易产生信息的干涸。

第三层：第一印象。

第一印象是指先将讲话者表达的信息按照已有的印象进行过滤，然后再在头脑中产生反应，而这极有可能已经不是讲话者原先想表达的意思了。倾听者在预测信息、注意信息、解码的过程中加入过多的自我处理信息，从而使得沟通障碍中的"个人偏见"和"自我中心"发挥了过多的作用，导致倾听的效果受损。

第四层：尊重。

"尊重"层次上的倾听需要人们"全神贯注"地聆听、对讲话者所传递的信息内容进行准确解码和客观评价，并做出积极反应，比如微笑、点头、身体前倾等。"不予理睬"、"佯装倾听"、"控制"以及"第一印象"，都是优秀倾听者的反面教材，而"尊重"层次的倾听终于算是到达了"珠穆朗玛峰"有效倾听的半山营地了，而珠穆朗玛峰的绝世真容也首次映入眼帘。

尊重使得倾听者准确把握讲话内容的同时，还获得了对方的信任和友谊，中国有句古训"敬人者，人恒敬之；爱人者，人恒爱之"，也就是讲的这个道理。

第五层：换位思考。

"换位思考"要求人们站在对方的立场、以为对方着想的方式去思考问题并解决问题。"换位思考"也就是我们通常所说的"同理心"。相对于尊重层次上的倾听，听者不仅需要理解对方的内容，而且需要从更深层次用心领会其内涵，并且对对方的言辞进行反馈(feedback)，而不仅限于微笑、点头等反应(reaction)。

第六层:激励。

现在,我们要讲的是一种更为高层次的倾听能力——激励。激励层次的倾听是指倾听者不仅通过换位思考、理解他人的需求、通过反馈很好地回应了对方的需求,而且,倾听者还通过积极鼓励激发对方倾诉的欲望,使得其不但能够清晰准确地传达自己的意思,还能够在交流中碰撞出灵感的火花,产生针对某个问题的出色方案。激励是一种积极的富于创造力的行为,优秀的管理者在与下属沟通的时候,如果能达到这种倾听层次,则能取得较好的管理效果。

最高层:把握别人的倾听投入程度。

懂得倾听使人们获得准确的信息,使得倾听者完美地完成了自己的倾听使命,而"把握别人的倾听程度"使得倾听者不仅善于倾听,还能够善于运用倾听理论和技巧,在自己转化到讲话者角色的时候,时刻关注对方的反应,把握别人对你的话语的倾听。能把握住别人倾听的投入程度,意味着已经具备了人际交往的专业水准,懂得什么是对方想听的,懂得如何准确地表达信息并被他人理解。

第二节 倾听的技巧

一、影响和促进倾听的因素

有效倾听即理解性倾听,是一项可以经过学习而掌握的技巧。但如何达到有效倾听的目的,外国学者各有不同的观点。有的学者强调倾听人的态度,即倾听人对讲话人应尊重,承认其潜在的价值。

1.倾听者应采取的态度

(1)对讲话人接受的态度;

(2)注意讲话人的话语和行动;

(3)注意倾听,投入地倾听;

(4)跟随讲话人的思路,而非自己的思路。

(5)反馈,给讲话人必要的信息,给其必要的鼓励、尊重。

2.有效倾听者的态度

如果把倾听分为两个方面:理解事实信息的能力和理解情感信息的能力,则讲话人不仅需要把握对方所传达的事实,同时还应了解对方所要表达的情感。此时,有效倾听者应做到:

(1)目光:与讲话人保持良好的接触;

(2)姿态:身体前倾;

(3)用点头等方式做出必要的反馈;

(4)适时适度提出一些问题。

3.有效倾听的要点

排除外界干扰,一般把有效倾听的要点归纳为:

(1)以投入的姿态面对讲话人；

(2)采用一种开放的姿态，例如不应跷二郎腿或身体过分后倾等；

(3)身体向讲话人前倾；

(4)保持目光接触；

(5)放松。

4.面部表情、体态语

同时，研究者认为对对方表现出热情和尊重也是达到理解别人的重要因素。热情一般由面部表情、体态语等方式表现出来，具体表现为：

(1)诚心对待讲话人；

(2)重视讲话人；

(3)给讲话人充分的余地表达自己。

5.沉默

在沟通中，“沉默”也是一项影响倾听的十分重要的因素。因为就倾听人来讲，“沉默”代表着不同的含义，从而使沟通所得到的反馈存在很大不同，进而对交流质量产生重大影响。在不同情境下，“沉默”可分别被理解为：

(1)不感兴趣

倾听人如果长时期对讲话人的谈话没有反应，且目光游离不定。那么，给人的印象是他对谈话毫无兴趣。这时候管理者必须注意及时地提醒倾听对象或者以适当的方式对谈话内容重点进行转变，以引起倾听对象的注意。

(2)支持和信任

当倾听人沉默不语但保持良好的目光接触且不时点头或以微笑相回应时，讲话人的感觉是倾听者对我支持或者信任。这时讲话人应该进一步深入探讨沟通的话题，确保相关的信息能够及时准确地传达给倾听对象。

(3)受到讲话人的打动

当倾听人长时间沉默不语，但目光在较长时间内固定，且表现出与讲话人所要表达的情感相符合时，十有八九是倾听者被打动了。

二、如何提高有效倾听

在分析和描述了上述可能对倾听产生影响的因素和对倾听具有促进功能的因素后，我们对如何有效提高倾听能力做一下较为全面的总结。

(1)要有良好的精神状态

在许多情况下，之所以不能认真倾听对方的讲话往往是由于肌体和精神准备得不够。因为倾听是包含肌体、感情、智力的综合性活动。在情绪低落和烦躁不安时，倾听效果绝不会太好。因此，管理者应善于观察倾听对象是否处于一个良好的倾听状态，以保证倾听效果。

(2)排除外界干扰

在与别人交谈时要排除有碍于倾听的环境因素，如尽量防止别人的无谓打扰及噪声打扰等。比如沟通双方应避免在建筑工地上就一些工程管理问题进行探讨,而应选择环境相对安静的场所进行交流。

(3)与讲话人建立信任关系

记住,在双方关系紧张的情况下,双方不会相互真诚地传递宝贵的信息。因此,为了达到有效的沟通效果,必须和对方建立起信任关系。建立信任的方式包括肯定倾听对象的优点、对倾听对象的谈话内容进行赞许等。

(4)明确倾听目的

你对你要倾听的目的越明确,就越能够掌握它。事先的谈话准备能够促使我们在沟通过程中迅速理解对方话语的含义,并通过沟通获得我们所需要的信息内容。管理者在与倾听对象进行沟通时,应先将相关谈话资料进行浏览,确定重点。同时,在倾听过程中始终明确倾听的重点,保持沟通的主线由管理者掌控。

(5)使用开放性动作

人的身体姿势会暗示出谈话者对谈话的态度。自然开放性的姿态,代表着接受、容纳、尊重与信任。根据达尔文的观察,交叉双臂是日常生活中普遍的姿势之一,一般能够让人展现出优雅、自信、富于感染力的形象。但这同时也是一种有防守意味的姿势,向外界传达的,是对对方谈话持保留的态度。

(6)及时地用动作和表情给予呼应

用各种对方能理解的动作与表情,表示自己对对方谈话的准确接收和理解。如在谈话时,可展现微笑、皱眉、迷惑不解等表情,给讲话人提供准确的反馈信息以利其及时调整。我们还应通过动作与表情,表达自己对谈话和谈话者的兴趣。

三、适当提问

在倾听过程中,恰当地提出问题,往往有助于我们更好地沟通。通过提问,我们不仅可以获得我们所需的信息,同时也可从对方回答的内容、方式、态度、情绪等其他方面获得信息。因此,我们在倾听中应做到:

(1)问题数量要少而精。太多的问题会打断讲话人的思路和情绪,恰当的提问往往有助于双方的交流。

(2)要紧紧围绕谈话内容,不应漫无边际提一些随意而不相关的问题。同时,我们需要通过一些提问技巧来提升提问的有效性。

(3)理解他人。作为管理者,设身处地地理解别人,是必备素质之一。以理解的态度交谈,就能认真倾听,就能诚恳而准确地提出一些双方都能接受的问题,从而更有利于双方的沟通。

(4)抓准时机。倾听中提问的时机十分重要,交谈中遇到某种问题未能理解,应在双方充分表达的基础上再提出问题。过早提问会打断对方思路,而且显得十分不礼貌;过晚提问会被认为精神不集中或未能理解,也会产生误解。

(5)有效选择提问内容。提问就是为了获得某种信息,提问内容的准确性直接关系到提问的有效性。倾听者应在总目标的指导下,把讲话人的谈话引入自己需要的信息范围。

(6)注意提问的速度。如果提问时话说得太急,容易使对方感到咄咄逼人,引起负面效应；说得太慢，会让对方心里着急，产生不耐烦情绪。美国沟通专家把提问分为两种方式，一种为开放式提问方式。回答这种提问，不能用简单的"是"或"不是"来回答，回答结果一般无法预料。例如：

甲："我对公司本月销售额很不满意！"

乙："为什么？"

另一种为闭合式提问方式，经常提问"是否"、"是谁"、"什么时候"等问题。其结果往往可控制，与预期结果相近。倾听中，两种方式是相互运用的。其作用各有千秋，开放式提问气氛缓和可自由应答，可以作为谈话中的调节手段，松弛一下神经。另外，可用开放式问题作为正式谈话的准备，如"最近怎样？"然后很快开始实质问题的交谈。比较来说，闭合式的提问使用机会更多，其优点是可以控制谈话及辩论的方向，同时可以引导和掌握对方的思路，但如果运用不当会使人为难，气氛容易紧张。因此，在沟通过程中，两种方式应综合运用，以求得最佳效果。有时，当讲话人讲些宽泛的与主题不相关的话题，倾听者可以用一些提问来控制其谈话内容。但应注意，尽量少用封闭性提问，以防止自己显得过分锋芒毕露。适时地进行一些恰当的提问能够起到如下作用：

(1)促进、鼓励讲话人继续谈话并更多地提供这一方面的信息。

(2)促进双方和谐关系的建立，因为这样的提问往往有尊重对方的意味。

(3)在不转移说话内容、主题的前提下获得更多相关的信息。

如果将提问方式细分，可将提问方式划分为以下几种形式：

(1)明确性提问。它具有明确的问题方向，要求讲话人给予明确的解释。如："请你把电视机的使用方法说明一下"、"请你告诉我公司上个季度的业绩情况"。

(2)相关性提问。即对两件事物间的联系性进行提问。如："今天发生的几件事情对本公司的声誉有何影响？""你觉得公司的人力资源规划对公司近阶段的招聘工作产生了什么样的影响？"等。

(3)激励性提问。提问的目的是为了激励对方或给予对方勇气。如："其他三个部门都已表示能按时完成任务，你们认为怎样？"

(4)征求意见性提问。询问对方对自己观点的意见、建议等。如："你认为本月计划有无需要修改的地方？""你认为在沟通过程中存在一些什么问题？"

(5)证实性提问。用来对讲话人的一些讲话内容进行有目的地提问，以证实其准确性和可靠性。如："根据您刚才的陈述，我理解……是否这样？""如果我没理解错的话，您表达的意思是……？"等。①

四、适当的反馈

反馈对有效的信息沟通起着极为重要的作用，反馈有利于沟通的进一步深入，也有利于沟通双方对沟通中存在的相关问题进行及时修正。而回应作为反馈中的一种有效的表达形式，需要管理者熟练掌握回应的技巧和方法。回应，即用语言的形式对讲话人的谈话做出的反应。在沟通过程中，回应的内容可以包括事实、信息和想法等。我们可以通过以

① http://blog.sina.com.cn/s/blog_6111cffe01016geh.html.

下方式进行回应:

1. 转移式回应

从说话者混乱的话语层次、复杂的手势体态、非理性的情绪流露中,抓住说话人的话语中心和要点,将谈话焦点转移到主题上来。如当说话者的谈话离题太远时,倾听者可以有礼貌地说:“这些问题的确很重要,是不是下次再详谈。现在,我想听清楚刚才你说的那个问题是怎样发生的……”又如当客户的谈话内容完全离开了沟通目的时,可以说:“某总,很高兴聆听您的高见,您看今天我们可以谈多久呢?(得知时间之后)我想在这 1 小时的时间里,谈两件事情:第一,我想先了解一下您的需求和实际的想法;第二,我想针对您的需求,介绍一下我们的产品将带给您的好处。您看可以吗?”

2. 平静式回应

当说话者表达某种感情或感觉显得很情绪化时,倾听者应积极给予回应,帮助其克服情绪障碍,降低感情强度。例如,说话者讲到兴奋之处,倾听者可用“太有意思了”、“真有趣”等语言来回应;讲到伤心之处,可用“真是太难为你了”等语言来回应;当说话者的观点与倾听者的看法基本一致时,可用“你说得没错”、“我也有同感”等语言来回应;当倾听者不赞成说话者的观点时,可用沉默或“你也许是对的”、“我不完全赞同你的观点”、“以后再交换看法”等语言来回应。如 10 年卖出 500 辆奔驰车、蝉联奔驰汽车销售前三名的业务员邱次雪,有一次,遇到一位下巴抬得高高的阔太太进店看车,她的同事亲切地上前问候:“您要来看车吗?”女客人不悦地答道:“来这不是看车,看什么?”这时,邱次雪一语不发为女客人送上一杯水。女客人开口说:“你们业务员服务态度很差,卖的车又贵。”邱次雪虚心请教:“那我们要如何改善呢?”她挽着女客人的手到贵宾室里坐下,听她抱怨了 20 分钟,等她气消了,开始与她聊起家庭生活的经验,30 分钟后一笔 60 万元的订单就到手了。

3. 碰撞式回应

帮助说话者澄清想法、疏导感情、解决矛盾。有一位年轻人,去向大哲学家苏格拉底请教演讲术。他为了表示自己口才好,滔滔不绝地讲了许多话。末了,苏格拉底要他缴纳双倍的学费。那年轻人惊诧地问道:“为什么要我加倍呢?”苏格拉底说:“因为我得教你两样功课,一是怎样闭嘴,另外才是怎样演讲。”

4. 提问式回应

说话者表达的信息不完全、不准确时,倾听者要采用提问方式予以回应,通过提问澄清和确认信息内容。如某总经理在听完销售部经理关于市场拓展问题的汇报后,问:“你的部门有发展规划吗?是几年的发展规划,你的规划有专家的可行性论证吗?按你的规划实施赢利的可能性有多大?存在哪些风险和困难,你打算怎样克服这些困难?”

5. 重复式回应

倾听者没有完全听清楚说话者的意思或产生了歧义,这时倾听者要把听到的话重复或解释一遍,并询问说话者这样理解是否正确。例如说话者:“我尽心尽力地工作,总想使业绩大幅度提高,但公司领导总是什么事都不敢放手让我去做。”倾听者:“你似乎没有得到足够的支持。”又如说话者:“我们的项目经理辞职了,市场竞争又非常激烈,短期内项目很难见效益，公司目前资金也比较紧张，让我们看看这个项目怎么办？”倾听者：“你的意思是说这个项目很难再运作下去了？”重复式回应常用的句型有：“根据我的理解，你说的意思是……”“所以你的观点是……”“在您看来……”“我听起来，您的意思是……”“我不能保证已经理解您的意思，您的意思是……”等等。

6. 评价式回应

倾听者能全面、公正、客观、中肯地评价说话人及说话人的话语价值和思想。比如某男士与美丽女士约会，男士认真倾听女士关于爱情的观点和看法，当谈话时机成熟时，男士应根据不同情形予以回应：如果男士很有钱但很丑，可以说完美的婚姻要以坚实的经济为基础而非帅气的面孔；如果男士很帅但没有钱，可以说世上最幸福的婚姻都是美女和帅哥的婚姻，而悲惨的婚姻都是美女与金钱的婚姻；如果男士很丑，又没有钱，但很有才，可以说容颜总会衰老，金钱总会用完，唯一长久的是智慧，而且还能遗传；如果男士很丑，又没有钱，又没有才，可以说大江东去，浪淘尽千古风流人物，如今他们已是沧海一粟，所以，人生不过是一个过程，平平淡淡才是真。

五、创造良好的倾听环境

倾听环境对倾听的质量有巨大的影响。例如，讲话人在喧闹的环境中讲话要比在安静环境中讲话的声音大得多，以保证沟通的顺利进行。又如，如果谈话内容属于私人事或机密信息，则最好在安静、封闭的谈话场所进行。同时，空间环境也会影响倾听的效果，进而影响人与人之间的交流。1980 年，社会学者针对工程设计院的一项调查表明，由于各种因素的干扰，相距 10 米的人，每天进行谈话的可能性只有 8%～9%，而相距 5 米的人，这一比率则达到了 25%。有效倾听的管理者必须意识到这些环境因素的影响，以最大限度地消除环境对倾听的障碍。

美国学者在一个更为宽泛的意义上提出环境的概念，它不仅仅包括社会因素，而且包含人的心理、生理因素，他们认为良好的倾听环境应包括如下方面。

1. 非威胁环境

在这种环境中，双方有一定安全感，并有与他人平等的感觉，这种环境可为非正式的。比如谈判场所可以选择为酒吧或咖啡厅等氛围相对自由的场所，以营造一种轻松的氛围。

2. 适当的地点

沟通环境必须保证不受外界干扰。比如管理者需要针对某个具体员工在工作中存在的问题进行指正时，最好选择单独沟通的环境，避免在公司员工密集处当众批评员工。

3. 反馈和行动

可用眼睛或面部表情来进行。当对对方的观点表示赞同时，倾听者可通过微笑或者点头示意，给对方以肯定的信息。当对对方的观点表示反对时，倾听者可以通过适当的方式进行观点的纠正。

4. 时间因素

选择适宜的时间，同时保证沟通谈话的次数。当管理者需要布置一个星期的工作时，应当在周一进行,这样有利于员工对工作进行合理的时间分配。同时,管理者应该确保一个项目内容有一定的沟通次数,以确保达到倾听效果。

5. 正确的态度

倾听有百利而无一害,拒绝倾听就是拒绝成功的机会。对于一位现代组织的管理者来说,倾听十分重要。企业中一位成功的管理者应趋向于人的管理而非事的管理。这就要求管理者采用“开放管理”,即各部门中每一位员工都可以向管理者提出建议、意见。这就要求管理者掌握倾听技巧,保持组织内部沟通的顺利进行。

有效倾听可以在实践中逐渐掌握,下面列出了有效倾听的几点建议:

第一,倾听前准备。

要保证倾听的有效性,首先要与说话者建立信任关系,明确倾听的目的,排除外界干扰,选择和营造良好的倾听环境,选择不易受干扰的、沟通双方感觉平等的适当地点,保证沟通的足够时间,保持虚心、平和的情绪状态及正确的态度。

第二,注意力集中。

集中注意力,保持良好的精神状态是倾听的基本要求。专心倾听,是对说话者的一种尊重和鼓励,可以使其感到讲话的重要性和必要性。在倾听时,眼睛注视说话的人,不要东张西望,不要做小动作,不要打哈欠、伸懒腰、看手表,不要打手机、上网、看电视,不要干其他事,注意力集中在谈话的内容上。倾听者不仅思维要高度集中,而且要善于细心体察对方的神态、表情、姿势以及声调、语气等非语言符号传递的信息,全面准确地把握对方话语的真实意义和要点。

第三,反应积极。

倾听者面无表情、目不转睛、一声不吭、毫无反应地盯着说话者,会使说话者怀疑倾听者是否真的在听,或认为自己的讲话有什么不妥而深感不安。因此,倾听时,应根据话语情景,通过微笑、点头、应答、插入提问等方式,对说话者的信息内容做出积极反应,使说话者和倾听者之间形成心理和行为上的默契,产生良好的沟通效果。

第四,积极译码。

言语中的基本信息和话语中心包括描述的主要事件是什么、表达了什么样的欲望和需求、基本观点是什么、代表什么样的思想状态和情绪等内容,要善于从说话者的话语层次、手势体态、情绪流露中去抓住话语的要点和中心。还要善于倾听言语背后掩盖的内容和情感,了解讲话者的真实想法和感觉,真正听懂话语的意图。

第五,控制情绪。

倾听者不要随意表决“这个意见很好”、“我同意这个方案”,不要随便表现喜怒情绪,不要与说话者吵闹,可以说:“您还有没有其他意见?”“是不是大家都同意你的意见?”尽量表现中和、中间态度。不要轻易否定说话者的观点或陈述。

第六,不要轻易打断对方讲话,也不要轻易得出结论。

在倾听对方谈话时,应该认真地听完,并正确领会其真实意图。如果没有听明白,或想进一步了解情况,或想提出不同意见,应该等对方把话讲完后再插话,而且应使用礼貌的语言,如“请允许我打断一下”、“请让我提个问题,好吗”等。经常随意打断对方谈话,是不礼貌的表现;经常随意打断对方谈话的人,只能让人生厌。同时,管理者不要中间打断说话者而急于发表自己的观点或下结论，不要当场批评，更不要和说话者进行争辩。善于倾听的人，等对方讲完才会表达自己的观点。

第七，倾听的回顾与反思。

回顾倾听前的准备、倾听过程中技巧的运用，整理记录相关信息，验证倾听结果与讲话者真实意图及观点的一致性，反思在倾听过程中哪些方面做得较好，哪些方面必须改进，哪些方面必须进一步提高。①

案例分析

走神的李明②

李明是一家巨型石油公司公关小组最年轻的成员。每两周一次的小组会议他能参加，他对此很是高兴。但是，10 多次这样的会议后，他开始觉得这样的会议很是无聊。

这次，副总裁又在召开一次会议，李明认真地听了一会。当他听到副总裁讲到拉丁美洲出现的公关问题，尤其是听到“加勒比海地区”这几个字时，他的思维游走了。“啊，今年我要是能够享受冬季假期就好了。”他想。他沉浸在梦想里，有白色海滩、热带饮料、异国舞蹈、有水下呼吸器的潜水活动、帆船、他本人晒得一身晒斑还有被风吹散的……

“……肯定会影响今年的工资提升。”这句话猛地将他带回会议室。副总裁就工资提升的问题说了些什么话？啊，好吧，会后可以问别人。但是，现在副总裁又在谈预算问题了。那些烦人的数字、百分比，李明又走神了。

他昨天晚上约会的姑娘叫琳琳，“她看来真的很喜欢我，但是……她在门口就说了再见，之后一个人进屋了，是不是我做错了什么事情？她真的很累了吗？上次我请她进屋喝了一杯茶，还聊了很长时间。啊，当然，她白天真的是很累了。是人都能明白这一点。但是，可是……”

“……这是李明极有兴趣的一个领域。也许我们应该听听他的意见。”啊！啊！副总裁说的是哪一个领域？人人都看着李明。此时，李明在拼命回忆会议上最后说的几句话。

案例点评

从案例可以看出，李明在会议上走神了。因为心智时间差的存在，人们顶不住生理和心理的分心，会走神，集中精力是一件需要努力的事情。为了更好倾听，必须学会控制自己。

思考题

1. 你认为作为一名倾听者，在沟通过程中应注意什么？
2. 如果你是李明，遇到和李明一样的情况，你会如何处理？

---

① http://blog.sina.com.cn/s/blog_6b8ae0120100l4xa.html.

② 魏江，严进. 管理沟通——成功管理的基石. 北京：机械工业出版社，2007.

第十三章　书面沟通

某公司外派维修的售后服务工程师陈某电话要求工厂售后服务部门为其在安徽芜湖的维修现场发送配件一个，按规定要求，陈某应当书面传真具体的规格型号然后发货，以保证准确性。

结果陈某讲自己干了三年多，都很熟，声称要节省传真费用，且客户很急，要求电话口头报告型号，售后服务部担当人员鉴于这种情况，就相信了陈某，按陈某说的型号发去了配件，结果发到现场后，型号错误，又要重发，造成出差费用、运输费用等的增加，更重要的是影响了客户生产。

事后处理此事，陈某一口咬定自己当初报告的就是第二次发的正确型号；而售后服务担当人员则坚持陈某当初报告的就是第一次错误的型号。但是没有书面函件，该相信谁？最后因为双方都在明知公司规定的情况下，违反了书面沟通程序规定，造成了损失，都有责任，分别进行了处理。①

第一节　书面沟通概述

一、书面沟通的重要性

从我们的学习发展路径来看，我们都是先学会说话，然后再学习写作。也许正因为如此，许多管理者在管理过程中说的内容要比写的部分多，书面沟通的意义往往被忽略。但是，书面沟通作为一种通过文字形式达成沟通的重要方式，必须引起管理者足够的重视，并在管理过程中加以合理运用。无论是企业内部部门之间互相协调、支持、沟通，还是企业和供应商、客户等外部部门之间互相协调、支持、沟通，都应当采取书面沟通。但是在许多管理工作和生产工作实践中，一些人往往习惯于电话交谈之后就完事，或过分相信口头沟通的功能，结果往往耽误事情，造成损失。

书面沟通又称为“书面语言”，是口头沟通、非语言沟通之外的第三种沟通形式。书面沟通是以文字为媒体的信息传递，书面语言的形式多种多样，包括报纸、杂志、书籍、信件、报告、标语、电子邮件、传真、电视、电脑屏幕上的文字说明、通知等。书面沟通形式虽然使用频率不如口头传递高，但它传播的信息量最大。国际传播协会的调查研究表明，通过书面形式的信息通道所传递的信息量高于面对面的交流和电话交流。在众多形式中，如何对各种形式加以合理准确运用，以提高沟通效率，是管理者必须掌握的技能。从个人的角

① http://www.china-b.com/jyzy/jyyz/20090425/1593621_1.html.

度来看，书面沟通技能也是非常重要的。如果你的总结报告写得很出色，给客户复函时显示很强的说服力，你就会有更多的提升机会和更好的绩效。对组织而言，有效的书面沟通还有助于与客户或顾客建立良好的关系，有助于树立企业的良好形象和声誉，从而有利于组织实现其战略目标。

1. 书面沟通的优点

书面沟通作为一种重要的沟通方式，在企业管理中起着十分重要的作用，其重要性主要体现在以下几个方面：

(1)具有准确性、权威性

与口头语言相比，书面语言要稳定得多。例如，现在人们形容一个人、一个企业或产品很有市场时，口语中常说“火”字，但在20世纪80年代以前人们很少这样说。

这说明口头语言的变化是非常快的。相比之下，书面语言则要稳定得多，如几百年以前的文献现代人也能够看得懂。书面语言落笔为证，具有唯一性和比较强的稳定性，因此无论在法律上还是在其他用途方面都具有比较强的权威性。

如果在不同的场合与不同的人进行口头交流，即使一个记忆力非常好的人也很难做到每一次的交流都是完全相同的，而书面沟通可以给每一个人完全相同的信息。

所以在商务活动中，与外部的各种契约合同和内部管理的各种材料大多采取书面的形式。

(2)具有较强的规范性

在口头沟通中，不同的人表达同一事物采用的语言往往存在很大的差异，反之，同样的语言对不同的人来说可能表达了不同的含义。因此，要想达到有效沟通，对沟通者的背景就要有一定的要求。

而书面语言则比较强调规范性，即同样的书面语言要表达相同的含义，不同的人也要尽量使用相同的书面语言。

书面语言的规范性有效地保证了沟通的顺利进行。因此，一些困难或复杂的信息适合采用书面的形式来表达，如各种书面声明等。

在商务活动中，合同的有效执行是以双方对合同的共同理解为前提的，如果双方的理解存在差异，则必然会导致合同纠纷。

在企业内部管理中，情况也类似。因此，在商务沟通中，重要内容大多采取书面形式，即使采取了口头形式，事后也会通过纪要、记录、备忘录等书面形式加以确认。

(3)书面沟通形式适合于存档、查阅和引用

采取书面形式的信息可以长期保存，不受时间、地点限制；书面信息便于查阅和引用，并且在其传递、解释过程中造成的失真也比较少。

(4)有利于减少信息错误

书面沟通一般属于非同步沟通，信息的发出者和接收者使用信息的时间可以不同。发送者可以在发送信息以前进行比较充分的准备、核对和文字修改，最大限度地减少错误和不恰当的表达方式。

书面沟通还能较好地将非常复杂的材料进行删改、提炼，使信息接收者更容易理解。

(5)可以配合口头表达使用

以书面形式作为口头表达的参考可以减少口误,提高表达的流畅性。

因此,比较正式的讲话、演讲通常先准备好书面材料,之后背诵,或朗读或作为口头讲话的参考。

(6)书面沟通在某些情况下可以减少面对面沟通的摩擦

有的时候,沟通对象之间在地位上不平等或者存在一定摩擦,这时如果进行口头沟通往往会使双方产生冲突或感到尴尬,此时采用书面沟通形式则可以起到很好的效果。

例如,在集体宿舍的抽屉里留下一张“私人物品,请勿接触”的字条,要比直接告诉其他人不要查阅自己的东西好得多。

2. 书面沟通的缺点

当然,书面沟通也存在着缺点,这需要管理者客观地对待并加以注意,以避免因为不良的书面沟通影响沟通的有效性和企业管理效益。

(1)书面沟通方式对沟通者的要求比较高

每个人可能都有过这样的经历,把一件事情用口头方式说出来比较容易,一旦用规范的书面语言表达出来就不是谁都能做到了。一般来说,在企业活动中,职务和地位越高,使用书面语言的概率越大。因此,要成为一个中高级管理人员,具备一定的文字写作能力是一个基本要求。

(2)书面材料的准备比较耗时

写作所需要的时间比口头表达可能要长一些,即使是优秀的文字写作者,准备一篇合适的文字材料也可能要花大量的时间,这样就大大降低了沟通中的反馈速度。

(3)书面材料不利于反馈

书面材料的写作和阅读往往是分开的,这样,作者和读者之间就很难形成有效的信息反馈。

(4)书面材料缺少非语言信息

书面语言中所涉及的非语言信息只有材料的写作格式,这比起口头表达来要少很多,这样会大大降低有效信息的容量,甚至会由于表达不准确而产生一些误解。

总之,和口头沟通相比,书面函件成本大、效率低、时间长;但是同时书面函件却具有是非分明、防止扯皮、内容清晰可查、具体明确、具有证据力等众多优势。

因此,权衡利弊之下,企业管理起用书面函件沟通方式,形成制度并监督执行到位是非常必要的。

二、书面沟通的原则

书面沟通中需要把握一些基本原则,这些原则可以概括为4C,即正确(correct)、清晰(clear)、完整(complete)、简洁(concise)。

1. 书面沟通的原则

(1)正确(correct)

正确是写作的首要原则。也就是说,书面沟通的文章材料要真实可靠,观点要正确无误，语言要恰如其分。尤其是对文章主旨的把握，在写作前一定要下一番功夫，明了写作的意图，正确地传递想要传达的信息，从而实现有效沟通。

文章的正确性还取决于表述上的准确性，而这又由以下诸多因素来决定：

①表述方式上，要符合文章样式的需要。如叙述要讲求事实概括，说明要直接提出要求，界限明确，是非分明，议论要直接表述事理。

②文字表达上，要概念明确，判断恰当，推理合乎逻辑。在概念辨析时要明确其内涵和外延，在使用简缩语时要坚持约定俗成的原则，判断要性质明确、恰如其分，在推理时要符合事物内部的固有规律，避免牵强与武断。

③文字书写上要符合一定的标准。如用由左及右横排书写，简化字要符合规范，不随意自造，使用数字要规范，正确使用标点符号。

写作“不正确”，是书面沟通过程中经常出现的问题。具体表现在观点不正确，逻辑混乱，或没能用适当的语言文字来表达，有时候甚至连自己也不知道要表达什么，这些都是使沟通变得困难的原因。①

(2)清晰(clear)

在正确表达的基础上，应该力求表达清晰。清晰的文章能引起读者的兴趣，更能使读者正确领会内容的含义。要做到清晰，除了上面提到的选用合适的文章样式之外，还应该注意文章的整体布局，包括标题、大小写、字体、页边距等，尤其要注意留下适当的空白，若是文字间距过窄，会影响阅读效果；如果是手写，则文字不能太潦草。文字书写是否清晰，不仅影响到文章的正确性，还会影响读者对文章内涵的把握。本章“行文与格式”中对此还有专门讲述。

(3)完整(complete)

“完整”是书面沟通的一个重要原则。书面沟通的一大优势就是使我们有充分的时间思考问题，完整地描述事实，完整地表达思想、观点。在电话或是当面交谈时，常常会遗漏很多想要交流的事项，这是由这些沟通方式的特点决定的。在书面沟通时，为了完整地表述，应该反复检查思考，不断增补重要的事项。

(4)简洁(concise)

“简洁”似乎与“完整”是矛盾的，这其实在于“度”的把握。“完整”是沟通表达的重要方面，但并不意味着要把所有的事实、观点罗列纸上。管理者可以通过排序的方法，把不太重要的事项删除，也可以对每一个文字进行评估，把琐碎的、没有太大价值的文字精简掉，使得文章言简意赅。

上述四项是书面沟通的最基本原则，为了达到良好的沟通效果，写作时必须做到正确、清晰、完整、简洁。同时，写作时也需要遵守其他一些重要原则，比如“创新”原则。管理者应注意将需要和沟通对象传达的信息依据公司情况进行及时更新，而不是按照模板，循环往复地传达已知的信息。又如“生动活泼”原则，生动会使沟通的效果大大增强，使文章的意义得到更好的传达，促进对方更好地理解文章信息。其他方面的注意点还包括针对性原则，管理者应根据读者对象的不同，按照读者需要，根据当时的情形来写作。尽量

---

① http://wenku.baidu.comviewbdf29c593b3567ec102d8ab8.html.

避免对一个读者群使用另一个读者群中的行话，以免读者接受困难，阻碍作者意图的传达。

三、书面沟通的写作过程

根据玛丽·蒙特的观点，书面沟通的写作过程可以划分为收集资料、组织观点、提炼材料、起草文章、修改成文等五个阶段。不管你花多少时间、写作的难易程度如何，你都会经历这样一些阶段。只不过不同的沟通者，在每个阶段上花费的时间和精力不同而已，有时也可能会在次序上颠倒，但总体过程如此。如图 13-1 所示。

5. 修改
策略性修改
宏观问题的修改
"细节上的修改
就正确性进行修改

4. 起草
组织和提炼
以何次序写作
避免修改
打印文件
以便修改
修改前留出
时间间隔

3. 提炼
浏览技巧
概括技巧
"灌输"观点
电梯间技巧
惜字如金技巧

2. 组织
分组
归纳结论
归纳标题
策略性
编排

1. 收集
文档
文章
财务报告
采访
互联网
数据库
头脑风暴
个人笔记

图 13-1　书面沟通的写作过程

四、书面阅读的技巧

书面文件阅读是书面沟通中一个重要的方面。因此，必须注意运用相关技巧，以提升沟通的有效性。书面阅读一般有以下技巧：

1. 材料分类

可以将需要阅读的材料按照重要性的程度分为三类：

第一类属于重要的资料，不去阅读，很多工作就无法进行。

第二类属于有用的资料，例如一些相关背景资料信息，这些信息对于深入了解重要的资料是有用的，但并不很着急，可以在有时间的时候阅读。

第三类基本属于无用或无关的信息，这些信息可能是误传给阅读者的，或者虽然有用但已经为阅读者所掌握，这类资料可以弃之不读。

这种分类方法不仅适合于不同资料的分类，而且也适合于同一资料的各个不同部分。

2. 采用不同的阅读方法

有些人喜欢在所有阶段都采取相同的速度和方法阅读所有的材料，殊不知这样做既浪费时间，效果也不好。正确的做法是根据材料的不同和阅读的不同阶段采取不同的阅读方法。

根据阅读速度的不同，我们可以把常见的阅读方法区分为浏览、快速阅读和精读。所谓浏览是指在正式阅读之前，通过快速阅读章节目录、标题、重点段落、重点词汇等方式概要地了解全文的内容，以评价这份资料的价值，确定应当何时阅读该材料和阅读时需要花费的精力。

浏览是这样一个过程：虽然你的眼睛扫过整个版面，但却什么也没有读，只是在寻找与自己的目标相关的关键词汇和线索，而略去其他内容。

通过浏览，阅读者可以确定资料的主题、内容结构和阅读价值。

浏览在阅读中有两个重要的功能：一是对资料进行评估，即通过寻找关键词和段落的形式对资料的内容、质量进行评估；二是了解文章结构。

快速阅读是指在阅读过程中，只阅读核心词汇和段落，忽略细节、解释和重复内容的一种阅读方法。快速阅读通常有两种用途：一种是在时间紧迫的情况下帮助阅读者迅速了解资料的中心思想；另一种是在精读之前了解资料的大概内容和结构。

快速阅读的核心是正确判断哪些内容可以一扫而过，哪些内容需要仔细阅读。经过一定训练之后，做到这一点并不很难。例如，在叙事、说明和推理一类的资料中，多数段落都只涉及一个中心意思，而这一意思往往通过一个主题句表达出来。

主题句的位置是有规律可循的：

第一句：这是很常见的一种形式。

结尾句：这也是很常见的一种形式。

第二句：有时，作者用第一句来衔接上面一段或作为过渡介绍，这时主题句就可能出现在第二句。

中间句：有时，对于复杂的内容，作者首先通过一些比较容易理解的事例进行说明，然后得出中心意思，接着再进行深入分析、介绍。这时，中心句就可能出现在段落的中间位置。

在快速阅读过程中，阅读者还可以利用各种视觉和语言标志。

所谓视觉标志是指各种特殊的文字形式，如下划线、黑体字、斜体字、重点标记（符号下面的黑点）、大一号的字体等，这些标志的意思是提醒读者要重点阅读。

所谓语言标志是指反映语句间关系的一些词汇。语言标志主要可以分为三类：

第一类是减速标志词汇，如“但是”“然而”“另一方面”“反过来”，这些词语提示下面的内容将与上面有所不同，因此要减速重点阅读。

第二类是继续标志词汇，如“进一步说”“此外”“还有”“同样地”等，这些词汇提示下面的内容与上面大同小异，可以加速阅读甚至完全略过。

第三类是引导标志词汇，如“所以”“因此”“最后”“那么”“总之”等，这类词汇提示下文将给出归纳总结或结论，需要重点阅读。

3. 精读

顾名思义，就是仔细地阅读，要逐字逐句阅读每一句话。精读的内容一般是阅读者不了解而又非常重要的。在精读之前，阅读者首先必须经过浏览或阅读，对资料的重要性经过评估并了解基本结构。SQ3R 阅读法是一种比较系统的精读阅读方法，有五个主要步骤。

(1)概览(skim)

概览的主要目的是获得阅读材料的基本信息,包括中心思想、内容结构等。通常从阅读目录或资料简介开始,目录、摘要、前言、结尾都是概览的重要部分。概览的主要阅读方法是快速阅读。

(2)提问(question)

提问是正式阅读前的一个重要步骤。为了进行有目的地阅读,阅读者在概览之后要确定阅读中必须解决或回答的若干重要问题,这是提高阅读效率的一个重要方法。

例如,以下问题是大多数情况下阅读者都要在心中提出的问题:

这是一份有关什么内容、主题、观点的资料?

资料的导言部分与资料正文之间是否存在不一致的地方?

资料的结论和证据、论述之间是否存在很强的关联关系,是否有牵强附会的感觉?

作者是否真正支持资料中的观点?资料中的观点与其他资料有什么不同?

资料的数据基础十分可靠?

资料是否有直接影响某些人特别是阅读者的目的?

(3)阅读(read)

在阅读阶段,阅读者要在概览所得出的基本结论,以及之后提出的若干问题的基础上进行仔细、全面地阅读,确认和评估每一部分的主要观点,分析不同部分之间的逻辑关系。

需要注意的是在这一阶段尽量不要做笔记,因为这样会打断你的思路。

对于阅读中遇到的难题,尽量不要停下来,而是先将它暂时放下,继续去读后面的内容,因为后面的内容可能会帮助你理解这些不理解的地方。

如果阅读的内容很复杂,可以考虑再读一遍,不过第二遍的速度要快一点,当然,那些重点的部分可以放慢一些。

(4)回忆(recall)

在回忆阶段,阅读者要凭借自己的记忆将资料中的主要观点和支持性细节记录下来。

事实上,大多数阅读者无法做到这一点。其实有效的阅读者必须是善于将资料内容转化为自己的思想的人。如果做不到这一点,就必须反复阅读直至最终能够回忆出资料的主要内容。要具备这种能力可能需要经过长时间的训练。

(5)回顾(review)

回顾的目的是检查自己在回忆阶段是否遗漏重要的关键点,是否已经找到了阅读前提出的所有问题的答案。回顾的过程就是将前面的概览、提问、阅读和回忆四个阶段全面重复一遍。

第二节 书面沟通的写作过程概述

一、收集资料

书面沟通过程的第一步就是收集资料。沟通者可以从多种来源综合地收集资料,比如阅读以前的信件、文档、文章、书籍、财务报告或打印出来的计算结果;电话采访、亲自拜访、国际互联网络、电脑光盘或内部数据库上得到资料。管理者也可以通过另外一些方法收集资料。例如：头脑风暴法（自己一人或与他人一起）、漫笔（强迫自己写一段时间，即使写出来的东西没什么用处）或者翻阅相关的期刊或记录（记下在什么时候、什么地方形成了这些观点）。这些方法可进行综合运用，以尽可能全面地收集资料信息，实现沟通效益的最大化。

二、组织观点

在管理沟通过程中最为重要，同时也是最为困难的任务之一就是组织观点。如果能在起草文稿之前将观点组织好，那么写作效率就会得到很大程度的提高。当然，在写作过程中你可能还会修改文章结构，并不是完全按照构思的观点进行写作。但是，如果在开始动笔之前已有了写作蓝图，那么，从长远来看你将会节省很多时间。

以下是组织观点的四个步骤。

(1)分组。将相似的观点或事实组合在一起。典型的分组方法包括：根据沟通事例或缘由分组；根据沟通的时间或步骤顺序分组；根据沟通内容的组成部分以及沟通的重要程度分组等。

(2)遴选。浏览分组的结果，并据此得出结论或提出建议。

(3)归纳标题。将结论或建议归纳成一个标题。若想介绍某个信息，你的标题就是你的结论，如“A 产品的潜力低”。若是想推销某个信息，你的标题就是建议，如“削减 A 产品的产量”。

(4)有策略地编排。在什么地方放入标题，开始处还是结尾处，这取决于你的可信度和你的读者。比如，若对方很忙而你具有很高的可信度，你不妨向对方直陈削减 A 产品产量的建议，并附上这样做的原因。如果对方对 A 产品很了解而你的可信度又很低，你不妨先说明 A 产品存在的问题，由此引申到建议。

三、提炼材料

在管理沟通过程中，一般有以下几种提炼观点的技巧：

(1)设想读者只是浏览。扪心自问：“读者最需要了解什么？如果他们只是进行浏览，那么至少应该让他们知道什么？”

(2)概括你的观点。用写作专家林达·福洛尔的话来说，就是尽量概括你的写作主旨，用很少的几句话或一句话来阐述主要观点。区分主要和次要观点，并考虑如何将它们串接在一起。

(3)灌输你的观点。在能以一句话概括观点之后，就应该考虑怎样向他人灌输你的观点。和前一个技巧相同，这一技巧可以帮助你在读者脑中形成概念，使他能抓住要点，而不是仅仅只了解一些事实而已。

(4)使用“电梯间谈话”技巧。另一个提炼观点的方法是设想你在顶楼的电梯里遇见了你的读者，你只有电梯下降至底层这段时间来解释你的主要观点，此时，你该如何表达你的观点？

(5)使用“惜字如金”技巧。最后一个提炼观点的技巧是假设你得为每一个字支付一笔高昂的费用。你怎样压缩主要观点来省钱呢?

虽然写作过程是周而复始的,但一定得完成这前三个步骤,就是一般所指的动笔之前的预先写作工作(收集、组织和提炼)。专家调查认为,与起草和修改工作相比,有效率的作者要把大约50%的时间花在写作前的预备工作上,正所谓“磨刀不误砍柴工”。[①]

四、起草文章

做到有效率起草文章的关键在于释放创造力,而不要试图一边写一边修改,不要做一个完美主义者,不要想一次就写出一篇完美无缺的文章来。下面四点技巧能在你起草文章时给予你帮助。

1. 不要在乎写作顺序

不要强迫自己从文章的开头一直写到结尾,而应先写你最有把握的部分。例如序言的写作。在写作中,序言不一定要在一开始就进行撰写。因为在写作正文部分时很可能会对你的论点和文章的结构进行修改,那么在结束时你必须对序言也进行相应调整。因此,很多作家都是在最后写序言的。书面沟通也是如此。在书面写作中,提纲挈领的观点不必一定在一开始完成,有时候可以等到整篇文章完成后再进行相应的修改和总结,这样反而可能会起到更好的效果。

2. 不要边写边改

写文章时并不完全依赖逻辑,还需要依靠创造力。在起草初稿时,不要担心具体的细节问题,不要边写边改。如果一个字想不起来,不妨留个空白在那里;如果不能在两个词之间作取舍,不妨将两个词都写下来。在令你尴尬或糊涂的章节旁边的空白处圈一下或做一个需要复审的记号,以后再仔细考虑。

3. 使用打印件

如果可能的话,将你的初稿转变成打印件:单面、两倍行距、较宽的页边距。很多人用打印件进行修改时速度会更快。因此,即使你自己不能打字或口述,也应该准备一份打印出来的初稿,最好是文字处理器的打印件。

4. 安排时间间隔

如果在创造性地起草文稿与逻辑性地修改文稿之间留下一段时间,那么修改工作的效果就会更好,你的观点也将更清楚地得到反映。对于重要或复杂的文稿而言,你得在两个阶段之间留下一个晚上的间隔。即使你的时间非常紧张,你也应在起草一个例行文本时,给自己留下一个短暂的时间间隔:比如在午饭后修改或者间隔5~10分钟。这将会提升写作效果。

五、修改文稿

当你修改文稿时,不要立即就为标点符号和措辞折磨自己。在你花费时间完善文稿之前,应先运用以下删减或修改章节的四步计划,以节省时间。

---

① http://www.docin.com/p-255161692.html.

1. 从策略上进行修改

在开始修改润色之前，管理者应该根据第一章讨论的沟通策略重新浏览一下文稿：

(1)沟通者策略。

(2)听众(读者)策略。

(3)信息策略。

(4)渠道选择策略。

(5)文化策略。

在这些策略的使用中，文章修改将会变得迅速有效。

2. 从宏观上进行修改

在对字句进行修改之前，应从整体上把握全文的结构和主旨。用打印出来的文稿进行宏观上的修改能使你立刻通览全文而不是局限于显示屏上显示的某一部分。具体步骤如下：

(1)根据文章纲要浏览初稿。

(2)阅读文章的开头、结尾以及前言部分，仅侧重于核查彼此之间的一致性。

(3)审阅文章每一段、每一部分。

3. 从微观上进行修改

在从策略和宏观上修改了文章之后，应开始修改词句。在修改过程中，应注意以下三个方面：

(1)避免过分啰嗦和冗长的词句。

(2)使用适当的文体。

(3)比较你的格式是否前后一致。

4. 就正确性进行修改

认真校对，不要将电脑校对等同于人工校对。你不妨用电脑校对一下拼写、标点符号、句子长度、措辞和语法问题。但是，电脑不能为你核对有关逻辑、流畅性、重点、语气等方面内容是否存在错误，并且还可能会犯诸如只改变某章节的一部分或没有按要求删除单词等错误。此外，电脑也不能校对所有的拼写错误，也不能找出遗漏的字词。因此，人工校对是一项必不可少的写作环节，必须引起管理者的重视。

第三节　报　告

一、报告的类型

报告是广泛应用的书面沟通形式，而且有相当多的种类。有些报告是在分秒必争的基础上写成的，另一些则可能是一周或一月一次的常规任务。对管理人员来说，撰写报告是一项基本的工作。最普遍的报告类型如表13-1所示。

表 13-1 报告的部分类型

特别报告	初始报告	例行报告
调研报告	中期报告	操作报告
计划报告	评估报告	设计报告
可行性报告	检验报告	审查报告
建设报告	工作报告	进展报告
正式报告	目击报告	非正式报告

有些报告很短,一般不超过 2~3 张 A4 纸,有些报告则较长,常附有图表、坐标图,长达几十页。这类报告主要用于说服影响别人,进行真伪辩论,评估备选方案,提出劝告建议以及提供信息资料等。不同的报告类型,是针对不同的管理沟通需要而设计的。管理者在沟通过程中,应掌握各种报告的优点和缺陷,灵活运用。

二、报告的结构

不同的报告具有不同的篇幅、功能和风格、形式。然而,所有的报告都是结构完整的正式文书,其写作意图无非是记录信息、告知情况或影响他人。一般的报告基本结构如下:

(1)标题
(2)概要
(3)目录
(4)主体部分(正文)
(5)结论和建议

报告的概要介绍,目的在于向读者提供一个关于该报告所涉及领域的提示或概要性了解认识。概要在报告中应该是比较简洁、真实的,篇幅不能超过整篇报告的十分之一。在报告标题后面的概括总结应能使读者了解该报告的主要问题和结论内容,以此决定是否要继续阅读报告正文。实际上,报告的这一部分常使用不同的词语来表达,如:概括、提要、概要等,但它们的意思是相同的。

一般较短的报告不需要目录,因为篇幅较短,读者可以很快了解报告的主要内容及它们在报告中的位置。但是,对于较长的报告(一般超过 5 页),目录是必需的。这样做的目的,是使读者能快捷便利地寻找到报告的任何部分,便于阅读。

报告中的结论和建议部分能够帮助读者理解文中提供的信息资料,了解作者认为未来应采取什么必要行动。而在一些较短或中篇报告中,这些结论和对未来行动的建议通常包含在报告的正文中。

随着报告复杂性的增强和篇幅的增大,报告的结构也发生了较大的变化。例如,有一份调查咨询报告的结构是这样的:

(1)标题
(2)概要

(3)目录

(4)背景情况

(5)研究结果

(6)结论

(7)建议

(8)附录

报告的背景情况部分包括为阅读者理解后面的调查结果所必须准备的一些材料。这些材料有:公司的历史简介、公司营业水平、公司产品范围、公司未来变革和雄心的某些迹象、组织财务报表情况、职员人员等情况。

报告的调查结果包括调查出来的事实结果等内容。就一般的咨询报告为例,可以按下列标题进行分类:组织和角色、系统、职员、生产能力、设计能力等几个方面。

报告中调研得出的结论与建议应区分开来。这样,不仅反映了分开段落的重要性,而且反映了读者理解这些报告信息的本质和结论的需要。报告的结论部分要写得清晰明确,不包含任何调查结果中无记载说明的信息、观点。而报告中提供的所有建议也应该是简洁、合理的。

报告的附录部分一般包括所有详细的信息说明材料。如果把它们放在报告的正文中,会使内容庞杂,破坏行文叙述的流畅性。而报告撰写者所用的典型事例通常还要有详细的数字表格、曲线图、调查结果和其他文书、图片的复印件等,这些都可以放在附录中。

常用的一些报告就是根据这些原则和要求来写成的。但调查报告、预测报告、分析报告及总结报告等也存在着不同之处,写法上需要抓住报告的主题、要求、篇幅、读者对象、基本材料等一系列因素来综合考虑。因为报告的写作具有较强的专业技巧,因此,管理者应通过培训等渠道掌握这些报告写作的技巧,提升报告的有效性,促进管理沟通有效性提升。

第四节　简　历

简历是对个人学历、经历、特长、爱好及其他有关情况所做的简明扼要的书面介绍,是用于应聘的书面交流材料。它向未来的雇主表明自己拥有能够满足特定工作要求的技能、态度、资质和自信。成功的简历是应聘者获得满意工作的敲门砖,它向未来的雇主证明自己能够解决他的问题或者满足他的特定需要,确保得到中意的面试者。

一、简历的类型

1. 时序型

有许多职业指导和招聘专家认定时序型格式是简历格式的必要选择,因为这种格式能够演示出持续和向上的职业成长全过程。它是通过强调工作经历实现这一点的。时序型格式以渐进的顺序罗列你曾就职的职位,从最近的职位开始,然后再回溯。区分时序型格式与其他类型格式的一个特点是罗列出的每一项职位下,你要说明你的责任、该职位所需要的技能以及最关键的、突出的成就。关注的焦点在于时间、工作持续期、成长与进步以及成就。

2. 功能型

功能型格式在简历的一开始就强调技能、能力、自信、资质以及成就,但并不把这些内容与某个特定雇主联系在一起。职务、在职时间和工作经历不作为重点以便突出强化你个人的资质。这种类型的格式关注的焦点完全在于你所做的事情,而不在于这些事情是在什么时候和什么地方做的。功能型格式的问题在于一些招聘人员不喜欢它。人们似乎默认这种类型的格式是为那些存在问题的求职者所用的:频繁跳槽者、大龄工人、改变职业者、有就业记录空白或者存在学术性技能缺陷的人以及经验不足者。一些招聘人员认为,如果你没有以时序方式列出你的工作经历,那么其中必有原因而且这种原因值得深究。

3. 综合型

这种格式提供了最佳选择——首先扼要地介绍你的市场价值(功能型格式),随即列出你的工作经历(时序型格式)。这种强有力的表达方式首先迎合了招聘的准则和要求——推销你的资产、重要的资信和资质,并且通过专门凸现能够满足潜在行业和雇主需要的工作经历来加以支持。而随后的工作经历部分则提供了曾就职的每项职位的准确信息,它直接支持了功能部分的内容。

这种综合型格式很受招聘机构的欢迎。事实上,它既强化了时序型格式的功能同时又避免了使用功能型格式而招致的怀疑。当功能部分信息充实,有阅读者感兴趣的材料而且工作经历部分的内容又能够强有力地作为佐证加以支持时,尤为如此。

4. 履历型

履历型格式的使用者绝大多数是专业技术人员或者是那些应聘的职位仅仅需要罗列出能够表现求职者价值的资信。例如,医生就是使用履历型格式的典型职业。在履历型格式中无须其他,只要罗列出你的资信情况,如就读的医学院、住院实习情况、实习期、专业组织成员资格、就职的医院、公开演讲场合以及发表的著作。换句话说,资信说明一切。

5. 图谱型

图谱型格式是一种与传统格式截然不同的简历格式。传统的简历写作只需要运用你的左脑,你的思路限定于理性、分析、逻辑以及传统的方式。而使用图谱型格式你还需要开动你的右脑(大脑的这一半富于创意、想象力和激情),简历也就更加充满活力。

二、简历的内容

一般来说,简历应包括五个部分。

第一部分为个人基本情况。应列出自己的姓名、性别、年龄、籍贯、政治面貌、学校、系别及专业,婚姻状况、健康状况、身高、爱好与兴趣、家庭住址、电话号码等。姓名、地址和电话号码应写在你简历的顶端。在寻找工作期间,应确保由你的自动回应电话传达的信息听起来更加职业化。你错过的电话或许正好能为你提供工作的机会。

第二部分为学历情况。对大学生而言,应写明曾在某某学校、某某专业或学科学习,以及起止期间,并列出所学主要课程及学习成绩,在学校和班级所担任的职务,在校期间所获得的各种奖励和荣誉。

第三部分为工作经验情况。若有工作经验，最好详细列明，首先列出最近的资料，后详述曾工作单位、日期、职位、工作性质。

第四部分为求职意向。即求职目标或个人期望的工作职位，表明你通过求职希望得到什么样的工种、职位，以及你的奋斗目标，可以和个人特长等合写在一起。求职意向可紧随姓名、地址和电话之后写明。目标填写要简明扼要，同时表明你应聘的类型，或你正在寻求的特定的职位头衔。

第五部分为推荐信。在辞去一份工作之前或之后的尽可能短时间内，要让尽可能多的人为你写推荐信。一封推荐信能明白地写上你的品格优点，而口头推荐却使你很难知道推荐人到底为你说了些什么。推荐信可以附在简历或履历表之后，或者与你的证明人材料一块单独交给你可能的未来老板。一封推荐信要比你自己扭捏羞涩的夸夸其谈更能展示你的才能。①

当然，并非任何情况都需要在简历中描述，如果与工作没有直接关系的话，不要将你过去的工资和期望的工资水平写进去。而为体现不同人群的特点，四部分的排序及组合也可以根据实际情况加以调整。

三、精彩简历的要点

对于每一位求职者来说，一份好的简历可能意味着成功的一半。那么，怎样准备一份令人过目难忘、留下良好印象的简历呢？

其实，简历不一定非要追求与众不同，只要把握好以下七个要点，就能够写出一份精彩的简历。

1. 真实

简历最首要、最基本的要求就是真实，因为企业对求职应聘者最基本的要求就是诚实。诚实地记录和描述个人情况，能够使阅读者首先对你产生信任感。企业阅历丰富的人事经理，对简历有敏锐的分析能力，遮遮掩掩或夸大其词终究会漏出破绽，何况还有面试的考验。

在简历制作中，一些不甚明智的做法通常包括：故意遗漏某一段经历，造成履历不连贯；在工作业绩上弄虚作假；夸大所任职务的责权和经验；隐瞒跳槽的真实原因，如将被迫辞职说成是领导无方，公司倒闭描绘成怀才不遇等。其实任何一个有经验的招聘人员只要仔细阅读分析，鉴别履历的真实性并不难。简历中对个人能力的过分渲染，天花乱坠的职业生涯描述将会引起招聘人员的不满和反感。所以与其费尽心机弄虚作假，不如将自己的真实信息客观呈现。只要有真才实学，总会有属于自己的机会。

2. 全面

简历的作用，在于使一个陌生人在很短的时间内了解你的基本情况。其作用就像是一个故事梗概，吸引招聘人员继续看下去。因此要特别注意简历内容的完整和全面，以使

① http://wenku.baidu.comviewc36d0b45b307e87101f69648.html.

招聘人员对你有尽可能全面的印象。

通常一份完整的简历应当包括以下基本内容:姓名、年龄、性别、家庭住址及户口所在地、教育背景及学历、专业、外语水平、电脑水平、工作经历、在职培训经历、特长、业余爱好、简单的自我评价以及其他重要或特殊的需注明的经历、事项等,最好是中外文对照。当然,还千万不要忘记写明各种联系方法和切实表明对工作的期望,并附上有关证明文件的复印件。

3. 简练

招聘人员每天要面对大量的求职履历,一般在粗略地进行第一次阅读和筛选时,每份履历所用时间不超过1分钟。因此,如果简历写得很长,难免遗漏部分内容,甚至缺乏耐心完整细致地读完,这当然对求职者是很不利的。但经常有求职者觉得简历越长越好,以为这样易于引起注意,其实适得其反,淡化了阅读者对主要内容的印象。冗长啰嗦的简历不但让人觉得你在浪费他的时间,还可能会得出求职者做事不干练的结论。言简意赅、流畅简练、令人一目了然的简历,在哪里都是最受欢迎的,也是对求职者的工作能力最直接的反映。

4. 重点突出

对于不同的企业、不同的职位、不同的要求,求职者应当事先进行必要的分析,有针对性地设计简历。盲目地将一份标准版本大量拷贝,效果会大打折扣。前面所讲的全面不是面面俱到,不分主次,而是要根据企业和职位的要求,巧妙突出自己的优势,给人留下鲜明深刻的印象。但应当注意不能简单重复。每份简历中和应聘岗位相匹配的部分是整份简历的点睛之笔,也是最能表现个性的地方。在写作过程中应当深思熟虑,不落俗套,写得精彩,有说服力,而又合乎情理。

5. 语言准确

不要使用拗口的语句和生僻的字词,更不要有病句、错别字。外文要特别注意不要出现拼写和语法错误,一般招聘人员考察应聘者的外语能力就是从一份履历开始的,同时行文也要注意准确、规范。大多数情况下,作为实用型文体,句式以简明的短句为好,文风要平实、沉稳、严肃,以叙述、说明为主,动辄引经据典、抒情议论是不可取的。

有的人写简历喜欢使用许多文学性的修饰语。例如,"大学毕业,我毅然走上工作岗位","几年来勇挑重担,为了企业发展大计披星戴月。周末的深夜,常常还能看到办公室明亮的灯光。功夫不负有心人……""虽然说'有则改之,无则加勉',但领导无中生有的指责日甚一日,令我愤懑不已,心灰意冷,终挂印而去",结尾还忘不了加上一句"我热切期待着一个大展宏图、共创辉煌未来的良机"之类的口号。这样的简历,只能让人一笑置之。

6. 版面美观

一份好的履历,除了以上对内容方面的要求之外,版面设计也是一个非常重要的因素,是真正的"第一印象"。版面设计应条理清楚,标识明显,段落不要过长,字体大小适中,排版端庄美观,疏密得当。既不要为了节省纸张,密集而局促,令阅读者感到吃力;也不要出现某一页纸只有上面几行字,留下大片的空白。还要注意版面不要太花哨,要有类似公函的风格,这也是体现求职者基本职业素养的途径。

简历的书面版本，通常建议使用电脑打印的文稿。如果你的字写得不错，附上一篇工整漂亮、简短的手书求职信，将会为你的求职过程锦上添花。

7. 评价客观

简历中通常都会涉及对自己的评价，自我评价应当力求客观公正。行文中所表现出的语气，要做到八个字：诚恳、谦虚、自信、礼貌。这样会令招聘者对你的人品和素质留下良好的印象，而现在已经有越来越多的企业在重视技能和学历的同时，对一个人的品行、开拓与合作精神等基本素质也十分在意。在众多高学历应聘者的激烈竞争中，这方面的因素更加凸显，也常常是因为这些非技能性的因素使最终的获胜者脱颖而出。总的来说，既不能妄自尊大，也不能妄自菲薄，这一点上，分寸的把握非常重要。特别要注意避免夸夸其谈，适当坦陈自己经验等方面的某些不足，反而能赢得更多的好感。①

四、简历写作要领

简历的写作不像科学研究那样要求严谨，而有其特有的写作技巧。以下写作原则是对于简历写作的一个参考。

1. 长度

简历 1 页就够，但是要满页。不到 1 页说明你没有什么值得介绍的。据求职计划顾问玛利莲・莫特・肯尼迪介绍，现在流行的简历一般为 2 页。但是，超过 1 页的简历，第 2 页至少应有 10～12 行的文字，第 2 页应放些次要的信息。把第 1 页和第 2 页订在一起，这样，读者看见订书钉就意识到后面还有内容。同时应注意在该页开头位置标注上你的名字或页码，提醒招聘人员这些资历属于什么人。

2. 重点

在简历写作过程中，对下列内容应该进行重点强调：①从事过的同现在申请的职位最相关的工作；②能体现你优于其他申请人的地方；③本人最近工作、学习情况等信息。

3. 细节

细节是为了证明你说的话是正确的，能够说服读者，将自己突出于众多的申请人之上。例如，作为一名应聘经理职位的管理人员，可以在简历中凸显曾经管理过的人员数量和管理内容，为公司业绩的提升所做的贡献等内容。

4. 风格

只要不牺牲必要的内容，文风越简练越好。在简历写作过程中应经常使用词组和不完整的句子，以形成简洁明了的文风。同时，为了节省空间或避免给招聘人员造成个性傲慢的不良印象，简历中应尽量不要出现对于曾经任职公司的不满和抱怨之词。

5. 格式、打印和纸张

在简历打印之前，应试用不同的格式、字体和空行，形成一份最能和你的内容相匹配的简历。最后，用打印机将简历打印出来，白纸最好，纸张稍微有点发暗也可以。

---

① http://www.jianli-sky.com/person/150.html.

案例材料

求职信

尊敬的领导:

您好!首先我怀着诚挚的心意祝您工作顺利,健康愉快!

我叫某某某,女,1990年生,共青团员,系某某大学财经学院货币银行专业的应届毕业生。本人在校表现一直较为优秀,多次获得各项奖学金和三好学生、优秀团员称号。思想积极,学习努力,在校成绩优良,综合测评列本专业第七名。做事责任心强,积极乐观向上,性格开朗不失沉稳,有较强的团结协作精神。

在大学期间,虽然参加的社会活动并不是很多,但我始终抓紧时间努力汲取知识,增强自己的实力,坚信“业精于勤,荒于嬉”的道理。

在校英语课成绩全优,通过国家大学英语四、六级考试,以及TOFEL考试,成绩优秀。英语听、说、读能力强,曾做过导游、翻译等兼职工作。对计算机操作有浓厚的兴趣,除了在校必修课Word、Excel、Foxpro外,还自学了PowerPoint、FrontPage等常用工具,会做简单网页,熟练操作Internet和多媒体技术。通过全国计算机二级考试,打字速度快。

经过四年的认真学习,并广泛地涉猎课外知识,我不仅系统掌握了国内外主要金融理论和一些会计知识,还全面学习掌握了外汇交易、国际结算、商业银行经营、证券投资等实务知识,并培养了我对金融工作的浓厚兴趣。必修专业课成绩全优良。

同时,我也没有忘记培养自己多方面的素质和能力:组织参加“五四”大合唱,参加首届大学生篮球赛开幕式演出、“国民保险意识调查”访问和研究工作,参加编写远程教育网络课件脚本,参加“下岗职工再就业资金启动问题”课题小组并获奖,多次在校刊、班刊上刊登文章,积极锻炼身体,参加院运动会获得800米第三名……这些活动使我的素质修养更加全面,培养了我的事业心、责任感和一定的社会能力,增强了对事物的领悟能力,养成了顾全大局、服从集体的良好品质和艰苦奋斗的拼搏精神。

四年的大学生活即将结束,我将带着满腔的热情、所学的知识和良好的心理素质积极地投入社会,投入崭新的工作和学习,同时也将更努力地完善自己的不足之处。我衷心地希望贵单位给我面试的机会,更希望我能为贵单位的发展做出自己的贡献。

随信附有我的简历,如有机会与您面谈,将十分感谢!

致礼!

求职人:某某某

2013年10月5日

案例点评

这是一份写作规范、清晰的求职信。突出了自己的学业成绩和多方面的素质和能力,值得大家参考。

第四篇

管理沟通热点问题

第十四章　危机沟通

第一节　危机沟通概述

一、危机沟通的概念

危机沟通是指以沟通为手段，通过与组织各个利益相关者进行信息、思想及情感的交流活动，以解决危机为目的的过程。沟通是危机管理的基础性手段，当危机来临时，组织必须采用“雄鹰”式的沟通策略，主动迅速出击，果断承担责任。因此，研究危机沟通中“雄鹰”政策的计划与实施，具有十分重大的意义。

危机沟通处理得当可以降低危机对组织的冲击，可能化危机为转机。但如果对危机事件处理不利，对组织内部、外部的危机沟通失误很可能使普通事件演化为危机事件，一般危机变成严重危机，局部危机演化为整体危机，给组织造成巨大的损失。

二、危机沟通的原则

1. 制度化原则

由于危机发生的具体时间、实际规模、态势和影响深度难以预测，突发事件在很短时间内就会对企业或品牌产生恶劣影响。因此，企业内部应该有制度化、系统化的危机管理和灾难恢复方面的业务流程和组织机构。虽然危机管理流程在业务正常时不起作用，但是危机发生时会及时启动并有效运转，对危机的处理发挥重要作用。国际上一些大公司在危机发生时往往能够应付自如的原因就在于建立了制度化的危机管理制度。企业应当建立的危机管理制度包括：成文的危机管理制度；有效的组织管理机制；成熟的危机管理培训制度等。

2. 诚信形象原则

企业的诚信形象，是企业的生命线。危机的发生必然会给企业诚信形象带来损失，甚至危及企业的生存。所以，矫正形象、塑造形象是企业危机管理的基本思路。在危机管理的全过程中，企业要努力减少对企业诚信形象带来的损失，争取公众的谅解和信任。只要顾客由于使用了本企业的产品而受到了伤害，企业就应该在第一时间向社会公众公开道歉以示诚意，并且给受害者相应的物质补偿。对于那些确实存在问题的产品应该不惜代价迅速收回，立即改进企业的产品或服务，以尽力挽回影响，赢得消费者的信任和忠诚，维护企业的诚信形象。

“泰诺”中毒事件的处理维护了约翰逊公司的信誉,赢得舆论和公众的一致赞扬,为今后重新占领市场创造了极为有利的条件。相反,老字号南京冠生园原本也是个有竞争力的企业。2001年9月,中央电视台对其月饼陈馅的曝光,使南京冠生园遭到灭顶之灾,连带全国的月饼销量下降超过六成。企业的形象危机甚至造成“三株”、“秦池”等知名品牌的销声匿迹。

3. 信息应用原则

信息社会中,企业只有持续获得准确、及时、新鲜的信息资料,才能保证自己的生存和发展。预防危机必须建立高度灵敏、准确的信息监测系统,随时搜集各方面的信息,及时加以分析和处理,从而把隐患消灭在萌芽状态。

在危机处理时,信息系统有助于有效诊断危机原因、及时汇总和传达相关信息,并有助于企业各部门统一口径,协调作业,及时采取补救的措施。

2003年8月的“进口假红牛”危机中,红牛维他命饮料公司及时查找信息来源,弄清事情真相。红牛公司立即同国内刊登该新闻的一些主要网站取得联系,向其说明事情真相。同时,红牛通知全国30多个分公司和办事处,要求他们向当地的经销商逐一说明事情真相,并坚定经销商对红牛的信心和信任。及时、准确的信息应用使“假红牛”的负面影响控制在一定范围之内,把危机对于品牌和公司的危害降低到了最低限度。

4. 预防原则

危机的前兆主要表现有:产品、服务等存在缺陷,企业高层管理人员大量流失,企业负债过高长期依赖银行贷款,企业销售额连续下降,企业连续多年亏损等现象。因此,企业越早认识到存在的威胁,越早采取适当的行动,越可能控制住危机的发展。

1985年,海尔集团总裁张瑞敏当着全体员工的面,将76台带有轻微质量问题的电冰箱当众砸毁,力求消除质量危机的隐患,创造出了“永远战战兢兢,永远如履薄冰”的独具特色的海尔生存理念,给人一种强烈的忧患意识和危机意识,从而成为海尔集团打开成功之门的钥匙。

5. 企业领导重视与参与原则

危机处理工作对内涉及从后勤、生产、营销到财务、法律、人事等各个部门,对外需要与政府及媒体打交道,还要与消费者、客户、供应商、渠道商、股东、债权银行、工会等方方面面进行沟通。必须有企业高层领导的统一指挥协调,多部门才能做到口径一致、步调一致、协作支持并快速行动。企业高层的不重视往往直接导致整个企业对危机麻木不仁、反应迟缓。这一点在中国表现得尤为突出。因此,企业应组建企业危机管理领导小组,担任危机领导小组组长的一般应该是企业一把手,或者是具备足够决策权的高层领导。

在“非典”危机中,我国最高领导人的高度重视和参与对克服“非典”起到了重要的作用。

6. 快速反应原则

危机的解决,速度是关键。危机降临时,当事人应当冷静下来,采取有效的措施,隔离危机,要在第一时间查出原因,找准危机的根源,以便迅速、快捷地消除公众的疑虑。

企业必须以最快的速度启动危机应变计划并立刻制定相应的对策。如果是内因就要下狠心处置相应的责任人，给舆论和受害者一个合理的交代；如果是外因要及时调整企业战略目标，重新考虑企业发展方向；在危机发生后要时刻同新闻媒体保持密切的联系，借助公正、权威性的机构来帮助解决危机，承担起给予公众的精神和物质的补偿责任，做好恢复企业的事后管理，从而迅速有效地解决企业危机。在2003年的“进口假红牛”危机中，红牛公司临阵不慌，出手“快、准、狠”，将危机的负面影响减少到最小，从容地应对了这场关系品牌和产品的信任危机，体现出红牛危机管理的水平。

7. 创新性原则

危机处理既要充分借鉴成功的处理经验，也要根据危机的实际情况，尤其要借助新技术、新信息和新思维，进行大胆创新。企业危机意外性、破坏性、紧迫性的特点，更需要企业采取超常规的创新手段处理危机。

在遇到“非典”这种突发危机时，青岛啤酒公司通过“两个创新”牢牢地抓住了商机。一是渠道的创新。青啤在许多城市通过与供水系统联合，利用他们的配送网络，实现了“非接触”式的送货上门。二是销售终端的创新。青啤改变以城市酒店为重点的销售终端，把力量集中在小区、社区和农村市场，有计划、有步骤地进一步开发家庭消费市场这个终端。

8. 沟通原则

危机管理的沟通对象包括以下几个方面：企业员工、媒体、相关企业组织、股东、消费者、产品销售商、政府部门等利益相关者。

企业必须树立强烈的沟通意识，及时将事件发生的真相、处理进展传达给公众，以正视听，杜绝谣言、流言，稳定公众情绪，争取社会舆论的支持。

在中美史克PPA遭禁事件中，中美史克在事发的第二天召开中美史克全体员工大会，向员工通报了事情的来龙去脉，宣布公司不会裁员。此举赢得了员工空前一致的团结，避免了将外部危机转化为内部危机。相反，三星集团主席李健熙是一个强势的领导者。1997年决定进入汽车产业。李健熙认为凭借三星当时的实力，做汽车没有问题。实际上，汽车工业早已经是生产大量过剩、生产能力超过需求的40%，世界级品牌正在为瓜分市场而激烈竞争。由于企业内部领导层缺乏沟通，部门经理不敢提出反对意见。结果是，三星汽车刚刚投产一年就关门大吉。李健熙不得不从自己的腰包里掏出20亿美元来安抚债主们。①

三、危机沟通的内容

1. 危机前的预防与管理

(1)树立正确的危机意识

面对危机管理，企业的全体员工，从高层到员工都要做到居安思危，未雨绸缪，因为全员的危机意识能提高企业抵御危机的能力。同时，企业内部要沟通顺畅，消除危机隐患。此外，企业员工应当认识到预防危机要伴随着企业经营，长期坚持不懈，危机管理不应是临时性措施和权宜之计，要重视与公众沟通，与社会各界保持良好关系。

---

① http://blog.sina.com.cn/s/blog_b99acb5301019s9h.html.

(2)建立危机预警系统

企业要做好预防危机必须做到:建立高度灵敏准确的危机预警系统,随时收集各方反馈信息;及时掌握政策信息,研究企业发展战略和经营方针;准确了解企业产品和服务在用户心中的形象,分析掌握公众对本企业的组织机构、管理水平、人员素质和服务的评价,从而发现公众对企业的态度及变化趋势。认真研究竞争对手的现状、实力、潜力、策略和发展趋势,经常进行优劣对比,做到知己知彼;收集和分析企业内部的信息,进行自我诊断和评价,找出薄弱环节,采取相应措施。

(3)成立危机管理小组,制定危机处理计划

危机管理小组的主要任务包括:处理危机和协调各方关系的组织保障。其主要职责为:根据危机发生的可能性,制定出防范和处理危机的计划,包括主导计划和不同管理层次的部门行动计划。危机管理小组的成员主要包括:熟知企业和本行业内外部环境,有较高职位的公关、生产、人事、销售等部门的管理人员;富于创新、善于沟通、严谨细致、处乱不惊、具有亲和力。企业危机管理小组的领导者必须在公司内部有影响力,能够有效控制和推动小组工作。

(4)进行危机管理的模拟训练

企业应根据危机应变计划进行定期的模拟训练。这些训练包括:心理训练、危机处理知识培训、危机处理基本功演练等内容。

(5)公关手段

公关手段主要包括:广结善缘、广交朋友。建设和维系公众关系,以获得更多支持者。

2.危机中的应急处理

(1)沉着镇静

危机发生后,当事人要保持镇静,采取有效的措施隔离危机,不让事态继续蔓延,迅速找出危机发生的原因。

(2)策略得当

主要策略包括:

首先是危机中止策略。根据危机发展的趋势,审时度势,主动中止承担某种危机损失。如关闭亏损工厂、停止生产滞销产品。

其次,危机隔离策略。由于危机发生往往具有关联效应,一种危机处理不当,就会引发另一种危机。因此,当某一危机产生之后,企业应迅速采取措施,切断危机同企业其他经营领域的联系,及时将爆发的危机予以隔离,以防扩散。

再次,危机利用策略。综合考虑危机的危害程度之后,造成有利于企业某方面利益的结果。例如:在市场疲软的情况下,有些企业不是忙着推销、降价,而是眼睛向内,利用危机造成的危机感,发动职工提合理化建议,搞技术革新,降低生产成本,开发新产品。

(3)应变迅速

以最快的速度启动危机应变计划。应刻不容缓,果断行动,力求在危机损害扩大之前控制住危机。如果初期反应滞后,就会造成危机蔓延和扩大。

1996年,美国某电视台的直播节目指控连锁超市“雄狮食品”出售变质的肉制品,结果引起该公司的股票价格暴跌。但是,雄狮食品公司迅速采取了危机应对行动。他们邀请

公众参观店堂，在肉制品制作区立起透明的玻璃墙供公众监督。

同时，采取了改善照明条件，给工人换新制服，加强员工培训，大幅打折促销等一系列措施，将客户重新吸引回来。经过这些强有力的实际行动，最终，食品与药品管理局对它的检测结果为“优秀”。此后，销售额很快恢复到了正常水平。

（4）着眼长远

企业在处理危机时，应该处理好长远利益和短期利益的关系，还有公众利益和公司经济利益的关系。应设身处地地为受到危机影响的公众弥补损失，维护企业良好的公众形象。

“三株口服液”，就是因为对一场原因说不清道不明的人命官司处理不当，对受害者漠然置之，不重视公众利益，最终导致了公司经营的难以为继。国内企业犯这种错误屡见不鲜，教训何其深刻。

（5）信息通畅

建立有效的信息传播系统，做好危机发生后的传播沟通工作，争取新闻界的理解与合作。

一是掌握宣传报道的主动权，通过召开新闻发布会以及使用互联网、电话传真等多种媒介，向社会公众和其他利益相关人及时、具体、准确地告知危机发生的时间、地点、原因、现状，公司的应对措施等相关的和可以公开的信息，以避免小道消息满天飞和谣言四起而引起误导和恐慌。二是统一信息传播的口径，对技术性、专业性较强的问题，在传播中尽量使用清晰和不产生歧义的语言。三是要慎重选择新闻发言人。一般可以安排主要负责人担任，因为他们能够准确回答有关企业危机的各方面情况。如果涉及技术问题，就应当由分管技术的负责人来回答。如果涉及法律，企业法律顾问可能就是最好的发言人。

新闻发言人应当做到：遵循公开、坦诚、负责的原则，以低姿态、富有同情心和亲和力的态度来表达歉意，说明公司的应对措施。对不清楚的问题，应主动表示会尽早提供答案。对无法提供的信息，应礼貌地表示无法告知并说明原因。

（6）要善于利用权威机构在公众心目中的良好形象

为增强公众对企业的信赖感，可邀请权威机构（如政府主管部门、质检部门、公关公司）和新闻媒体参与调查和处理危机。

1997年，当百事可乐的软饮料罐中发现了来历不明的注射器时，百事公司迅速邀请5家电视台、公证机构以及政府质检部门参加对公众的演示活动，以证明这些异物只可能是由购买者放进去的。结果，由于措施得当及时，公众的喧闹很快便得到平息。

3. 危机处理后期

（1）调查。调查是指对危机发生原因和相关预防处理的全部措施进行系统调查。

（2）评价。评价是指对危机管理工作进行全面评价，包括：预警系统的组织和工作、危机应变计划、危机决策和处理等各方面，详尽列出危机管理工作中存在的各种问题。

（3）整改。整改是指对危机管理中存在的问题归类，分别提出整改措施，并责成有关部门逐项落实。①

① http://blog.sina.com.cn/s/blog_b99acb5301019s9h.html.

四、危机沟通者所应具备的能力

通常危机管理者几乎都是由公司高层管理者兼任的,但是应该指出,并非每一个公司高层管理者都能胜任这一角色。一个合格的危机管理者必须具备如下素质:

(1)具有强烈的危机意识,能够敏锐地洞察危机的发展。

(2)能够灵活应对各种复杂情况,敢于迎接挑战。

(3)口齿清楚,口才良好,善于沟通和倾听。

(4)在公司中拥有权威。

(5)富有同情心,善于运用非语言方式与人交流。

(6)在外界的压力下能保持冷静。

(7)精力充沛,能够长时间连续工作。

(8)拥有危机沟通的知识和技能。

五、危机沟通的意义

1. 良好的沟通对管理者的益处

(1)增进相互理解。

(2)取得良好的管理效果。

(3)化解冲突,促进不同文化差异之间的融合。

(4)获取其他组织防范危机的经验、习惯、决策技能和应对危机的智慧。

(5)培养危机管理者良好的心理状态,排除孤独感与脆弱心态,克服有害情绪。

2. 危机沟通对组织内部的益处

(1)能协调组织各个个体、要素和环节的关系,是促进组织成为整体的凝聚剂。

(2)沟通是危机管理者激励下属、进行危机预警和扭转危机局势的基本途径和最重要的工具。

(3)沟通是组织与外部环境之间建立联系的桥梁。

(4)在组织并购和重组等发展战略实施过程中,良好的沟通可以更有效地解决组织文化整合危机。

(5)沟通有助于内部员工理解管理模式的变化。

3. 危机沟通对组织外部的益处

(1)及时与外界沟通,可使利益相关者知晓危机事件的来龙去脉,消除利益相关者的顾虑。

(2)能让社会公众知道组织是在积极应对危机事件,从而形成理解公司、同情公司、支持公司的社会舆论氛围。

(3)及时沟通,获得新闻媒体的支持。

第二节　危机沟通策略——“雄鹰”政策

一、“雄鹰”政策的原则

危机沟通中“雄鹰”政策是一项对解决沟通危机十分重要的策略，在管理沟通过程中具有十分重大的意义和作用。“雄鹰”政策的主要特征是：①主动迅速出击；②果断承担责任。

不同的学者专家对危机沟通应遵循的原则进行了概括，例如英国公关学者布莱克教授提出，危机沟通须遵循以下原则：立即做出反应；向新闻界提供全部和准确的情况；尽最大可能安抚受害者和他们的家属。英国危机公关专家迈克尔·里杰斯特对危机沟通提出著名的“三T”原则：以我为主提供情况(Tell your own tale)；提供全部情况(Tell it all)；尽快提供情况(Tell it fast)。而加拿大DOW公司制定的危机沟通原则要点则是：诚实第一，永远诚实；同情心，人道主义；公开化、坦率；日夜工作；有预见性，不被动应付。

根据上述论述，“雄鹰”政策应遵循以下主要原则：

1. 未雨绸缪原则

组织领导人要有强烈的危机意识，要有远见。事先制定好危机应急计划，确定和培训处理危机的专职或兼职人员。这是“雄鹰”政策的基础。只有在做了充分准备的情况下，组织才能在危机出现时，有计划地实施“雄鹰”政策，做好危机沟通工作。

2. 快速反应原则

凡是危机都具有突发性，而且会很快传播到社会上，引起新闻媒介和公众的关注。尽管发生危机的组织会面临极大的压力，但仍须迅速研究对策，做出反应，使公众了解危机真相和组织采取的各项措施，争取公众的同情，减少危机的损失。高效率和日夜工作是做到快速反应不可缺少的条件。

3. 真诚坦率原则

通常情况下，任何危机的发生都会使公众产生种种猜测和怀疑，有时新闻媒介也会有夸大事实的报道。因此，危机单位要想取得公众和新闻媒介的信任，必须采取真诚、坦率的态度。里杰斯特尤其强调实言相告的原则。他指出，越是隐瞒真相越会引起更大的怀疑。苏联在处理切尔诺贝利核事故时没有将全部真相公布于众，结果引起东欧乃至西欧国家更大的恐慌。

4. 人道主义原则

危机在不少情况下会带来生命财产的损失。舆论界对造成危及人的生命安全的事故或事件尤其重视，甚至加以渲染。因此，危机处理中首先要考虑人道主义的原则。1984年，美国联合碳素化工公司设在印度的博帕尔化工厂发生严重氯气泄漏事故，当地居民2000多人死亡，几万人中毒。在舆论的压力下，联合化工公司不得不把救护中毒人员放在优先地位，从美国运来大批药物和医护人员，并答应给予赔偿(实际未全部兑现)，才稍微缓和了事态。

5. 维护信誉原则

组织的信誉是组织的生命,也是危机管理的出发点和归宿。而危机的发生必然会在不同程度上给组织信誉带来损失,甚至造成难以弥补的损失,危及组织的生存。在危机管理的全过程中,组织要努力减少危机对组织信誉带来的损失,争取公众谅解和信任。实行前述四项原则的最终目的也是为了维护组织的信誉。最典型的例子是“泰诺”中毒事件,尽管事件本身只涉及一个地区,但约翰逊联营公司为了维护公司的信誉,不惜承担重大损失,下决心在全国范围收回该项药品,赢得舆论和公众的一致赞扬,为今后重新占领市场创造了极为有利的条件。

二、“雄鹰”政策的计划

1. 事前危机调查和危机预测

危机调查要回答下面两个问题:第一,要弄清楚组织的类别和特征,是繁华市中心的大型商场,还是铁道运输组织,或是化学危险品生产企业等等;第二,要列出组织可能发生的各种危机事故。例如,洪灾、火灾、毒气泄漏、总经理被绑架、产品被人下毒、公司被人勒索等等情况。

2. 确定重点沟通对象

“雄鹰”政策中关键的一环是要考虑发生这种危机事故后谁会受到影响,是顾客、雇员、股东,还是社区?然后考虑与这些群体沟通的方案。一般而言,下面三种人是企业危机沟通中不可忽略的沟通对象:

(1)内部员工

当危机发生后,务必要坦诚而及时地通知内部员工,以稳定阵脚,使全体员工齐心协力地对付危机事件。在危机面前,如果能使全体员工形成一体,团结一致,不但有助于解决危机,还有可能因祸得福,使企业的凝聚力得以提升。当然,这并不是说要将所有的,尤其是尚未确证的消息都公布于众,而是将已经确定的信息向社会发布。

(2)遇害者亲属

如果危机事件涉及人员的伤亡,来自遇难者亲友和一般大众的反应可能会非常强烈。若不加以妥善处理,将招致对企业极不利的流言,使企业的形象一落千丈。因此,当企业遇到这种性质的危机时,一定要及时而真诚地与遇难者亲属进行沟通,给他们以安慰,有时甚至需要企业的最高层领导人亲自出面才能解决。

(3)新闻媒体

不论危机是财务损失、产品滞销,还是已经造成人员的伤亡,媒体都一定会急于知道发生了什么事故和出事的原因。因此,向新闻界提供关于危机的正确的最新消息,就有可能通过他们告诉大众事情的真相。然而,如果企业无法或不愿意提供这些真相,新闻媒体则会用尽各种手段,通过一些正当的或不正当的方法,追踪采访他们认为有疑点的线索,其结果是可能导致与实情有出入的错误和猜测性报道。

在与新闻媒体沟通时,公司指派的发言人异常重要。因为既然事件已经发生,而且无法挽回，公司应务必尽其所能，准备好各种需要回答的、大众关心的问题。[①] 因此，发言人必须对公司的历史、经营状况、企业战略等内容有着全方位的了解。同时，对发生的危机事件必须知道其每个细节和发生的原因以及事件的来龙去脉，做好应答社会公众和社会媒体的全面准备。

3.做好危机管理方案

危机沟通方案是危机处理的基本依据。因此，危机沟通方案的制订就显得十分重要。管理者必须站在维护公司整体利益的立场，以公司损失最小化为原则，通过公司内部和公司外部的各种信息渠道，收集对解决危机有利的信息，制订最优的危机处理方案。一般而言，危机管理方案的内容主要包括：

(1)在危机发生时，将公众利益置于首位。例如，在"泰诺"中毒事件中，约翰逊公司五天之内从市场上收回了价值1亿美元的3000万瓶药，将其全部销毁，并发了45万份电报、电传请各医疗机构停用该药。

(2)掌握报道的主动权，以企业为第一信息源，向外界宣布发生了什么危机、企业正采取什么措施来补救。例如，灾难发生后，约翰逊联营公司立即做出了关键性的决策，向新闻界敞开大门，公布事实真相。该公司向新闻界宣布："本公司是坦诚的、愧疚的、富有同情心的，决心解决中毒事件并保护公众。"从而形成一种诚实、值得信赖的公司形象。[①]

(3)确定传播所需的媒介，如公司名称、地址及联系电话。通过这些媒介，将公司应对危机所做的努力和目前的处理现状与社会进行沟通。

(4)确定媒介需要传播的外部其他重要公众，主要包括一些和危机事件紧密相关的社会公众人员。包括受害人员、公司重要利益相关者、政府部门等。同时，也必须考虑某些特殊的需要传播的公众。

(5)准备好企业的背景材料，设计好用于处理新闻报告的文件箱，并不断根据最新材料予以充实，以应对社会公众和社会媒体的查询，确保社会媒体传达的内容是对公司有利的。

(6)建立新闻办公室，作为新闻发布会和媒介索取新资料的场所。新闻办公室必须随时跟进组织危机处理情况，获得最新的消息，并在恰当的时机与社会沟通。

(7)设立危机新闻中心，以接听新闻媒介电话，若有必要，一天24小时开通。新闻中心的工作人员必须了解最新的危机处理情况，避免向外界传达延迟的或者错误的信息。

(8)确保企业内有足够受训的人员，以应付媒介和其他外部公众的查询。例如，约翰逊公司设立了专用电话线，仅10月份就答复了来自新闻机构的2000多个咨询访谈电话。

(9)应有一名高级主管置身于危机控制中心，以实施控制和管理危机的计划。高级主管应是公司决策层的组成人员之一。对公司的整体情况和危机处理情况有着全方位的了解，能够完全独立自主地指挥全体人员展开危机处理工作。

(10)确保危机期间企业电话总机能知道谁打来的电话，应与谁联系。避免出现无人接听，导致危机处理时机延误和引起社会公众误会的情况出现。

---

① 王磊，韩爱红.危机中怎样做雄鹰.新科技产业，2003(5).

三、危机沟通中易犯的最大错误

当你的组织面临危机时,下列事情是不应该发生的。

1. 采取鸵鸟政策

当你采取鸵鸟政策的时候,头紧紧埋在沙滩里,两耳不闻窗外事。你希望没人知道这事,并始终迎合那些向你提建议的人,让别人相信你会及时很快地做出反应,但实际上却不采取任何措施。这种情况是十分危险的,因为公众最终会发现真相,并指责公司的行为,可能使公司难以继续经营下去。

2. 只在危机公开后才开始着手处理初始的危机情形

这与第一项情况紧密联系。这项决定意味着你决定不采取鸵鸟政策,但同时在危机公开前不做任何准备,放任危机扩大。但因为危机具有潜在的强大破坏力,等到危机公开后,其形势已经很难控制。因此,在危机公开后进行危机处理,对公司而言,是非常危险的行为。而且,因为在危机未公开前未采取任何措施,受惯性的影响,在危机发生后,也可能出现不采取措施的情况,这将会对公司利益造成巨大的损失。

3. 让你的声誉为你说话

即使公司在社会上树立了良好的品牌效应,但在危机面前,依然不能懈怠。一些声誉良好的公司容易形成骄傲自满的心态,误以为自身的良好声誉可以为公司的危机处理提供帮助,甚至忽略轻度的危机事件。但公众舆论却很容易转向,一旦公司发生对公众利益不利的事情,社会公众将会忽视公司的品牌声誉,紧盯着危机本身,直至公司做出合理的解释和处理。因此,公司应该对危机时刻保持警惕,不可因为已有的品牌效应而轻视公司危机事件的处理。

4. 视媒体为敌人

媒体对公司危机事件的解决具有重要作用,公司在处理危机过程中必须对媒体的作用引起足够的重视。如果公司轻视媒体作用,拒绝记者对公司危机事件进行采访,或向记者隐瞒一些重要的危机细节,甚至对媒体记者进行人身攻击。这些行为将会导致媒体记者对公司做出不利的报道,直接影响社会舆论的倾向,增强公司危机处理的难度。

5. 不采取积极主动姿态,陷入被动回应模式

一篇消极的文章能突然间肢解一个企业,这并不是夸张的说法,而是强调了在危机管理过程中,公司主动出击的重要性。如果公司在危机处理过程中采取消极措施,不主动引导媒体发布对公司有利的舆论消息。媒体则会将消极的情况进行报道,文章见报后,公司被迫发表声明回应。接着,另一篇文章出笼,公司又得发表另一篇声明,如此陷入恶性循环。因此,公司必须在危机中采取主动的措施,引导媒体发布对公司有利的信息,形成对公司有利的社会舆论环境。

6. 使用沟通对象不能理解的语言

公司在危机处理过程中,如果使用行话和过时的首字母缩写,会令观众迷惑不解。这种自以为是的方式只会使危机更加糟糕。对大多数公众和服务于他们的媒体来说,这些

行话和首字母缩写只会引起他们的疑问。因为他们不是某一领域的专家。因此公司在应对危机时，必须采用公众能够接受的语言传达信息，避免使用公众陌生的语言。

7. 总自以为别人与你一样知道事实

在公司危机处理过程中，一些管理者没有足够的危机意识，误以为随着公司内部危机的解决，外部公众最终也会了解危机的真相。但事实并不是这样，外部公众往往会猜测危机的各种可能性，并很可能形成对公司不利的怀疑。因此，这种自以为是的想法往往会对公司造成严重损失，甚至导致公司倒闭。

8. 一味发表观点，忽视公众的感情

部分管理者在处理危机时喜欢不顾公众的感受，不断地发表自认为对公司有利的观点。这同样是对公司危机处理十分不利的行为。因为危机事件的处理，在很大程度上，是安抚公众的不满情绪和感受。忽视公众感受，这无疑会使危机事件处理陷入僵局。

9. 一味做书面声明

在危机处理过程中，只通过书面声明与公众进行沟通，不是一个可行的办法。因为公众更希望看到公司有发言人，代表公司当面与他们进行一个明确的交流。而书面声明往往会使公众误以为公司的危机处理处于不利的情形，为了躲避公众的当面指责，只能通过书面声明来处理危机。

第三节　变革沟通

一、变革沟通的重要性

变革沟通，用一种传统的说法来比喻，叫统一思想，统一认识。变革的特点就是有很多冲突，这种冲突需要通过沟通来化解。虽然一些本质的问题沟通没有办法消除，但是沟通可以解决在一个变革战略中所产生的一些缺陷和误解。变革思想在推行当中会不断产生很多误差。所以当一个企业发生变化时，比如新的领导上任，或者是新战略的产生，及时沟通是非常重要的。

组织中的变革是极其个人化和极为微妙的。变革所涉及的不仅仅是一个组织的战略、架构和业务，而且还要改变众多员工的内心认知、期望和行为表现，同时要传达准确信息给客户、股东、政府、媒体和公众，以取得理解、支持，树立信心，同时还要以让所有相关群体保持专注且持久的方式来支持变革成功地实现，而这才是变革所带来的真正挑战。

企业之所以要变革本来就是一个形势压迫下的艰难选择，自然存在许多难以被理解和认同的地方，尤其是相对于所处较低视野角度的企业内部管理人员来说，当他们局限于眼前的利益时，往往难以忍受变革所带来的阵痛，尽管他们或许非常明白变革意味着长期的发展利益。这种心理上的排斥如果没有得到有效的沟通舒解和可以相信的承诺，面对自己不想要的抉择时，就会形成集体的阻碍力。在这种形势下要获得企业变革中的支持和配合力量，就显得难以企及了。而要从心理根本上解决这种拒绝变革的排斥力量，唯有通过坦诚有效的方式，逐一疏通变革中不被理解的地方，才能寻找分歧解决的方法。归根结底这是一个心理认同问题,就要求采取心理治疗的方法才能解决,而沟通是心理治疗最有效的方法。并且,沟通不只是企业变革领导者的单独责任,而是企业管理团队的集体责任,变革沟通不仅相对于企业管理人员,更要通过管理层将变革的理念贯彻到基本的执行层和操作层面的人员,确保企业变革理念在整个企业中被清楚地了解,企业变革的目标应当成为每个企业人员工作的根本目标。①

GE是一个有着30万员工的全球化企业,在韦尔奇把他的管理权交给新的领导人、新董事长伊梅尔特的时候,对GE而言,这就是一次重大的企业变化。有一位中国企业家问他:“你担任GE公司领导人之后,你做的最重要的事情是什么?”他说:我做的最重要的事情毫无疑问是沟通。我要把我对企业的看法、对员工的看法对新业务的看法,对所有企业的财务、产品、技术的看法传达给我的管理层,传达给GE的30万名员工,使他们能够了解公司的战略,让他们能够团结起来为同一个目标努力。这是一个公司领导者重视变革的例证。在企业管理过程中,每个优秀的企业领导人都应该重视变革沟通在整个变革管理当中重要的作用。②

二、变革沟通的技巧

“变革”会对人产生各种影响,正面利用它可以提高人的工作积极性,否则会对人产生过大压力,形成负面影响,导致抱怨、分歧、工作效率降低等不利情况的出现。要成功领导一场组织变革,作为领导者,首先要有非常清晰的目标,必须知道公司目前处在怎样的情况和公司的发展方向。其次,管理者必须要有敢于做出变革的勇气。最后,管理者必须能够灵活适应可能出现的种种变化,要能够随机应变。此外,还有三个因素在组织变革中是不可或缺的:第一是商业策略;第二是人力资源策略;第三是坦诚的沟通——这是组织变革的关键,管理者必须要将上述两大策略准确地告诉你的员工。如果只做了前面两项,却没有做最后一项,变革很难成功。变革目标和方向模糊不清、企业领导者缺乏变革的勇气和决心、不具备应付变革产生的新情况的灵活应变能力、没有选择准确有效的商业策略、人力资源不充足,最后是缺乏坦诚有效的沟通。而事实上,沟通是企业变革策略目标执行实施的方法保证,没有充分的沟通,必然使变革不会得到广泛的支持和理解,变革推行自然阻力重重,难以实现。因此,在坚持“变是市场永远不变的规则”的同时,要了解一些沟通的技巧来进行调整,应对变化。这些技巧包括:

(1)明确公司的目标,以及对员工的具体影响。公司必须向员工明确公司变革后需要实现的目标,以及需要改变的充足理由。许多变革计划大量使用专业词汇,描述公司远大目标,却没有将这些变革会给员工带来的实质影响告诉员工。公司在与员工沟通时,必须将这两个部分有意义地串联起来,让员工知道应如何正确配合公司展开变革,如何为实现公司目标发挥自己的作用,给员工提供渠道,能够主动了解变化的目的以及具体实施的方式。比如当公司业务策略的调整涉及业务员的业绩、收入时,调整过程中公司与员工一定要进行沟通,共同确定业务调整的实施细则。

---

① 徐晨.试论企业变革管理与沟通.市场周刊(理论研究),2008(7).

② http://www.fjjyzx.com/yjgao/yjkc/gtjq/200910/180834.html.

(2)明确从变革中获得的具体成果。公司必须告诉员工,公司变革的程度如何,变革目标的衡量标准,以及员工为实现工作业绩可以利用的资源等情况。同时,公司应让员工了解变革能够带给他们的收获,促进员工对变革支持力度的加大和信心的提升。比如产品优化可以使产品质量得到提高,能够使员工更加轻松地销售,取得更好的销售业绩。

(3)必须将沟通策略列为工作的重要部分。沟通是变革过程中统一认识、缩短不稳定期的重要手段。在变革中必须加强部门间、上下级之间、同事之间的沟通。管理者和员工必须把沟通列为变革实施内容的重要组成部分之一,只有这样才能引起管理者和员工对沟通足够的重视。

(4)重视沟通频率、质量和一致性。公司往往只认识到向员工不断沟通变革的重要性,但是却忽略了沟通的品质,造成公司变革质量的降低。如果沟通内容不正确或不重要,反而会给变革带来负面影响。在变革沟通过程中,公司绝对不能给予员工错误的消息,否则会引起员工不满,导致管理层信用受损。此外,有时候公司也不能立即给予员工过多信息,导致员工无法正确理解变革信息。或者因为尚未实际执行变革措施,无法体会过程中面对的问题,造成不必要的疑虑。

(5)变革是一个过程。宣布公司变革只是改变的开始,变革的完成需要公司和全体员工共同努力,有计划地执行变革计划。许多主管将变革所需的时间估算得太短,以致没有足够的准备,最终导致变革失败。历经变革时,必须预期员工的生产力可能会受影响,让员工知道公司会给他们一点时间适应,不至于慌了手脚。

(6)善用不同沟通途径。不同的沟通内容需要管理层采用不同的沟通方式。如果管理者只是用单一的沟通方式,会导致沟通内容的残缺和沟通效率的降低。例如,如果公司在沟通过程中,只以电子邮件告知员工关于变革的种种事项,可能会导致部分未能及时上网的员工不能第一时间接收公司变革信息,以致贻误变革时机,影响员工士气。为了实现有效沟通,公司必须通过不同渠道向员工发布讯息,有时候甚至必须不断重复告知。不能认为沟通只是组成专案小组以及不断召开会议。只有当公司有效实现沟通信息的传达,妥善安排变革计划及执行沟通过程,才能达到真正的沟通效果。

(7)给予员工反馈的机会。公司必须给员工提供不同机会,让员工发表关于变革的看法。尤其要重视经历过公司变革的老员工的经验,这对公司的变革具有十分重要的参考意义。公司必须回答员工的疑虑,并且依据反馈对变革计划做必要的修正。员工参与变革的程度越深,计划的推行便会越顺利。

“变是市场永远不变的规则”,管理者应该以不变的高质量沟通去应对变革。

案例分析

华泰集团的危机沟通①

合肥华泰集团成立于1995年,是以休闲食品、房地产、农业产业化等产业为支柱,涵

① http://wenku.baidu.com.

盖彩印包装、物流运输、冷冻冷藏、熟食连锁等相关产业的综合性企业集团,是国家级农业产业化重点龙头企业。今天的华泰集团旗下最有价值的当数"洽洽"这个瓜子品牌,2006年1月,中国品牌研究院公布"洽洽"品牌在中国最有价值的100个驰名商标中排名第88位,品牌价值18亿元人民币。这一消息令华泰人到今天都感到非常的自豪,"洽洽"这个品牌经过华泰人数十年的努力终于取得了社会的认可。在品牌建设的道路上,华泰仍然遇到了重重困难,其中最致命的就要数食品卫生安全方面的重大过失,有很多著名食品企业都因此在市场上消失了,但华泰人坚持了过来,凭借他们在市场发展过程中总结起来的一系列危机沟通的经验,在一次次重大危机中转危为安了。

2002年3月初,美国的一家科普网站刊登了一篇文章,称甜菊糖经过大剂量的小白鼠动物试验,可能会引起雄性不育及癌症,进而推断,可能会引起人类男性不育及癌症。新加坡卫生部门得到这则消息后,为保障国民身体健康,以甜菊糖未被批准使用为由,在新加坡全面查禁含有甜菊糖添加剂的食品,同时新加坡政府下令回收了6种食品,原因是其中使用的甜菊糖甜味剂被怀疑有致癌可能及导致男性不育。香港闻风而动,立即将14种类似产品列入"召回"黑名单。紧跟着,内地一些媒体做出呼应,质疑内地食品市场为何仍在销售含有此种甜味剂的食品。安徽"洽洽"瓜子旋即卷入了这场"甜菊糖风波",这场风波使得"洽洽"瓜子在一些市场被禁销和查封,在香港"洽洽"瓜子被列入"黑名单"而遭禁售。3月22日,广州某报在没有调查和核实的情况下,突然发表一篇文章,以特大号黑字"'洽洽'香瓜子含致癌成分?"为标题,说香港市场"洽洽" 香瓜子近日已回收,广州市场仍大量出售。文章表述,在广州商场出售的产品未见含有甜菊糖,但配料成分表中含糖精钠,并说"大量资料显示过量吸收糖精钠会对人体造成极大的损害,摄入大量的糖精钠可以导致雄性大鼠患上膀胱癌"。此文一出,经网站发布,在全国引起轩然大波,经销商要求退货,消费者提出质疑。一时间"洽洽"瓜子陷入信任危机。

在以陈先宝为首的华泰高层管理者的正确决策下,企业采取了一系列正确的危机沟通方法。

1.成立危机处理委员会

合肥华泰公司高层在"甜菊糖风波"一开始就高度重视,立即召开会议对问题进行了分析。公司管理层认为不能孤立地看待问题,有可能由此会引发一次大的危机事件,因此决定成立以公司总裁陈先宝先生为领导的"3·21危机处理小组",立即着手处理此事。危机领导小组下辖三个小组,第一组由分管海外市场的副总裁带队赴香港,查清事件原因并在现场处理相关事务;第二组由分管销售的副总裁带队赴北京,向国家有关政府部门反映情况并做好和在京媒体的沟通工作;第三组则在本部由总裁陈先宝先生亲自坐镇指挥,做好向当地政府的沟通和汇报工作,指挥全局。

2.及时开展内部沟通

2002年4月,华泰全体员工召开大会,陈先宝总裁向员工通报了事件的前因后果,坦诚宣布了公司的解决思路,员工在公司面临危机时可以扮演什么角色,通过这一系列内部沟通,员工深刻意识到加强质量管理的重要性,公司随即提出改革措施,企业内部达到空前的团结。

3. 媒体和渠道的沟通

(1)在香港:堵住危机发生的源头

第一组在香港和经销商一起认真分析研究后,正面回应香港食环署,首先确认输港产品不含此次遭禁的甜菊糖,而是误用包装,实事求是地承认自己的错误,请求香港食环署给予检验并发布澄清。食环署在随后的公告中,注明"洽洽"香瓜子被回收是由于食品包装上误印原料而违反食品标签规定,打消消费者的疑虑。与此同时,在香港主要报纸《东方日报》《苹果日报》上刊登声明,"洽洽"香瓜子不含有甜菊糖,是属于包装误用,请求消费者给予谅解。为了尽快消除负面影响,处理小组还在当地主要报纸和电视上播放广告,重点展示"洽洽"产品历年来获得的质量保证和各项荣誉,例如企业产品通过"ISO-9000 国际质量体系"认证、荣获"中国中轻产品质量保障中心质量保证产品"、"中国知名食品信誉品牌"、"国家质量达标食品"、"出口产品检疫卫生注册证书"、"中国驰名商标"等。由于措施得力,香港市场"洽洽"香瓜子的甜菊糖风波逐步平息。

(2)在广州:借力两地政府重铸信任

公司决定在重灾区广州召开新闻发布会。总部及时将这一计划汇报合肥市委、市政府,得到了市领导的大力支持。为使发布会具有公信度,市政府决定以合肥市新闻办公室名义召开新闻发布会。3 月 27 日,合肥市政府新闻办公室在广州花园宾馆举行了新闻发布会,广东电视台、广州电视台、深圳电视台和《大公报》《文汇报》《广州日报》《羊城晚报》等众多重量级媒体及广州市各界 70 余人参加。合肥市委常委、市委宣传部部长主持了发布会,合肥市副市长做新闻发布,市技术监督局局长做"洽洽"产品质量监督情况介绍;广州市副市长和市委宣传部、市技术监督局的主要领导参加了发布会。第二天,各大媒体都实事求是地报道了新闻发布会的有关情况。《香港商报》在 3 月 30 日以"'洽洽'在港遭禁,事缘摆乌龙"为题刊登专访,专访写道:"这次新闻发布会由合肥市副市长率领质监局等部门领导及生产商一众人马专程从安徽赶往广州举行,作为一个民营企业,政府肯出面牵头为其召开新闻发布会,足见当地政府对其的重视,其公信度亦从中可见一斑。"

(3)在北京:行业协会和政府部门双管齐下

北京小组将此情况上报国家食品工业协会等行业协会以及国家卫生部门,请求国家权威部门给予客观、公正的答复。3 月 23 日,中国食品添加剂生产应用工业协会和中国甜菊协会迅速召集专家召开紧急会议,专家指出,甜菊糖的安全性是相当肯定的,我国及日本科研机构均对甜菊糖进行过严格安全性试验研究,结果表明,甜菊糖是安全的,无致畸、致突变及致癌性。3 月 26 日,中国食品添加剂协会和中国甜菊协会联合举行新闻发布会,卫生部就近来关于甜菊糖安全性问题引发的公众疑虑做出解答,未发现甜菊糖危害健康的证据。

思考题

1. 结合案例,分析并总结华泰集团能够成功处理危机的原因。
2. 针对案例,分析华泰集团的危机处理过程如何体现"雄鹰"政策。

第十五章　团队沟通

第一节　团队概述

一、团队概念

关于团队的定义，不同学者提出了不同的概念。在 1994 年，组织行为学权威，美国圣迭戈大学斯蒂芬·罗宾斯教授首次提出了“团队”的概念：团队就是由两个或者两个以上的，相互作用、相互依赖的个体，为了特定目标而按照一定规则结合在一起的组织。这个定义将团队的核心含义进行了总结概括，具有较强代表性。

二、团队要素

每个团队都是由一些共同的要素构成。一般情况下，团队的构成要素包括以下五个方面，即 5P。

1. 目标(purpose)

团队应该有一个既定的目标，为团队成员导航，知道要向何处去，没有目标这个团队就没有存在的价值。

自然界中有一种昆虫很喜欢吃三叶草(也叫鸡公叶)，这种昆虫在吃食物的时候都是成群结队的，第一个趴在第二个的身上，第二个趴在第三个的身上，由一只昆虫带队去寻找食物，这些昆虫连接起来就像一节一节的火车车厢。管理学家做了一个实验，把这些像火车车厢一样的昆虫连在一起，组成一个圆圈，然后在圆圈中放了它们喜欢吃的三叶草。结果它们爬得筋疲力尽也吃不到这些草。这个例子说明在团队中失去目标后，团队成员就不知道上何处去，最后的结果可能是饿死，这个团队存在的价值可能就要打折扣。团队的目标必须跟组织的目标一致[①]，保证团队时刻为组织利益服务。同时，目标还应该有效地向大众传播，让团队内外的成员都知道这些目标。有时甚至可以把目标贴在团队成员的办公桌上、会议室里，以此激励所有的人为这个目标去工作。此外，还可以把大目标分成小目标，再具体分配到各个团队成员身上。通过团队成员的合力，实现这个共同的目标。

2. 人(people)

人是构成团队最核心的力量，两个(包含两个)以上的人就可以构成团队。目标是通

① http://blog.sina.com.cn/s/blog_5ff4959b0100frcf.html.

过人员具体实现的，所以人员的选择是团队搭建过程中非常重要的一个环节。在一个团队中，需要不同能力和个性的人员，互通有无，实现团队力量最大化。在一个团队中，可能需要有人出主意，有人订计划，有人实施，有人协调不同的人一起去工作，还有人去监督团队工作的进展，评价团队最终的贡献。通过合作分工来共同完成团队的目标，在人员选择过程中要考虑人员的能力是否达标，技能是否互补，人员的经验是否足够完成任务等因素。

3.定位(place)

团队的定位包含两层意思：

(1)团队的定位。团队定位是立足于公司整体层面进行的，需要管理层对此进行宏观把控，以确定团队的功能和所处的位置。团队定位的内容包括：团队在企业中处于什么位置，由谁选择和决定团队的成员，团队最终应对谁负责，团队采取什么方式激励下属等方面。

(2)个体的定位。个体的定位针对员工个人展开。员工作为成员在团队中扮演什么角色，是制定公司发展策略计划还是具体实施或评估工作等内容是个体定位的决定因素。个体定位更多的是在团队成员内部进行的，需要团队领导对团队的每一个成员的能力、个性有所了解，并进行工作分配，将团队需要完成的任务一步步分解，并以最高效率和效益完成。

4.权限(power)

团队当中领导人的权力大小跟团队的发展阶段相关。一般来说，团队越成熟，领导者所拥有的权力相应越小。在团队发展的初期阶段，领导权相对比较集中，而在团队发展的后期，领导的权力则会分散到各个团队成员中，通过团队成员的作用，发挥团队力量。在组织中，和团队权限紧密相关的主要是两个方面：

(1)整个团队在组织中拥有什么样的决定权。比如说财务决定权、人事决定权、信息决定权。团队拥有的权力越大，团队越能获得在组织中较为重要的位置。一个拥有公司最终决策权的团队，将会拥有一般团队所不能享受的权力。

(2)组织的基本特征。组织基本特征包括以下几个方面：组织的规模大小、团队的数量多少、组织对于团队的授权大小、组织的业务类型等。不同的组织类型中，团队能够获得的权力是不同的。如果团队处于一个业务灵活、组织规模较小的组织中，团队的力量就显得尤为重要。

5.计划(plan)

在团队中，计划一般包括两层含义：

(1)目标最终的实现，需要一系列具体的行动方案，可以把计划理解成目标的具体工作的程序。一个团队的工作计划，必须在工作开展之前进行详细筹划和安排。在具体实施过程中，再进行相应的反馈和调整。

(2)提前按计划进行可以保证团队的顺利进度。只有在计划的操作下团队才会一步一步地贴近目标，从而最终实现目标。计划在团队工作中的主要作用体现在对团队成员的工作进行引导，不至于偏离组织总目标。

三、团队类型

根据团队存在的目的和拥有自主权的大小可将团队分成四种类型。

1. 问题解决型团队

问题解决型团队是指在这个团队中,组织成员的主要任务是就如何改进工作程序、方法等问题交换看法,对如何提高生产效率和产品质量等问题提出建议。本类型团队的工作核心内容是就组织如何提高生产产量、提高生产效率、改善企业工作环境等方面内容提出建议和改善方案。而在组织中,这个团队成员几乎没有什么实际权力来根据建议采取行动。①

2. 自我管理型团队

自我管理型团队通常由 10～16 人组成,他们承担着领导所承担的一些责任。一般来说,他们的责任范围包括控制工作节奏、决定工作任务的分配、安排工间休息等内容。彻底的自我管理型团队甚至可以挑选自己的成员,并让成员相互进行绩效评估。世界上许多知名的大公司都是推行自我管理团队的典范。但对自我管理型工作团队效果的总体研究表明,实行这种团队形式并不一定带来积极效果。比如沃尔沃现在的管理模式非常先进,其位于武德瓦拉的生产基地,完全由自我管理型团队进行整辆轿车的装配。在美国,金佰利、宝洁等少数几家具前瞻意识的公司在 20 世纪 60 年代初开始采用自我管理型团队模式,并取得了良好的效果。随后,日本引入自我管理型团队模式并将其发展成为强调质量、安全和生产力的"质量圈运动"。到 20 世纪 80 年代后期美国借鉴并创造性地把团队模式发展到了一个新阶段。在这 20 年里,企业所采用的团队类型在不断变化,以求取得最佳效果,很多公司已逐渐从关注于工作团队,转变为强调员工参与决策和控制决策的实施,其中以团队成员自我管理、自我负责、自我领导、自我学习为特点的自我管理型团队越来越显示出其优越性,也逐渐被主流接受。

3. 多功能型团队

多功能型团队是一种有效的团队管理方式,它能使组织内(甚至组织之间)不同领域员工之间交换信息,激发产生新的观点,解决面临的问题,协调复杂的项目。但是多功能型团队在形成的早期阶段需要耗费大量的时间,因为团队成员需要学会处理复杂多样的工作任务。在成员之间,尤其是那些背景、经历和观点不同的成员之间,建立起信任并能真正合作也需要一定的时间。许多组织采用跨越横向部门界线的形式已有多年。例如,在 20 世纪 60 年代,IBM 公司为了开发卓有成效的 360 系统,组织了一个大型的任务攻坚队,攻坚队成员来自于公司的多个部门。任务攻坚队(task force)其实就是一个临时性的多功能团队。同样,由来自多个部门的员工组成的委员会(committees)是多功能团队的另一个例子。但多功能团队的兴盛是在 20 世纪 80 年代末,当时,所有主要的汽车制造公司——包括丰田、尼桑、本田、宝马、通用汽车、福特、克莱斯勒——都采用了多功能团队来协调完成复杂的项目。

① 许湘岳. 团队合作教程. 北京:人民出版社,2011.

4. 虚拟型团队

现代信息通信技术的飞速发展，突破了合作的时空限制，因此一种新型团队——虚拟团队，在这样的大背景下应运而生。虚拟团队是指人员分散于间隔较远的不同地点但通过远距离通信技术一起工作的团队。虚拟团队的人员往往分散在相隔很远的地点，可以在不同城市，甚至可以跨国、跨洲。人员也可以跨不同的组织，工作时间可以互相交错，团队成员之间的联系主要依靠现代通信技术，最终共同完成组织的目标和任务。虚拟团队与传统的团队形式相比较，具有明显的人才优势、信息优势、竞争优势、效率优势、成本优势，成为众多公司采用的团队类型。

第二节 团队沟通的理论述评

团队沟通是随着团队这一组织结构的诞生应运而生的。因为团队是一种新型的企业组织模式，其产生时间不长，运作机制也不是很成熟，所以人们对团队中的沟通这一领域的研究还不是很深入，研究的专业论著也有限。

在很早以前，人们就了解到有效群体沟通的巨大作用。50 年前就有研究表明，合作性群体的绩效很高。在这里，简要地阐述几个有代表性的研究者的理论研究成果。

一、威廉关于团队精神的研究

对于工作团队的研究最早可追溯到 20 年前的威廉·大内(William Ouchi)的《Z 理论——美国企业界怎样迎接日本的挑战》。在这本书中，作者对曾使日本经济获得成功的“日本式”团队模式做了大量研究，并提出许多精辟的观点。他通过选择日本、美国两国的一些典型企业进行研究而得出结论，认为日本企业之所以会比美国企业成功是因为日本企业经营管理中形成了特有的“日本式” 团队精神：“我们是集体领导，我们是平等的。”他认为，形成这种团队的前提有三要素：信任、微妙性、人与人之间的亲密性。他强调人际关系的沟通技能，从而实现“日本式”的微妙管理。他还认为，现代沟通媒体不断增加，信息沟通相对容易，情感沟通却退居次要位置。团队内部的异质人群，更容易引起文化上的冲突，而难以调和。因此，在团队沟通中，如何实现信息和感情的双向沟通，必须引起管理者的足够重视。

二、阿尔钦和德姆塞茨的团队生产理论

阿尔钦和德姆塞茨将研究的重点转向了企业内部，在对企业内部权力结构(横向一体化)如何安排才能使企业价值最大化的研究基础上，提出了独具特色的团队生产理论。他们将企业理论研究的重点从“交易费用”转移到解释企业内部团队生产的激励问题上(即监督成本)，认为现代化的生产是多项投入的合作，任何一位成员的行为都将影响其他成员的生产效率，因此团队成员间的有效沟通对于提高企业的生产效率就显得尤为重要。他们还认为有效的团队沟通是医治团队成员偷懒的有效防范方法。同时，他们提出生产团队之所以演变为企业，是因为团队生产带来的生产高效率产生了激励需求与产出难以计量这一对矛盾，企业的特征不是拥有优于市场的权威权力，而是企业对要素生产率和报

酬的计量能力以及对内部机会主义的监督能力优于市场,能节约更多交易成本。

在阿尔钦和德姆塞茨看来,“团队生产”是通过实用技术的不可分性来定义的,而企业不过是“团队生产”的一种。他们认为,如果团队生产的总产出大于团队成员分别生产之和,并且增加的部分足以弥补组织和管束团队成员的成本,团队生产就会被采取,于是企业就产生了。而由于团队生产的不可分割性,使得团队成员的劳动投入非常难以度量或度量成本很高,于是导致团队成员偷懒的机会主义行为和相应的监督费用就会出现。因此,在团队生产理论中,对签约后的机会主义行为的监督成本是企业规模限定的界限。

三、斯蒂芬的团队概念

美国的斯蒂芬·P. 罗宾斯(Stephen P. Robbins)在其《组织行为学》一书中指出:团队是指在特定的可操作的范围内,为实现特定的目标而合作的人的共同体。他认为,团队内完美的沟通目标是可望而不可即的,而选择正确的通道,做一个有效的听众,运用反馈则有助于更有效地沟通。他强调为了实现团队的目标,必须在团队内部进行有效的沟通。

四、盖伊和康纳德的群体与团队沟通

美国的盖伊·拉姆斯登和康纳德·拉姆斯登合著的《群体与团队沟通》一书是最具代表性的理论成果。本书的写作宗旨是“如何使你的团队群体变得有效”,具体从5个角度介绍了团队协作过程中履行任务和维持关系的理念、流程以及各种具体的方法。作者认为,团队的精髓在于团队中每个成员应该而且能够承担领导职能。行使领导职能的关键在于沟通。对于在创立、组建、发展团队进程中,如何营造积极的沟通氛围,怎样有效开会,如何合理地解决问题,怎样提出有创意的对策,在群体协作进程中应该掌握哪些技巧,如何防范和处理团队协作中出现的问题等,作者都进行了全面的解释分析并提供了有效的方法。其主要创作思想包括:“一个合作型群体应整合为团队”,“每个成员都应肩负领导责任”,“被任命的领导不应仅仅是一名经理”,“团队是系统中的一个分系统”,“团队是一个小宇宙”,“团队系统中的伦理问题”等。①

五、布鲁斯的发展阶段模型

1965年,Bruce Tuckman 发表了一篇短文,题为《小型团队的发展序列》(Developmental Sequence in Small Groups),提出了团队发展的四个阶段,分别是:组建期(forming)、激荡期(storming)、规范期(norming)、执行期(performing)。1977年,他与詹森(Jensen)在1965年提出的四阶段中加入第五阶段:休整期(Adjourning)。根据 Tuckman 的论述,所有五个阶段都是必需的、不可逾越的,团队在成长、迎接挑战、处理问题、发现方案、规划、处置结果等一系列经历过程中必然要经过上述五个阶段。该模型对后来的组织发展理论产生了深远的影响。

1. 组建期(forming)

团队酝酿,形成测试。测试的目的是为了辨识团队的人际边界以及任务边界。通过测

---

① 谢杰. 新加坡特许半导体公司员工团队建设研究. 上海交通大学硕士学位论文,2009.

试，建立起团队成员的相互关系、团队成员与团队领导之间的关系，以及各项团队标准等。团队成员行为具有相当大的独立性，尽管他们有可能较快进入协作状态，但普遍而言，这一时期他们缺乏团队目的、活动的相关信息，导致团队成员和整个团队的不稳定。部分团队成员还有可能表现出不稳定、忧虑的特征。团队领导在带领团队的过程中，要确保团队成员之间建立起一种互信的工作关系。通过指挥或“告知”式领导，与团队成员分享团队发展阶段的概念，达成共识。

2. 激荡期(storming)

这是团队形成各种观念，激烈竞争、碰撞的局面。这个阶段，团队已经获取团队发展的信心，但是可能存在人际冲突、分化的问题。团队成员面对其他成员的观点、见解，更想要展现个人性格特征。这个阶段中，团队成员对于团队目标、期望、角色以及责任的不满和挫折感将会表露出来。在项目领导指引项目团队度过激荡转型期的过程中，应采用教练式领导方式，强调团队成员的差异，相互包容。

3. 规范期(norming)

在这个过程中，团队的规则、价值、行为、方法、工具均已建立。团队效能显著提高，团队开始形成自己的身份识别。在工作中，团队成员能不断地调适自己的行为，以使得团队发展更加自然、流畅。因此，团队领导应采取相对宽松自由的“参与式领导”，给予团队成员更大的工作自主权，有意识地调动团队成员积极性，不断解决问题，实现组织和谐和组织目标的达成。

4. 执行期(performing)

这一阶段，人际结构成为执行任务活动的工具，团队角色更为灵活和功能化，团队能量积聚于一体，项目团队运作如一个整体。此时团队已经达到工作能够顺利、高效完成，几乎没有任何冲突，不需要外部监督的状态。而团队成员对于任务层面的工作职责也有了清晰的理解，并能及时高效完成。此时，团队领导应采取“委任式”的领导方式，在团队中形成没有监督的自治氛围，即便在没有监督的情况下，团队成员也能通过团队协作，自主做出决策。

5. 休整期(adjourning)

这一阶段，团队任务已经完成，团队解散。有些学者将第五阶段描述为“哀痛期”，反映了团队成员的一种失落感。团队成员动机水平下降，关于团队未来的不确定性开始回升。

该模型的优点：为团队发展提供阶段指导。

在产生深远影响的同时，也存在局限及缺点。第一，该模型只适合用来描述小型团队，而不大适合大型团队以及综合性团队的描述；第二，该模型忽视了组织的背景，而组织背景的忽视对一个团队的平台搭建以及工作效率的提升将会产生巨大影响，甚至可能对团队的业绩产生负面效应；第三，有学者指出，公司团队发展轨迹不一定像 Tuckman 所描述的那样是线性的，而有可能是循环式的；第四，该模型描述的阶段特征并不可靠，因为它主要考量的是人的行为，而当团队从一个阶段跨向另一个阶段的时候，团队成员的行为特征变化并不明显，它们也很有可能会发生交叠。此外，该模型没有考虑到团队成员的个人角色,这不利于团队相关成员个人能力的充分发挥,而个人能力的限制,将对整个团队的工作情况产生巨大影响。

六、康青关于团队沟通的研究

康青在其《管理沟通教程》一书中,给出了团队沟通的定义:“团队”,是指按照一定的目的,由两个或两个以上的雇员组成的工作小组。在这种工作小组内部发生的所有形式的沟通,即为团队沟通。他认为,现代管理越来越强调柔性管理,如果团队领导采用民主型的领导风格,则无疑会使团队沟通更加有效。

第三节　团队沟通技巧

团队成员之间和谐的关系有利于团队任务的完成。一个团队的沟通力是指成员之间互相吸引的程度,这是一个团队赖以存在的一种整体感,包括忠诚、投入、志趣相投以及为团队作牺牲的意愿,是将每个成员“黏”在一起的“胶”。团队成员在一起工作的时候,他们的智慧和力量都融合在一起,沟通力便成为整个团队前进的一股特殊力量。这是所有成员的动机、需求、驱动力和耐力的结合体。当所有成员都忠诚于团队以及团队的远景目标,他们都努力为团队目标实现而奋斗时,团队内部的沟通就会产生一种协同力,从而使得团队能够成为一个真正的团队。一个团队的绩效和其沟通力密切相关。①

因此,企业要不断地检查自己的沟通是否有效。那么,管理者应当如何帮助团队进行有效沟通呢?

一、做好沟通前的准备工作

明确沟通内容。缺乏沟通前的准备工作,势必造成沟通过程中“东扯葫芦西扯瓢”的局面,既浪费了双方的工作时间,又不利于问题的解决。因此有效的沟通要有清晰的沟通主线,明确的沟通主题。事先安排好沟通提纲,先讲啥,后说啥,做到心中有数。同时,还要讲求沟通的艺术性,比如说管理者与下属沟通,首先要考虑人的心理承受能力,先肯定其成绩和好的方面,再指出其不足及改进方向。

二、学会积极倾听,做忠实的听众

沟通是一个双向的行为,沟通双方一个要善于表达,一个要善于倾听。通过双方沟通、倾听、反馈,再沟通、倾听、反馈的循环交流过程,才能明确沟通的主题和问题的解决办法。沟通就是一个互动的过程,沟通的双方只有积极配合,才能实现沟通目的。

三、沟通要有多变性

组织中的员工由于其年龄、性别、受教育程度、专业,以及工作分工的不同,人员之间便存在对同一句话、一份文件或其他东西理解上的千差万别,所谓“仁者见仁,智者见智”,

---

① http://wenku.baidu.comviewe109902e915f804d2b16c1d7.html.

不同阅历的人想问题的角度、出发点及他所站的立场也不同。就像人们所说的“行话”，置身其外的人根本不理解它的意思，更别说融入其群体之中。所以说，沟通要变得有效，需讲求语言的方式，适当改变交流方式，多样性的语言有助于使沟通者和不同的人对上话，进行深入交流，达到沟通目的。所以说，要想使沟通更有效，在运用语言上要讲求艺术性，词汇搭配要适当，只有这样才能使你的语言更容易被别人理解，达到有效沟通的目的。

四、注意减少沟通的层级

因为信息传递者参与得越多，信息失真性越大，所以，沟通双方最好是直接面谈。这样才能使信息及时、有效地传递，达到沟通的目的。

有效的沟通能够消除各种人际冲突，实现人与人之间的交流行为，使员工在感情上相互依靠，在价值观上达到高度统一，进而为团队打下良好的人际基础。所以，企业要开展各种有效的沟通形式。

五、让倾听者对沟通产生反馈行为

沟通的最大障碍在于员工误解或者对管理者的意图理解得不准确。在工作过程中，我们可能常常遇到这种现象，管理者对下属布置工作时滔滔不绝，而结果呢？下属在执行工作中往往有些差错，或者工作的做法和上级期望的不一致。这说明上级与下级之间存在着沟通问题，上级没有很好地传达自己的意思，下级也对上级的理解不太到位。事实上，这种沟通问题通过有效的方法是完全可以避免的。如果管理者在与下属沟通问题时，在沟通结束后，特意加上一句话：“你明白我的意思吗？”通过这样的双向交流，可以加强下级对上级意思的正确理解，纠正认识上的偏差。①

第四节　团队沟通方法

一个优秀的组织，强调的是团队的精诚团结，团队成员之间如何沟通是一门大学问。因为，成员之间如果沟通不好，往往会产生矛盾，形成内耗，影响企业的正常运转。因此，学习世界著名企业提高团队沟通技巧的方法，是极为必要的。

一、讲故事法

美国的波音公司，在 1994 年以前遇到一些经营问题。总裁康迪上任后，经常邀请高级经理们到自己的家里共进晚餐，然后在屋外围着个大火炉，讲述有关波音的故事。康迪请这些经理们把不好的故事写下来扔到火里烧掉，用来埋葬波音历史上的“阴暗”面，只保留那些振奋人心的故事，极大地鼓舞了士气。

二、聊天法

奥田是丰田公司第一位家族成员之外的总裁，在长期的职业生涯中，奥田赢得了公司

---

① http://blog.sina.com.cn/s/blog_80d262f101011otw.html.

内部许多人士的爱戴。他有 1/3 的时间在丰田公司里度过,常常和公司里的多名工程师聊天,聊最近的工作,聊生活上的困难。另外有 1/3 的时间,用来走访 5000 名经销商,和他们聊业务,听取他们的意见。通过和公司不同层面的人员聊天,奥田不仅了解到公司经营存在的问题,同时也和团队成员在感情上实现了有效沟通,从而促进了公司的高效发展。

三、制定计划法

爱立信是一个"百年老店",每年,员工都会有一次与人力资源经理或主管经理面谈的机会,员工在上级的帮助下制订个人的发展计划,以跟上公司的业务发展,甚至超越公司的发展步伐。工作计划的制定,不仅能够保证员工与公司发展保持步调一致;同时,也加快了公司发展速度。

四、越级报告法

在惠普公司,总裁的办公室从来没有门,员工受到顶头上司的不公正待遇,或者看到公司的什么问题,都可以直接提出,还可以越级反映。这种企业文化使得人与人之间相处时,彼此之间都能做到互相尊重,消除了对抗和内讧,排除了公司不同层级之间的障碍,促进了团队的和谐。

五、参与决策法

美国的福特公司,每年都要制定一个全年的"员工参与计划",动员员工参与企业管理。这个举动引发了员工对企业的"知遇之恩",使得员工的投入感和合作性不断提高,合理化建议也越来越多,生产成本大大减少。兰吉尔载重汽车和布朗 2 轿车的成功就是很好的例子。在投产前,公司大胆打破了那种"工人只能按图施工"的常规,把设计方案摆出来,请工人们"评头论足"提意见。工人们提出的各种合理化建议一共有 749 项,经过筛选,采纳了 542 项,其中有两项意见的效果非常显著。以前装配车架和车身,工人得站在一个槽沟里,手拿沉重的扳手,低着头把螺栓拧上螺母。由于工作十分吃力,因而往往干得马马虎虎,影响了汽车质量,工人格莱姆说:"为什么不能把螺母先装在车架上,让工人站在地上就能拧螺母呢?"这个建议被采纳以后,既减轻了劳动强度,又使质量和效率大为提高;另一位工人建议,在把车身放到底盘上去时,可使装配线先暂停片刻,这样既可以使车身和底盘两部分的工作容易做好,又能避免发生意外伤害。此建议被采纳后果然达到了预期效果。可见,参与式沟通对公司员工积极性的提高具有极大作用,能够有效促进员工工作积极性和提升公司效益。①

六、培养自豪感

美国的思科公司,在创业时,员工的工资并不高,但员工都很自豪。该公司经常购进一些小物品,如帽子,给参与某些项目的员工每人发一顶,使他们觉得工作有附加值。这是一种激励方式,作为团队成员,在获得成就感的同时,渴望得到公司的最大程度的认可。

---

① http://club.1688.com/article/10086664.html.

思科公司对员工的激励措施虽然并不重大，但是和公司的发展阶段是相匹配的。因此，能够极大地激发员工的积极性，使员工为公司业绩的提升，发挥自己的最大力量。

七、口头表扬法

表扬不但被认为是当今企业中最有效的激励办法，事实上也是企业团队中一种有效的沟通方法。日本松下集团，很注意采用“口头表扬法”表扬员工。创始人松下幸之助如果当面碰上进步快或表现好的员工，他会立即给予口头表扬，如果不在现场，松下还会亲自打电话表扬下属，下属的积极性因为不断的口头表扬和激励得到了极大的提升。这不仅是一种简单易行的沟通方法，同时也是一种有效的激励方法。

案例分析

代理秘书的麻烦事①

2012 年 5 月的某一天，某公司代理秘书 Z 一想到今天又是一个忙碌的日子，特意比平日里提前了半个多小时上班。自从上个月，秘书 July 因其父亲病重不得不休假陪护时起，这已经是 Z 做代理秘书的第三周，幸好也是最后一周了。进了办公室打开电脑一看，人力资源处长 F 先生又来了一份长长的英文邮件，她的眉头便皱了起来：怎么还在弄这个事情？细看内容，诸多疑惑，为了确认清楚不至于有误解，她决定不打电话也不回邮件，直接去跟处长面谈……

事件回放

仓促上阵的代理秘书

Z 隶属总经理室，汇报对象包括财务处长 Ms. M（虚线）、副总 Mr. T（直线）、总经理及总监 Mr. R（直线）。在三周以前，她完全没想到自己有一天会扛起暂时代理两位老总秘书的担子，而且是在与秘书交接一天后便仓促上阵了。

来自集团总经理秘书的投诉

2012 年 5 月 3 日上午，Z 为协调公司高管与集团总经理的视讯会议，须与 C 女士联络确认相关事宜。

Z 确认并准备好会议相关问题后，拿起电话拨给了 C 女士，电话接通后：

C 女士：您好。

Z：C 女士，您好。我是中山的 Z，现在代理……（被打断）

C 女士：中山的？很好（停顿第一次），很好（停顿第二次），正要找你们，你刚刚说你是哪位？

Z：华南区 Z。

① 杜慕群. 管理沟通案例. 北京：清华大学出版社，2013.

C 女士:你们 Mr. R 不在吗? 我没有找到他,他秘书呢?

Z:是这样,Mr. R 今天出差,秘书休假,我现在是代理秘书。

C 女士:好! 你是她的代理人是不是? 那我就找你,既然你现在是代理秘书的工作,就请你负责解决好,好吗?

Z(疑惑):不好意思,请问发生了什么事情吗?

C 女士:你们的助理不都经过训练的吗? 怎么可以把文件直接发邮件给集团总经理?

(备注:部门助理在该公司是各部门设置的负责部门内部一些行政性事务的岗位,属于各部门内部最低阶的职位,其中有一项工作是负责帮本部门送签文件、单据等)

Z:不好意思,请问您能告诉我具体发生了什么事情吗?

C 女士:你认识这个人吗? Amy A-M-Y……

(Z 打开系统检索中,未发现)

Z: 我暂时没有搜索到。

C 女士:OK,好,那 R-U-D-O-L-F,你认识吗?

Z:Rudolf,我知道……可以麻烦您将邮件先转给我吗?

C 女士:转了。Amy,我不知道她是什么人,直接将一份文件发给了集团总经理让他签,她怎么可以这样,最基本的常识都不知道吗? 大老板怎么可能有时间直接帮她处理这些,请你告诉你们的助理,要签文件,找秘书,不要直接找老板。我刚刚打电话给你们 Mr. R 想问他这件事情的,没有找到,Amy 分机也没人接。

(Z 看邮件中,大致了解了事情的经过)

Z:没关系,没关系,C 女士,Amy 好像是去年底刚刚入职的新员工,可能是不了解情况,要不这样,不用麻烦您打电话给她,您也不用打电话给 Mr. R 了,我先去了解下情况,再回复您可以吗?

C 女士:好! 请你问一下她为什么会这样做,以后你们要怎么处理和改善,助理要不要培训,尽快给我答复,好吗? 收到后我才会处理这个文件,好吗?

Z:OK,没问题。我会去尽快了解。另外,我找您还有一个事情要跟您确认……

(以下略去)

事情的原委

Z 挂完电话,忙完手边的事情,回过头来想起这件事情时,心里面暗暗地觉得,纵然比较合适的做法确实应该是给秘书请其帮忙送签,但是作为公司的员工直接发一份邮件给总经理,又怎么了? 也不是什么过于严重的问题吧,何必如此上纲上线,大动干戈? 但是,不管怎样,事情还是要处理。她仔细阅读了 C 女士转过来的文件,发现事情的原委是这样的:采购代某部(Amy 所属部门,部门经理为 Rudolf)采购软件若干,费用金额较高。该采买一般来说由 Mr. R 核准即可,但是由于该部门相关 RD 业务直线汇报是对总部,仅虚线汇报给 Mr. R,导致须请集团总经理 Mr. H 核准费用。该单据因欠缺 Mr. H 签核被财务退件后,由采购以邮件形式退回,并于邮件主旨中撰写"请帮忙转 Mr. H 签核,谢谢!"Amy 在看到该邮件后直接将邮件转给了 Mr. H,该主管收到后将其转给了自己的秘书 C 女士,并于邮件中告知"Please help!"于是便有了后面的故事。

Z 的沟通处理

Z 看完所有的邮件，考虑再三，认为虽然自己也对这个问题颇不以为然，但是基于过去的经验和对 C 女士的了解，若此事不作跟进处理的话，C 女士真的有可能不会送件签核。肇事者 Amy 又是刚从学校毕业的新人，如果直接就这个事情去问她，也有可能会给她造成心理负担，还解决不了问题。算了，还是先跟她的部门主管 Rudolf 了解下具体情况吧。

Z 在将邮件转发给 Rudolf 后即拨通了他的办公电话，详述了原委。Rudolf 告诉 Z 自己部门没有专职助理，Amy 只是兼职。同时，Rudolf 认为不是自己的员工 Amy 要转发给 Mr. H 的，而是采购发邮件给她，让她转给 Mr. H 的，看采购的邮件主旨就知道，Amy 只是照做罢了。因此，有问题的应该是采购，她要找采购而不是找他下面的人。Z 听到后当即郁闷了，只得耐着性子告诉 Rudolf 说："首先，虽然直接给到 Mr. H 确实欠妥，我个人也不认为这件事情有多么严重，不过采购告知文件须转 Mr. H 签核，并不是等于告诉她请直接寄邮件给 Mr. H 本人，以何种方式转呈送签，是工作技巧的问题；而且现在的问题是，C 女士认为 Amy 直接转文件给 Mr. H 的做法不对，要求我们说明情况，在收到合理的解释前她不会帮忙处理贵部的费用签单。不知道您的意见是怎么处理呢？"Rudolf 沉默了一会儿说："那你的意思是让我回她邮件？"Z 说："我打电话给您，是想先请教您的意见以及了解一下情况，万一 C 女士后面再问的时候好处理，至于发邮件的事情，您发可以，我发也没问题，都没关系，能解决问题就好了。"经过讨论，Rudolf 决定自己回邮件给 C 女士，方便说明签单的事情。过了几分钟，Z 看到了 Rudolf 寄给 C 女士抄送给自己的邮件。邮件内容只是关于该费用为何要 Mr. H 核准的说明，另外再顺便请教以后类似送到 Mr. H 那边签核的单子，是不是都先寄给 C 女士帮忙。

看到这份邮件，Z 想都不用想就知道 C 女士的反应，于是决定自己再补发一份邮件给 C 女士。由于 C 女士投诉的主要问题是如何送文件的事情，以及由此引发的助理人员缺乏训练的问题，外加 Z 自己以及周围的很多同事在处理业务的过程中，常常发现公司的助理确实存在各种各样的不胜任问题，有一些连最基本的流程和常识都不清楚，大家工作起来非常辛苦，于是脑海中开始有了一些想法。在回邮件之前，Z 决定先征询下人力资源处的意见，但没有联络到处长 F 先生或训练主管。为了避免拖太久，Z 决定先回邮件给 C 女士，将眼前的事情解决并将邮件抄送给了 July、财务处长 Ms. M、人力资源处长 F 先生、训练主管 Fion、副总 Mr. T、总经理 Mr. R，Rudolf 以及 Amy 本人。邮件内容如下：

就您反馈的文件送签的问题，我们通过 Rudolf 了解到：

(1)该部门属于 Support 部门，员工日常作业中送签文件并不似工厂和 Site 部门那么频繁，外加 Amy 所属部门没有专职的助理负责文件签核，所以不排除部分经验不足的同事可能对于文件送签中的一些细节未加留意。

(2)另外大量的基层员工确实对于高阶主管不熟悉，Amy 并不知晓 Mr. H 是如此高阶的主管，所以才会在看到采购部门的邮件后按照要求贸然直接寄给 Mr. H。

针对这种情况，我们已经提醒同事后续要留意，另外也会商请 HR 部门或相关职能单位：

(1)组织针对各部门助理的训练，包括文件送签、核决权限等相关训练项目或内容——具体待咨询 HR 相关主管后再安排。

(2) 对于没有专职助理的部门,建议安排专人负责文件签核的跟进并学习了解相关制度。

由于工厂普遍存在人员流失过于频繁或者人力不足的问题,不能排除会不时有新人或资历较浅的员工来负责一些本应由有一定经验和熟悉公司环境的同事才适合做的工作,却难以完全避免在工作中偶尔的失误,但是我们会持续努力来开展对于助理的培训,以期避免类似问题的发生。

邮件发出后,Z 同时又寄给训练主管一份邮件并抄送给 F 先生及自己的主管,征询有关是否给助理开展"基本礼仪、公司简介、组织架构及公司领导层介绍、核决权限、助理小贴士"之类的训练课程的意见。前述邮件发出后很快收到训练主管关于助理训练规划的意见和安排,也收到了 C 女士的感谢邮件,同时,在家陪护的秘书也通过手机回复,返回上班后会协调内部的资深秘书准备训练资料并担任训练课程讲师。

做完这些事情,Z 认为这个事情已经处理妥当了。

风波再起

当晚一夜无事,次日早晨,Z 一上班,打开电脑,发现 Outlook 邮箱一片红色,定睛一看,都是财务处长、人力资源处长以及 Rudolf 之间的往来邮件。原来,人力资源处长 F 先生认为这个问题不是助理训练能够解决的,也跟对助理的训练没有关系,而是签核程序的问题,故而发了很长的邮件阐述自己的观点,并将邮件发给了财务处、设计部、采购。从邮件内容可以看出,F 先生对事情的原委并不是很清楚且对其他部门的业务流程存在误读,于是他的邮件又带来了更多的有关事实和问题澄清的往返邮件。看得 Z 头大,于是她敲开了自己的虚线汇报主管财务处长 Ms. M 的办公室,问有没有什么需要自己再处理的。Ms. M 苦笑道,"算了,别理了,我已经回了,累坏了。"并且 Ms. M 透露说,C 女士昨天也给她电话了,"别说对 Amy 这些新人了,就是对我们也这样,老板秘书嘛……"

与 F 先生的面谈

时间一转眼,到了下一周。如前文所述,Z 在看到 F 先生的又一封邮件后,决定拜访 F 先生面谈,并请教相关疑问。

由于 F 先生在邮件中说这种文件送签的问题不是助理训练就可以解决的。通过跟采购协调,后续此类费用请款文件的送签由采购负责,而不是由使用单位自行送签,阐述完毕,最后 F 先生以"The case is ended to all. And thank you for your attention to the case"结束了邮件。

既然 HR 训练课已经安排了人选,那么着手处理对助理的训练是要做还是不要做呢?邮件中并没有看到答案。怀着这个疑问,Z 来到了 F 先生的办公室,请教这个问题。F 先生表示费用请款文件签核的窗口已经确定由采购来做,助理训练不用做了,HR 也没办法定哪些主管不能直接寄邮件给他,必须找他的秘书。如果这些高管们的秘书变了,那是不是还要通知助理?而且现在训练部门手里有其他的案子,HR 不会把时间花在这个小问题的解决上。F 先生就这个问题说了很久,此时此刻的 Z 开始后悔,为什么要来找他确认助理训练的事情,并且在心里暗暗郁闷:一个问题是,为什么 F 先生只能看到这一个送签文件的特殊案例本身,而看不到由此折射出来的或者我们的工作中事实上已经存在的助理工作的问题，即便现在没有精力处理训练的事情，也不能无视这个问题本身；另外一个问题是，为什么明明通过电话或者当面沟通很快就可以澄清的问题要通过这么多的邮件来处理，还是说这里面存在误会？

最后，Z待F先生说完后解释道：因为看了您的邮件，不知训练部门那边已在着手处理的训练规划还会不会继续进行，所以才特地来请教您，也好等秘书回来后交接工作给她。另外，在回邮件出来之前其实有联络过两位HR主管想征求意见，当时没有联络到，所以才先回了邮件说明情况和想法，并在邮件中注明"具体待咨询HR相关主管再安排"，如果您认为训练现阶段没办法安排，我会转告秘书，请她到时先将会同秘书们整理出来的一些经验和知识分享给大家作为工作参考。

尾　声

一个多星期过去了，请假归来的秘书通过电子邮件通知了各厂各部门助理文件送签的注意事项，并分享了秘书们整理出来的工作经验及技巧PPT给助理群体。

思考题

1. 你认为Z在沟通方面存在哪些需要改进的地方？
2. 本案例中沟通过程表现了书面沟通与口头沟通的各自优劣势是什么？
3. 结合沟通过程的八要素模型，你认为在整个过程中存在哪些沟通噪音？
4. 作为团队的秘书或助理，平时的沟通中应注意哪些问题？

第十六章　跨文化沟通

H&M公司是一家比较成功的跨国企业，近年来其全球业绩取得了快速增长。2007年相比2006年，其销售额增长了15%，营业利润增加了21%，是一家规模不小，但成长仍旧很迅速的公司。2007年4月，H&M公司在上海淮海路开了第一家分店，短短几年之内，已经在上海黄金地段开立了3家分店。该公司进入中国市场是有备而来，首先是其拥有在中国长达20多年的供应合作历史，使得该公司在中国的推广有了很好的供应链服务。其次，H&M公司重视宣传和广告，在策划上也高人一筹；淮海店开业之时，除了提前一个月用巨幅海报来吸引客户，在当天特邀天后巨星凯莉·米洛来献歌以外，还采用限制人流举措，使得店铺门前排起了长龙，充分发挥了广告效应。最后，H&M公司定位准确，瞄准了城市里的白领阶层，既有品牌需求，也有价格敏感度的消费群体。H&M公司宣称其淮海店的单日最高营业额已经达到了200万元。H&M公司在中国的发展趋势非常好，并且已经取得了不错的业绩。2008年4月，公司总部有一个投资团队访问中国，为进一步增大投资作研究调查。在H&M公司取得成功的背后，肯定是诸多因素共同左右的结果。除了上面提到的供应链、广告策划和市场定位外，H&M作为一个跨国企业，则必须解决好跨文化沟通的问题。①

第一节　跨文化沟通概述

不同文化背景的人，由于价值观念、行为、心态、习惯等的不同，在交往中往往会产生讹谬、误解，产生信任和理解的障碍，这就需要掌握沟通的技巧和方法。与来自其他文化背景中的人进行有效的沟通，对于一个国际企业的管理者来说是十分重要的。对于其他从事国际贸易、国际谈判，以及涉外的工作人员来说，也同样是十分重要的。

1998年5月7日，戴姆勒·奔驰和克莱斯勒公司宣布合并。合并的时候，两家公司对资本、技术、管理、营销和运营方法考虑得相当成熟。但是却对文化间不同没有认真思考和准备，以至于后来文化问题的冲突占据了两家公司融合的主导地位并最后导致了合并的失败。因此，跨国企业必须注意跨文化沟通问题，避免不同文化之间的冲突。

一、从管理角度看

一项研究“管理者每天都在干什么”的报告指出，管理者每天大约75%的时间都花在

---

① 王翔. H&M公司在华经营中的跨文化沟通研究. 复旦大学硕士学位论文，2008.

沟通上。这些沟通的方式包括写报告、与人谈话、听取报告等等。事实上，全部的管理活动都可以归结为人与人之间的相互沟通与信息转换。这种沟通与转换的有效性几乎全部依赖人与人之间、管理者与管理者之间的相互理解。

有着国际企业管理经验的人或是有着涉外事务经历的人都有一个共同的感觉，在国外的环境中生活和工作会遇到很多困难和问题，跨文化的沟通是十分困难的。人们在习惯、行为和价值观念等方面的不同和差异，是产生这些困难和问题的根本原因。这些问题只能通过跨文化的沟通方法加以解决。来自不同文化背景的人们往往要花费更多的时间和精力才能彼此相互理解和沟通。

文化和沟通是不可分割的，因为文化不仅仅决定了一个人说什么、向谁说、怎样说，而且还决定了人们在何种情况下发出或不发出信息，以及如何解释这些信息。事实上，我们全部沟通行为的先后次序在很大程度上依靠于我们所处的文化环境。文化是沟通的基础，当文化变化以后，沟通的方式也随之而变。

二、从全球发展趋势看

从20世纪60年代后期到70年代前期，是全世界在空间距离上全面拉近的时期。人们难以再互相回避或坚持闭关自守的孤立主义政策。不断增强的流动性，现代化的交通电讯技术的发展，以及对全球范围的共同问题的意识，似乎在迅速打破不同文化间的时空关系。整个世界的经济正在日益趋向于一体化和区域集团化。各国经济正在从多个领域多种渠道突破国界的限制，加速相互间的渗透、融合、利用和影响，实现地缘、人缘、物缘的结合、流通和转移。闭关锁国正在全球最大限度地减少，一国资源可以多国联合开采，一种产品可以多国分工完成，一项工程可以多国集结竞投，一宗贸易可以透过多国协作进行衔接。在全球范围内，正在形成一股共同占有资本、开发资源、使用劳力、分工生产、协作营销的大趋势。

这种趋势最明显的特征是20世纪90年代区域性集团的不断崛起。20世纪的最后几年，欧共体的政治经济联系显得更加紧密，共同体内部已经形成统一的市场，以欧共体国家为核心，加上北欧7国和南欧、东欧诸国，将形成新欧洲经济区。阿拉伯共同体市场和中美洲共同体市场正在形成，表现为相对独立的经济区域。在亚太地区，美国、加拿大、墨西哥拟组建世界上最大规模的自由贸易区。东南亚各国、日本、亚洲“四小龙”也正趋于形成东南亚的经济合作圈。

上述事实表明，随着科学技术与经济的飞速发展，人与人之间、不同文化群体之间的距离越来越近，需要人类共同解决的问题也越来越多，持有不同世界观、价值观、语言、行为的人们需要越来越多的相互理解和交往。因此，跨文化的沟通是一个不可避免的过程。“人们越来越清楚地看到，误会(缺乏相互理解)的情况比我们预想的要深刻、复杂得多。我们常常在经受了痛苦之后才认识到，有些文化群体具有与我们不同的生活方式、价值观念和宇宙观。”①因此，涉及与不同文化背景进行合作的组织必须对跨文化沟通问题引起足够的重视。

---

① http://www.docin.com/p-70472263.html.

三、从管理者个人角度看

美国学者萨姆瓦认为,成为一个善于跨文化交往的人,对个人本身也有一定的好处,包括心理上的愉悦直至经济上的效益等诸方面。在跨文化沟通的研究中,个人能够从四个方面受益。

(1)谁都知道对新事物的发现,总是伴随着很大的乐趣和满足。同样,对其他人文化上特点的发现,也有其乐趣和满足。

(2)跨文化沟通的知识能够帮助我们预见并解决在交往中将会出现的问题。说到底,只要真正理解跨文化交往中的不同成分,许多麻烦问题都是可以避免的。

(3)跨文化沟通的领域提供了广泛的就业机会。跨文化观念和跨文化理解能力,对许多职位上的工作人员来说,不但是有益的,而且是必不可少的。

(4)跨文化沟通的研究将极大地改善人们的自我认识和理解。在试图弄清其他文化的过程中,我们会更好地理解我们自己和我们自己的文化。更为重要的方面,诸如我们的许多成见和偏见,都能通过跨文化的沟通而得到理智审度。

一名在秘鲁子公司担任生产经理的美国人坚信美国式的民主管理方法能够提高秘鲁工人的生产积极性。他从公司总部请来专家对子公司各车间的负责人进行培训,教他们如何征求工人的意见,并从中找出合理的部分加以采纳。这种民主管理的方法推行不久,秘鲁工人纷纷要求辞去工作,另谋出路。这位经理问工人为什么这样做,工人回答说:我们的上司缺乏能力,他不知道该做些什么,总是问我们要做些什么。上司无能,公司就没有希望,我们要在公司破产前离职,以便及时找到新的工作。这就是陷入文化误区所导致的管理失败。在拉美文化中,人们敬重权威。工人们把上司看作是自己的主人。他们服从上司,并要求上司对他们的生活和福利负责。那位生产经理应维持领导的尊严,不然的话,就会被下级和工人误认为是软弱和缺乏能力。从另一个角度看,这也是缺乏跨文化沟通的知识和技巧所致。①

第二节 跨文化沟通影响因素

一、感 知

感知与文化有很密切的关系。一方面,人们对外部刺激的反应,对外部环境的倾向性、接受的优先次序,是由文化决定的;另一方面,当感知形成后(指感知过程的结果——知觉),它又会对文化的发展以及跨文化的沟通产生影响。

在跨文化沟通过程中,研究感知或知觉对沟通的影响具有十分重要的意义。人们在沟通过程中存在的种种障碍和差异,主要是由感知方式的差异所造成的。要进行有效的沟通,我们必须了解来自异文化环境中人们感知世界的不同方式。

---

① 晏雄.提升跨文化管理能力.经济问题探索,2004(10).

二、成 见

当我们突然进入一种有着很少我们所熟悉的符号和行为的情境的时候，我们就会经历一种令人烦躁不安的情境——文化冲击。我们会因此而感到焦虑不安，甚至茫然不知所措。在这种情况下，成见常常就油然而生了。成见不是不可避免的，但它常比悬而未决或模棱两可的状态容易接受得多。由于我们大多数人都很怠惰，不愿意发展了解不同境遇中其他人的必要的能力，我们就心安理得地根据错误的信息来减少悬念状态带来的不安和痛苦。然而，问题是：成见作为我们头脑中的图像，常常是僵化的，难以改变的，以其作为防卫的机制则是不妥当的，而且常常是极为不利的。我们必须认识到，凡此种种成见，对于成功地进行跨文化的沟通是全然无益的。

三、种族中心主义

种族中心主义是人们作为某一特定文化中的成员所表现出来的优越感。它是一种以自身的文化价值和标准去解释和判断其他文化环境中的群体——他们的环境，他们沟通的一种趋向。

所有的人都经历了促使民族中心主义心态发展的社会过程。人们通过受教育知道了“如何行事”的准则，通过观察知道了周围人的行为方式，对某一特定的制度和体系也越来越熟悉。从一种文化的角度看，假定另一种文化能选择“最好的方式”去行事似乎是不合理的。因而，我们与文化差异很大的人们之间的沟通，在早期是抱着否定态度的。

四、缺乏共感

缺乏共感的主要原因是人们经常是站在自己的立场而不是他人的立场上理解、认识和评价事物的。缺乏共感也是由许多原因造成的：首先，在正常情况下，设身处地地站在他人立场上想象他人的境地是十分困难的，尤其是文化的因素加入之后，这个过程就更加复杂了。其次，显示优越感的沟通态度，也阻碍了共感的产生。如果一个人总是强调自己管理方法的科学性，固执己见，那么我们就很难与之产生共感。第三，缺乏先前对于某个群体、阶级或个人的了解也会阻碍共感的发展。如果从来没有在国外的企业工作过或从事过管理，也就没有机会了解他人的文化，我们就很容易误解他人的行为。这种知识的缺乏，可能致使我们从某些不完全跟行为背后的真正动机相联系的行为中得出结论。最后，我们头脑中所具有的跟人种和文化相关的成见也是达到共感的潜在的抑制因素。①

第三节 跨文化沟通的冲突表现

跨文化沟通的障碍无处不在，国家间文化差异、组织间文化差异、个体文化差异都对管理沟通带来影响。无论是国家、地区的文化差异，还是组织、个体之间的文化差异，归结起来不外乎价值观的差异、信仰差异、习俗差异、思维方式差异，以及由此而带来的语言和

---

① http://article.chinautn.com/20080519/2253.html.

表达风格的差异、生活和行为上的差异、非语言方法的差异等等。由于这些差异导致的文化冲突,演变成跨文化沟通障碍。

从文化表现形式考察,跨文化障碍主要有观念冲突、制度冲突、行为方式冲突三种形式。

一、观念冲突

观念冲突是对问题本质认知的不同而导致的信仰和价值观的不同,成员意识、外在和内在动机取向、道德观的冲突。这些冲突根本上影响甚至决定了人们的行为和人际之间的正式或非正式关系。如有的国家或地区主张个人主义至上,有的国家主张集体主义至上等。这种价值取向受所在国家和地区的主流文化意识和习俗的影响,而主流文化意识又是在相当长的历史背景下形成的,要转变几乎是不可能的。为此,要真正消除跨文化沟通的障碍,在不了解对方的主流文化背景和习俗情况下,是不可能的。从事国际经营活动的人,想到国外去推销产品,管理跨国公司,了解对方的文化非常重要。

通过大量田野调查的对人种学的研究,揭示了一个与文化的多样性同样普遍存在的现象和心理倾向——文化中心主义(ethnocentrism)。文化中心主义的含义是,特定文化的成员倾向于相信自己的文化优于别的文化。在文化中心主义的作用下,人们习惯性地甚至下意识地用自己文化的价值观去判断别的文化及其成员的行为方式。这是极为常见的现象。在行动中,往往会出现把自己文化的价值观强加到另一文化成员身上,或自以为某一行为天经地义而实际上在异文化环境下可能大逆不道,或者以自己文化的解释方式去解释不同文化的符号和行为,从而歪曲原意的情形。所有跨文化沟通的研究者都认为,文化中心主义是不合理的,它妨碍沟通,轻则引发文化的误会,重则激起文化冲突。因而无论在认识不同文化的时候,还是在进行跨文化交流时,都应该坚决克服文化中心主义。①

> 假如地球是方的,
> 孩子们就有角落藏身。
> 但地球却是圆的,
> 我们不得不面对世界。
> ——梅莱娜·若罗(法国)

跨文化沟通能力就是能够与来自不同文化背景的人们进行有效交流的能力。具备这种能力的人在不同文化背景中工作就像在自己的国家工作一样,能够超越本民族的文化。跨文化沟通能力包括了解自己和理解对方的能力、激励他人的能力、说服能力、号召力和团队精神。在国际商务交流中,仅仅懂得外语是不够的,还要了解不同文化之间的差异,接受与自己不同的价值观和行为规范。成功的国际化人才应该做到在任何文化环境中都能应对自如。缺乏跨文化沟通能力的具体表现有:

1. 过于保守

由于消极地看待文化差异,惧怕文化冲突的影响,管理者往往排斥新思想、新创意,按

① 张跃宏.只因为地球是圆的——读《跨文化沟通读本》札记.美国研究,1991(4).

照呆板的规章制度控制企业的运作。在这样的跨国公司中，无论是在管理理念上，还是在管理风格和方法上，来自不同文化背景的管理者之间常常存在不可逾越的鸿沟，外方管理者与当地员工之间关系紧张、缺乏和谐。因而，员工对工作没有热情且缺乏积极性，直接影响到企业各项计划和措施的实施以及组织目标的实现。

2.信息闭塞

由于上述不和谐的存在，组织成员之间的距离会越来越大，致使组织中的正式沟通中断，上情无法下达，下情无法上传，更不用说共同分享知识和信息了。结果管理者无法获得必要、有益的信息，无法了解事件真相，导致决策错误。

3.非理性反应

管理者如果消极地看待文化冲突的影响，就会做出非理性的反应，如感情用事、固执己见、拒绝采纳合理化建议等。这些都会引起员工的抵触情绪，甚至非理性行为，结果导致误会和矛盾加深，对立与冲突更加激烈。

4.怨恨心理

一旦发生冲突，如果问题不能及时有效地得到解决，那么，冲突导致的负面影响会给冲突双方今后的交往带来阴影，导致组织中人际关系的长期不和谐。更有甚者，如果有些组织成员对某件事、某个人耿耿于怀，那么他们对于群体乃至组织都会具有一定的威胁性或破坏性。①

二、制度冲突

制度冲突从狭义上可以理解为规范人们行为的标准、规则上的冲突。由于“游戏规则”不一样，最后表现在不同文化背景下个体的工作风格、工作效率、工作方式也不一样。比如：西方企业习惯于在法律比较完善的条件下开展经营管理，会用法律条文作为行动的依据；而中国企业，尤其是国有企业，习惯于按上级行政管理机构的指令行事，上级的条文、指令、文件便是企业的决策依据和办事章程。西方社会是法治社会，一切都用外在的非人际关系的硬体力量去约束，因此在企业管理上就表现为规范管理、制度管理和条例管理，追求管理的有序化和有效化；中国社会重伦理，偏重于人的作用和价值实现，却忽略了制度效应和条例管理，以“情”治理使员工对制度的执行比较松懈，以致规章制度往往难以发挥有效的作用。

三、行为冲突

行为冲突是指不同文化背景下的个体在待人处事的方式方法上的冲突。它往往是由观念的不同、制度的不同而导致的。

电影《刮痧》就是反映由于文化、观念上的不同而表现为行为上的冲突。《刮痧》讲述的是一个中国爷爷到美国去探亲，他发现孙儿有些不适，就对孙儿采用了中国传统治疗方法“刮痧”。当母亲带孩子到医院就诊时，医生发现孩子身上有一道道的血痕，于是引发了

① http://wenku.baidu.comviewf497594b2e3f5727a5e962ad.html.

一场“虐待儿童罪”的官司。

《刮痧》说明了一个看似简单、却很有用的问题:文化是一套行为规则,是人们处理人与人、人与自然的关系的策略;文化也是人们认识世界的依据,我们按照文化来解释现象。因此,人们的行为受文化指导和影响。下面介绍一些国家和地区的文化特点。

1. 美国

一般而言,美国人在日常生活中不讲俗套,见到陌生人习惯于打招呼,但那不一定是想与之做朋友。碰到认识的朋友时,你要热情主动地问候对方。别人问候你时,也要大方地回应对方,表示关心和礼貌。说话时要语气诚恳、态度大方,当别人问候你时,回答要尽量简洁。在参加社交活动时应该注意:通常向地位较高者介绍地位较低者,向女士介绍男士,向年长者介绍年轻者。介绍后握手须简短有力,以表诚挚之意。应该指出,如果对方是女士,要等对方先伸手,以免失礼。赴约要准时,但是需要注意,如果是一种社交场合,不是公事,早到是不礼貌的。因为女主人要做准备,你去早了,她还没有准备好,会使她难为情。最好晚到 10 分钟。如果你是去饭店赴宴,也以晚到几分钟为宜。如果你比主人先到,则会令人难堪。如果遇到特殊情况无法按时赴约,一定要打个电话告知和解释,千万不要让人傻等。美国人比较好客,时常会对朋友说“随时来找我”,有些邀约是相当诚恳的,但是你可不要真的“随时”上门拜访,登门拜访前一定要事先电话预约。如果接到印有“R. S. V. P.”缩写的邀约函,无论去与不去你都应该打个电话告诉对方。如果请柬上印有“Regrets only”,这是告诉你:只有在你不能应邀出席时才需回复。如果应邀参加家庭聚会,别忘了带上一瓶酒或一束鲜花,或一些具有中国风情的小礼物。当然,你在应邀出席聚会前,可以直接询问主人需要捎上什么礼物。应该指出,无论你有多忙,都应该在宴会结束后不久给主人寄上一张致谢卡或一封感谢信,如果当晚留宿在主人家,应该将致谢卡或感谢信寄给女主人。

餐桌礼节:在用中餐或西餐时,礼仪差异很大。比如,在用西餐时,餐巾是用来拭嘴的,不可以用来擦手或擦餐具。如果调料(盐、胡椒)瓶离你比较远,可以请隔座代劳递送,但不可伸手跨过邻位去取。刀叉放置的方式很有讲究,如果你还想继续用餐,刀叉应暂时斜放在盘的边缘,这表示你尚在用餐之中;如果你将刀叉完全放在盘中,也许服务生会帮你将餐具收拾干净,因为那表示你已用餐完毕。

在重要场合应该注重着装礼仪,通常请柬上会有着装要求的提示。如果不清楚着装的要求,可以侧面问一下其他参加者。请柬上有些字如“casual”表示休闲,但是并不意味着你就可以穿着十分休闲,如果写有“semiformal”表示半正式场合,但是建议你最好还是打领带。另外,如果你是着西装,记住西装外套通常只扣上扣,或者都不扣,切忌全扣。如果着西装背心,背心最下面的一粒纽扣通常是不扣的。如果你着深色西装应配黑色皮鞋和深色袜子,千万不要穿黑鞋配白袜。女士出席正式场合以着裙装及高跟鞋为宜。此外,美国人比较注重个人的隐私权,在工作时间内或在公司里,不会和同事谈自己的个人事情,也不喜欢别人打听自己的私事。

2. 英国

英国人善于体谅对方、理解别人,做事总是力求尽善尽美,不希望留下坏印象,因此绅士风度随处可见。英国人初次见面时，以握手为礼，不像东欧人那样常常拥抱。随便拍打客人被视为非礼。英国人注重穿着，只要出家门，就要西装革履。因为他们常常以貌取人，所以特别要注意外表仪容。英国人待人十分客气，讲话时“谢谢”、“请”常常不离口，因此，跟英国人讲话也要客气礼貌，不论职位高低，都要以礼相待。请人办事要客气委婉，不要使用命令的口吻，否则，你会遭到冷遇。

英国人尊重女性的社会风气十分浓厚，如走路相遇、乘电梯、乘公共汽车，男士都要谦让，让女士优先。在宴会上，首先应该给女宾或女主人斟酒。在街上同行，男士应走外侧，以保护妇女免受伤害。如果丈夫偕妻子参加社交活动，应先将妻子介绍给贵宾。在英国的商务礼仪中，衣着讲究，好讲派头，出席宴会或晚会时，习惯穿黑色礼服，衣着要笔挺。英国人时间观念比较强，如果要拜会某人，首先要预约。赴约时应该准时，最好提前几分钟到达。英国是个多民族国家，各民族都习惯于遵循自己的传统，所以不要只是用“English”来表示“英国的”。如遇到两位英国人，他们分别来自苏格兰和威尔士，如果你称他们是“英国人”，那么，他会告诉你，他是苏格兰人或威尔士人。在英国不习惯邀对方在早餐时谈生意。通常，他们的午餐比较简单，对晚餐比较重视，视为正餐。一般重大宴请活动多在晚上进行。应该记住，在正式宴会上，通常严禁吸烟。进餐时吸烟被视为不礼貌。到英国人家里做客，最好带点价值较低的礼品，如鲜花、巧克力、葡萄酒，或者具有我国民族特色的工艺品，他们会感到很高兴。他们不大欣赏带有客人公司标记的纪念品。赠送礼品切忌太贵重，以免有行贿之嫌。服饰、香皂之类的物品也不宜作为礼物送人，这样似乎太涉及个人的私生活。送花不要送菊花，因为在英国甚至在欧洲其他国家，菊花只用于万圣节或葬礼；也不宜送百合花，因为在英国，白色的百合花象征死亡。其他的花都可送人，如果怕出现尴尬的情况，在买花时可以先咨询一下花店服务员。在接受礼品时，英国人习惯于当着客人的面打开礼品，无论礼品价值如何，或是否有用，都会给予热情的赞扬并表示谢意。在公务活动中通常忌谈个人私事、家事、婚丧、年龄、职业、收入、宗教等问题。英国人认为“13”是个不吉祥的数字，在交往中应尽量避免“13”。特别是在用餐时，忌讳13人同桌。如果13又恰逢星期五，则被认为双重的不吉利。

在英国，车辆是靠左行驶，上街走路时要格外注意交通安全。在英国的习俗中有许多节日，例如6月的第一个周末是银行春假(圣灵降临)节；8月最后一个周末是银行暑假节。因此，商务活动宜安排在2—6月或9月中旬至11月。圣诞节(12月25日)和复活节(从3月21日后第一个满月算起后面的第一个星期日)是节日气氛最浓的时候，在这两个节日的前后两周最好不要安排公务访问。

3. 德国

德国人在社交场合上举止庄重，讲究风度。你很少会见到他们表现出漫不经心的样子，因为在他们的意识中，这些漫不经心的动作被认为是对客人的不尊重，是缺乏教养的表现。德国人注重礼节。在社交场合与客人见面时，一般行握手礼。与熟人朋友和亲人相见时，会拥抱亲吻。与客人交往时，习惯于对方称呼他们的头衔，但他们注重实事求是，不喜欢听恭维话。

德国人态度严谨，注重细节，对工作严肃认真，一丝不苟。在工作场合不可以开玩笑，对上司的命令必须服从。德国人的时间观念也很强，一旦约定时间，迟到或过早抵达都被视为缺乏礼貌。德国人具有很强烈的民族优越感,做事认真务实。在商务谈判中你有时可能会觉得对方很固执,然而,只要是双方认同的条款,他们会不折不扣地去执行。德国人有严格遵守交通规则的习惯,不随便停车,更不会闯红灯。在列车上,甚至在车站上,大多有禁烟或可抽烟的标志,喜欢吸烟的朋友在德国要特别注意。

4. 法国

与英国人以及德国人相比,法国人在待人接物方面有自己的特点,即特别爱好社交。对于法国人来说,社交是生活的一个重要组成部分,没有社交活动的生活就像没有色彩的世界一样单调。

法国人诙谐幽默,天性浪漫,在人际交往中大都表现得爽朗热情,喜欢高谈阔论,善于开玩笑,不喜欢不苟言笑的人,看到愁眉苦脸的人会觉得胃疼。法国人善于冒险、追求浪漫的形象已是举世公认。渴求自由,纪律性较差是法国人的另一个特点。"自由、平等、博爱"是写进法国宪法的国家箴言。他们追求自由的意识十分强烈,喜欢自由地独来独往。跟法国人约会需要事先约定,并且准时赴约。如果他们来迟了,不要感到特别的惊讶。

法国人比较傲慢,自尊心很强。法国人拥有极强的民族自豪感,在法国人眼里,世界上的一切都是法国最棒。走在街上你想找一个会说英语的法国人似乎有点难,当你与法国人交谈时,如果能讲几句法语,对方一定会热情有加。

法国的时装、艺术以及美食是世人有口皆碑的,法国非常讲究服饰礼仪,在正式场合,法国人通常要穿西装、套裙或连衣裙,颜色多为蓝色、灰色或黑色,质地则多为纯毛。在餐饮礼仪方面,值得一提的是,法国人一般用餐时不将两肘支在桌子上,不将刀叉直接放在餐桌上,而是只放一半,另一半则放在碟子上。如果想给法国人送花,注意不要随意送上菊花、牡丹花、玫瑰花、杜鹃花、水仙花和纸花等。跟英国人一样,法国人也忌讳"13"这个数字和星期五。法国人对礼物比较挑剔,他们对具有艺术品位和纪念意义的物品情有独钟,对于那些带有明显的广告标志以及刀、剑、剪、餐具之类的物品却不屑一顾。男士不宜向关系一般的女士赠送香水。接受礼物时,礼貌的做法是当着送礼者的面打开包装。

5. 意大利

一般而言,意大利人的时间观念不是很强,无论是赴约还是开会,可能经常会迟到,不要在意。倘若你被邀请到意大利人家里做客,不必早到,稍晚一点为宜。如果想给意大利人送花的话,不要送黄雏菊,因为那表示哀悼。与意大利人握手时,避免交叉握手,因为那被视为不吉利。握手的时间不宜过长,摆动的幅度不宜过大。意大利喜欢当着送礼人的面打开礼物以示喜欢和谢意,如果在打开礼物的 同时再加一句:"这正是我想要的!"那对方会非常高兴。给意大利人送礼时,千万不要送手帕,因为那被视为不吉利。但是,丝巾会很受欢迎。意大利人也把 13 日和星期五视为不吉利的日子,因此,应避免在那天邀请意大利人赴宴。此外,意大利人不喜欢把雨伞撑开后放在房间或客厅。①

东南亚和南亚部分地区发生地震和海啸之后,中国发起了迄今规模最大的海外救援行动,赢得了国际社会的好评。然而,因中国的食品包装标注日期没有

① http://wenku.baidu.comviewf497594b2e3f5727a5e962ad.html.

采用国际上通行的做法，在一些国家引起了不必要的误解，结果被一些不怀好意的人用来作为诋毁中国的借口。中国的食品包装习惯标注生产日期和保质期，即何时生产、可以存放多长时间。而国际上通行的标注方法却是有效期至何年何月何日。在印度尼西亚等国，中国援助的一些食品因为标注日期太近，引起少数灾区百姓的疑虑：在这么短的时间内，食品怎么能运到灾区呢？殊不知，为了把最新鲜的食品及时送到灾区，中国政府本着特事特办的原则安排生产，一些食品是当天生产，当天发送，通过包机迅速运往灾区的，途中所需时间当然很短。另外，还有一些国家的组织和个人，误把食品标注的生产日期当作有效期，草率地认定中国援助的是过期食品。

为消除误解，澄清事实，中国驻印度尼西亚等国使馆做了很多工作，但一些别有用心的人和新闻机构仍在炒作这一问题，挑拨有关国家与中国的关系，损害中国的形象。接触过外国食品的人都知道，世界上多数国家的食品只注明"有效期至某年某月某日"。对消费者来说，拿起食品就知道有没有过期，能不能食用。但很多中国食品标注的是生产日期和有效期限，只能使人知道某个食品是何时生产的，能保存多久，至于到什么时候还有效，还需推算一番。有的食品，比如1月21日生产，保质期3天，消费者马上知道过了24日就不能吃了；但如果保质期是15天，就需要掐着指头算一算；要是保质期是180天，那可就麻烦了，因为1个月有30天的，也有31天的，2月还有28、29天的。也许，最初制定这个规定的人想让消费者心里明白，这个商品是何时生产的，吃了心里踏实。可对一般消费者来说，某个食品是何时生产的、能保存多久并不重要，重要的是到什么时候就不能吃了。在许多国家，人们习惯于使用计算器，计算能力很差，面对中国的标注法，他们靠心算或掐指头是算不出来的。在全球化不断发展的今天，各行各业都喜欢说与国际接轨。许多行业标准已经接轨了，效果确实很好。但也有的打着与国际接轨的旗号，误导老百姓，比如重量不用大的整数，而用450克、220毫升之类让普通人无法与一般的计量单位相比较的数量。还有的食品从不出口，却千篇一律标注蹩脚的英文，让人哭笑不得。但是，像食品行业等与百姓生活息息相关的行业，无论是从与国际惯例相一致的角度，还是从方便顾客的角度，其有效期的标注都应当与国际接轨。因为即使不为了出口，生活在国内的那些外国人也很希望能有一种更容易让他们接受的标注法。①

第四节 跨文化沟通模型

由于科学技术的进步和各种需要（生存、发展、好奇心、娱乐、审美等）的炽盛而带来的日益频繁和强烈的跨文化交往，是跨文化沟通研究的对象。跨文化沟通研究的目的是帮助人们掌握跨文化沟通的原理和技能，从而顺利地实现跨文化交往（包括平息跨文化冲突），促进人类的沟通和交流，推动世界的进步。而所谓"跨文化"研究的基础是文化研究

① 环球时报，2005-01-24(15).

本身,是对特定的文化和亚文化的特质甚至世界上所有文化的特质的研究。假如视"文化"为生活方式的话,那我们举手投足都可能是跨文化的行为。不独美国人到中国来旅游是跨文化的体验,岭南人到华北平原工作也是跨文化的体验;不独基督教徒与佛教徒有文化观念的鸿沟,崇信男子统治地位的人与推重男女平等观念的人也有文化沟通的困难;不独纽约人与印第安人有文化差异,就是北京都市里住四合院的人与住新居民区 20 层高楼里的人之间也有文化心理的区别。①

所谓跨文化沟通,是在这样一种情况下发生的:即信息的发出者是一种文化的成员,而接收者是另一种文化的成员。在沟通过程中,信息的发出者和接收者,编码和解码都受到文化的影响和制约。来自不同文化的沟通双方的行为方式、价值观、语言、生活背景都存在着很大的差异,这些给沟通造成了很大的困难。以语言的沟通为例,人们在说话时的主次关系、说话内容和先后顺序等都是由文化决定的。日本人比较含蓄,不轻易对事物和问题表示自己的看法,特别是表示自己的反对意见,这同欧美文化中的人是不同的。事实上,文化在很大程度上影响和决定了人们如何将信息编码,如何赋予信息以意义,以及是否可以发出、接受、解释各种信息的条件。我们全部的沟通行为,几乎都取决于我们所处的文化环境,文化是沟通的基础,有不同的文化,就有不同的沟通实践。

萨姆瓦等人曾提出了一个较权威的跨文化沟通的模型,如图 16-1 所示。

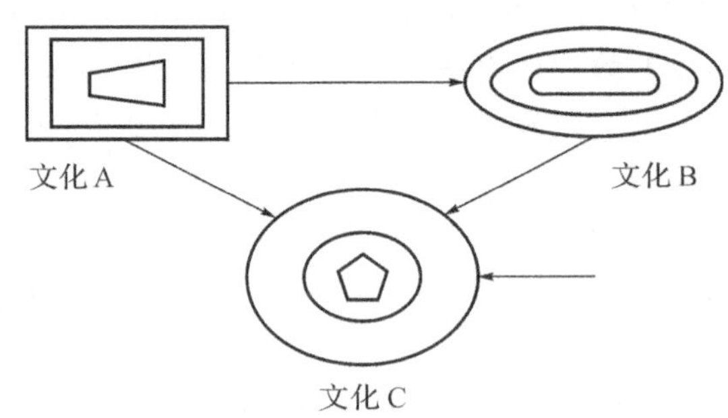

图 16-1 萨姆瓦跨文化沟通模型

按照萨姆瓦等人的解释,可以得出以下结论:

(1)在图 16-1 中,三种文化由三种不同的几何图形来表示。文化 A 和文化 B 是比较相近的文化,而文化 C 与文化 A 和 B 有较大的差异。这种较大的差异由文化 C 的圆形及其与文化 A 和 B 的较大距离来表示。

(2)在每一种文化图形的内部,各有一个与文化图形相似的另一个图形,它表示受到该文化影响的个人。代表个人图形与影响他的文化的图形稍有不同,这说明:①在文化之外,还有一些其他的因素影响个体的形成;②尽管文化对每一个人来说都是有主导性影响的力量,但对个人的影响程度不同。

(3)跨文化的编码和解码由连接几个图形的箭头来说明。箭头表示文化之间的信息传递。当一个信息离开它被编码的那个文化时,这个信息内含着编码者所要表达的意图。这在图表中由箭头内的颜色与代表编码者个人的颜色的一致性来表示。当一个信息到达

① 张跃宏.只因为地球是圆的——读《跨文化沟通读本》札记.美国研究,1991(4).

它将被解码的文化时，发生了一个变化的过程，解码文化的影响变成信息含义的一部分。在跨文化沟通的解码过程中，原始信息的内含意义就被修改了。由于文化的差异，编码者和解码者所拥有的沟通行为及其意义在概念和内容上也是有差异的。

(4)文化对跨文化沟通环节的影响程度是由文化间差异的程度决定的，在图表中用箭头里面的颜色变化程度来表示。文化 A 与文化 B 之间发生的变化远比 A 与 C、B 与 C 之间的变化要小。这是因为文化 A 与文化 B 之间有着较多的相似性，所以，两者之间在沟通行为及其意义在概念和内容上更相似，解码的结果与原始信息编码时的内含意义就更接近于一致。然而，在文化 C 方面，由于它与文化 A、B 之间有相当大的差异，解码结果也就与原始信息有较大的差异。①

(5)从图 16-1 中可以看出，在跨文化沟通中，文化间的差异是广泛多变的。这在很大程度上是由于环境和沟通方式造成的。跨文化沟通可以在许多不同情境下发生，可以在文化差异极大的人之间，也可以在同一主流文化中的不同亚文化群体成员之间发生；可以有跨人种的沟通，也可以有跨民族和国际的沟通。

第五节 跨文化沟通的手段

与同种文化之间的人际信息交流一样，跨文化信息交流也是通过言语符号和非言语符号进行的。由于不同文化之间的差异，跨文化人际交流中所使用的言语符号和非言语符号有着自身的一些特性和规律。

一、文化和语言

语言和文化是密不可分的，两者都是后天习得的，并用以传达价值观念、信仰、感知和规范。文化与语言协同发挥作用的观念，有助于我们理解经验和世界观相互依存的事实。

每个民族都有自己独特的语言：有独特的发音、拼写规则、符号、语法规则等等，这更使得跨文化信息交流发生了巨大的障碍。语言符号、发音和规则的不同使得人们无法通过语言进行交流，对方之间的意思根本不能理解。

为了使不同语言的人们能够相互交流，必须有某种新的媒介，使得两种语言在含义上能够相互对等，这就是翻译过程。然而，在跨文化的沟通中，将一种语言翻译成另一种语言，远不像多数人所想象的那么简单。“多数人认为一种语言的原文可以准确地译成另一种语言，只要译者用上一本好的双解词典就行了。”可惜的是，语言并非如此简单，如果不是不可能翻译，至少直接翻译在许多情况下是难以进行的。因为单词不止一种含义，许多词语受文化限制无法直接对译，文化观念可使直接翻译产生出荒谬的结果来。因此，通过翻译进行沟通也有特殊的困难。

语言翻译不仅是困难的，也可能是不恰当的，并可能产生出极端的后果。翻译过程中的第二个问题，是有些词语无法翻译。词义来自社会经验，当某种经验在本文化中缺乏对应物的时候，我们在自己的词汇中就找不到恰当的词来表达这些经验。文化取向也会在

① 左慧玲.跨文化人力资源管理研究.厦门大学硕士学位论文，2001.

语言中得到反映,因此,不同文化取向的人进行语言翻译会产生误解,并可能形成难以理解的译文。

二、文化与非语言沟通

文化与非言语沟通之间的关系对于跨文化的管理者来说是十分重要的。首先,通过对某种文化中非言语表达的基本类型的了解,我们能够得出与构成该种文化观点的基础有关的线索。因为非语言沟通高度地展示了文化的许多基本特征。其次,非语言行为模式也能给我们提供关于某种文化价值系统的信息。最后,对于文化的非语言行为的研究,有助于我们克服种族中心主义。

非语言沟通的方式包括两个方面,即身体行为与时间、空间的信息。

1. 身体行为

(1)外貌和衣着。在跨文化人际交流中,我们个人对其他人的反应受到衣着和外貌的影响。我们往往根据对方的外貌和衣着所提供的线索,对其智能、社会地位和职业做出推论。

人们的肤色、外貌会影响我们的交流行为,以至于我们跟具有不同穿着打扮的人进行沟通时显出不同的态度。修长而苗条的女子体型在有的文化中是美的象征,而在有的文化中却标志着病态和虚弱。在墨西哥,制服是一种流行的衣服式样,而在以色列,作为对纳粹的一种心理反应,制服是遭到反感的。因此,在跨文化的沟通中,我们必须注意两点:一是文化对外貌和衣着的影响通常是极其微妙的,以致我们很容易忽视它的重要性。二是不同文化影响它的成员形成不同的着装标准,而这些标准是随着文化而转移的。①

(2)姿态动作。姿态动作也是一种沟通的方式。姿态可以表达对别人的态度,也可以表明某种情感状态,还可以作为对口头语言的补充或是对别人言语的反馈。

每种文化都展示出动作和姿势的某些特有情况。姿势动作的幅度和速度是由文化来奠定的体态运动的一个方面。例如,人们的步伐常常是和文化相关联的。据对世界十大城市人们的步伐速度的研究,日本东京人走路的节奏最快。而北京人的走路速度名列第八。作为沟通方式的手和臂膀动作的运用,在两种文化之间也起着变化。例如,在美国,用拇指和食指捏成一个圈向别人伸出时,象征着“OK”这个词;在日本,则意味着钱;在阿拉伯人当中这种动作常常伴随着咬紧牙关一起来表示深恶痛绝。

伴随着语言,或是代替语言的姿态动作因文化经验的不同而改变。如同样是摸摸耳朵,在葡萄牙表示最好的人,在土耳其表示又避免了坏运气,在苏格兰是一种怀疑的态度,在马耳他表示告密者。

虽然一种文化的价值系统对外部的非语言表达产生着影响,缺乏体态运动也显示出关于某种文化及其特征的某些内涵。英国人和日本人的教养要求人们不要外露感情。因此,这些文化的成员在文化情境中表现出来的姿势甚少。

(3)面部表情。面部表情在人际交流中有着十分重要的意义,一般人都能相当准确地解释他人面部表情的含义。问题在于面部表情方面是否存在文化差异?有没有人类通用

---

① http://www.docin.com/p-236648999.html.

的面部表情语言？有人认为，有着许多通用的面部表情。比如全世界的人在高兴时都会浮起笑容，愤怒时会皱起眉头。也有人认为，每个人都会产生出解剖学上相似的表情来，但是人们给出的含意却因文化的不同而有差异。东方人比较含蓄，感情不轻易外露，而西方人则显得直爽、外露。

(4)目光接触和注视。眼睛一直被认为是一种沟通的主要源泉。“会说话的眼睛”、“眉目传情”，都表达了这个意思。目光接触和注视在所有的文化中都加以运用，但也存在着一定的差异。有些文化认为在交谈时盯着对方的眼睛是无礼的，但对英国人而言，直接注视与他交往的人的眼睛是一种有教养的表现。

(5)身体接触。正像语言和姿势是传递我们内在思想感情的信息一样，身体的接触也在传递信息。文化环境教给人们如何运用和解释触觉行为。接触的运用是因文化不同而各异的。东方人、英国人、德国人在公共场合很少运用身体接触，犹太人和西班牙人却表现出大量的接触，接触的部位也因文化差异而不同。各种文化中都存在着一些禁忌，决定了身体的哪些部分可以触及，哪些部位不能触及。如泰国人认为头部是神圣的，随便抚摸孩子的头顶会使人反感。在穆斯林文化中，用左手去触摸人是一种侮辱和禁忌。

2.时间、空间的信息

除了身体语言外，沟通者外部的特征也可以表达信息。

(1)空间和距离。人们在交往时间隔距离的差异也是沟通的一部分。空间的关系因文化的不同而不同。许多欧洲人对于公共空间有着与美国人完全不同的概念。欧洲人可以跟陌生人比肩而立，而美国人把这看作对个人“领土权”的侵犯。在大多数西方国家，丈夫与妻子并肩而行，并以此作为其关系的标志，而苏丹的阿拉伯人不允许这样做。

空间和距离的因素在各种情境的交往中都是十分重要的。例如，美国人在集群交往中倾向于跟那些对面的人，而不是跟身边的人进行交谈。给领导人选择安排座位是很重要的。在大多数情况下，坐在桌子首席的人是被选为领导的人。在中国文化中，座位的安排具有不同的含意。

(2)时间。人们看待时间和处理时间的方式，也有助于表达我们的文化特征。一般来说，工业化国家具有更加严格的时间观念，因为严格的时间对于工业化、标准化的文化来说是必要的条件。而对于发展中国家来说，时间并不那么严格，这可能是基于农业文化的传统。如亚洲、拉丁美洲、中东等地，时间并不是什么稀缺的和神圣的。例如，在伊朗，迟30分钟赴宴并非不寻常的事。美洲印第安人对时间更缺乏概念，如苏语印第安人认为他们的行为和作用只是对现在而言的，而没有过去和未来，他们的语言中甚至没有时间、延迟和等待这样的词汇。时间反映了个体文化的深层结构，并有助于我们了解心态、价值观念和行为之间的关系。①

① http://www.docin.com/p-70472263.html.

第六节 跨文化沟通的应对方法

一、正视文化差异,承认其存在,保持积极的沟通心态

这是进行有效跨文化沟通的一种基本要求。只有端正态度,尽量使不同文化相融合,才能促进沟通双方的沟通与协作,减少由于文化冲突所带来的组织关系的失谐。[①] 因此,在沟通之前双方应该先了解对方文化与自己所在文化存在的各方面的差异,做好相关的准备。在沟通过程中,针对不同的情况做出相应的处理。

同时要注意做到既要保持自己的文化特色,又不侵犯对方的文化。承认文化差异性的存在,要对沟通对方的文化给予充分的理解和尊重,不要以自己标准和行为习惯去衡量对方,更不能忽视别人的价值观而强把自己的价值观念加在别人头上。要记住任何霸权主义的行为都不会得到别人的欢迎这一真理。

二、培养跨文化的理解能力

进行跨文化培训。文化是隐含的,大多数人并没有确切地意识到他们的民族文化是如何塑造他们的,因此对任何民族文化差异的了解通常都是不容易的。企业进行跨国经营,进入别的国家或地区时,要减少跨文化带来的矛盾和冲突,除了采用和当地人进行交流的方式外,还要尽量去了解当地人的思维方式和行事习惯。了解他们的文化背景、风土人情,企业可以事先聘请专家对组织内部人员进行当地文化背景的讲授,通过培训使他们避免只站在自己文化的立场对别人的言行进行理解和评价。要学会换位思考,从对方异国文化的角度上思考问题,这样才能减少偏见和歧视。[②]

三、实施本土化和多元化策略

在合资公司和企业中要消除跨文化沟通的障碍,最好实施本土化策略,加强与当地社会文化的融合,减少当地社会对外来资本的危机情绪。同时实施多元化文化相容策略,刻意模糊文化中最容易导致冲突的部分,保存其比较平淡和微不足道的部分,从而减少"文化摩擦"。

四、建立共同的价值观

在一个员工文化背景众多的企业内,有必要建立一种新的、共同的价值观,前提是要对各种文化以充分的尊重和理解,并在此基础上找到各种文化的结合点,能充分发挥各自的优势,从而慢慢建立起统一的价值观。

---

① 张竞.跨国经营企业如何实施有效的跨文化沟通.人才资源开发,2006(7).

② 张邦辉,彭洪洋.浅析跨文化沟通中的障碍及改善途径.现代企业教育,2007(8).

案例分析

麦道公司的跨文化沟通[①]

经外经贸部批准，上海飞机制造厂（简称“上飞厂”）于1985年3月与坐落于美国加利福尼亚长滩的麦道公司签订了协议书。协议规定：双方合作，在上海装配生产具有20世纪80年代水平的MD-82飞机。同时，美方向中方提供先进的管理技术，帮助中方把工厂全面改进成现代化的航空企业。但是，这种合作并不是一蹴而就的，从作者撰写本文时所做的采访及案例调研看，中美双方在文化方面的冲突和摩擦随处可见。

1. 麦道的圣经：方针与程序

中方工程技术人员1979年初在麦道公司考察，取得了一些训练教材、人员的素质要求等资料。当时，据美方个别人员介绍，还有“方针与程序”这样一套文件。当中方人员索要时，美方回答：“那是公司的圣经，目前还不能给。”

这套“圣经”实际上是公司管理的指令性文件系统，包括两大部分：一是方针，二是管理程序。这两者都是公司有效经营所不可缺少的支柱。其中，方针部分不多，大头在于管理程序。它分为三个层次：公司一级的简称“CP”，是全公司贯彻方针必须遵守的工作程序；下面一层是“SP”，是一个贯彻公司方针或公司程序所必须遵守的工作程序，也可称为“标准工作法”；再下一层工作程序是“OI”，是办公桌、钳台等现场一级的工作程序。从工作类别来说，它分为三个类别，第一类是总的管理程序，第二类是项目或课题管理程序，第三类是合同方面的程序。每个层次类别的编号相同，因此，一看便可知道该程序的类别。多年来，麦道公司就是靠这套方针与程序管理生产。麦道公司的管理方法的最大特点，是各项工作的规范化、标准化、程序化和系统化。有些工作标准、程序，实际上就是麦道公司管理的法规。而麦道公司的主管部门——美国联邦航空局（FAA）对程序的执行也是严格督促、检查，在联邦航空局的8120·2A指令第二章23节中规定：一个生产许可证持有者，有责任保持质量控制系统与颁发生产许可证时批准的资料和程序相符。

从文明形态来说，美国属于工商业文明，其特点是人口不断流动，无法建立稳固持久的社会关系。因此，人们只能用不以人际关系为转移的契约，作为保障生存的有效手段。正因为如此，美国人的法律意识是根深蒂固的。在美国，治国靠的是基本国策、法律，自然，治厂也就是要靠规章制度。于是，麦道公司也就有了他们的程序。而中国的管理，无论是机关、学校，还是工厂、商店，在一定程度上实行的都是人治，而这往往干扰了组织行为的有序进行，弊端很大。在一次与职工代表的对话会上，上飞厂厂长谈到了对全厂中层干部普查评议的结果，大多数干部都是信得过的，但也的确有一些干部好坏不分、奖惩不明、好人主义。一位麦道负责培训和审计的专家谈到自己在上飞厂工作三年的感受时，就呼吁“要建立公平与道德”。再者，因为不是按照程序管理，所以上飞厂以前通行的是发“红头文件”、开会、搞突击。过去，上飞厂就是采用这种方法研制出了“运十”飞机，而这耗

① 杜慕群. 管理沟通. 北京：清华大学出版社，2009.

去了一年的时间，当然，以拼的方式搞一架是可以的，但是搞多架就很难说了。

在中美合作生产 MD-82 飞机项目的合同签订以后，上飞厂开始引进麦道程序。为了保证质量控制系统的建立，麦道公司专门为中国项目编制了质量保证手册第 5 卷和质量工作程序，其中就有中国项目标准工作法(PSP)。麦道公司的方针与程序共有 500 多项，根据中国的国情，中国项目的标准法暂定为 89 项，以后逐渐扩大。因为编定了程序，厂部的红头文件逐渐减少了，2/3 已被程序替代。

2. 两种文化心态

"美国是在马背上建立起来的国家，充满进取精神；而中国则洋溢着温情脉脉的家庭气息。"麦道公司中国计划管理主任的感悟是耐人寻味的。

美国是一个新移民随处可见的国家，移民们的社会等级变化无常。在这里，从来没有东方的专制君王，也没有世袭贵族，所以生活在这块土地上的人就特别自由自在，不受任何权威与传统观念的支配。这种社会历史背景，培养了美国人强烈的创造意识和竞争意识。美国人有句名言，就是："允许失败，但不允许不创新。"

麦道管理的指导思想就是创新。至今为止，麦道公司每四年就要进行一次"创造性的破坏"，再继续探寻新的方法，开辟新的途径。麦道公司对敢于创新的人，总是进行嘉勉。上飞厂一车间有位工人改进了一个工艺装置，美方副总裁得知后，就亲自送给他一个礼品。美方经理说："美国如有人提出对一事进行改变，别人就会鼓励。而在中国，旁人就会问，为什么要改变呢？"从上海麦道总工程师那里，又了解到一个很有趣的现象，那就是麦道公司编定的程序，每一部分都有号码，而号码所代表的那部分文件是活页的，随时可以修订、调换。而大多数中国企业则往往喜欢装订成册，而且一用就是好几年，尽管有些部分需要改动或淘汰，仍然不能触动。中国人只知道沿用而不知道创新。

美国人的文化心态是属于积极进取的，这除了创新意识之外，很突出的就是竞争意识。在美国，没有平均主义和大锅饭，什么都要靠个人能力。对于平均主义，美方经理提到过这样一个现象。四个人在一起，老板给其中一个人一支钢笔，在中国，其他三个就会感到尴尬，而在美国，其余三人会觉得很自然。对于中国分配奖金的方法，美国人感到很奇怪，因为奖金人人有份。目前，上飞厂已实施了根据不同工作岗位的劳动强度、技术要求发放奖金的方法。在美国，如雇员劳动态度不端正或不能胜任自己的工作，就会被炒鱿鱼。而在中国，这批人却可以无忧无虑地吃大锅饭。现在，上飞厂也采取了一定的措施，他们努力打破大锅饭，富余人员，除换岗培训外，就发展第三产业或实行"厂内待业"、"待退休"的制度，这是一个良好的开端。

3. 两种思维方式

从思维方式来说，中国人一般重视直觉、内省，重先验理性与伦理精神。这种理性与实践相脱离的思维方式，导致了中国人重整体、轻个体，喜欢做定性研究，不善于做定量分析。而西方人则比较注重实证经验、逻辑推理，善于做定量化的分析。这两种思维方式的差异，在麦道公司和上飞厂的管理方式中也有体现。

美国人对任何事情都有条分缕析的习惯，这在企业管理中则表现为很强的分工意识。比如说美国麦道公司的分公司美国道格拉斯飞机制造公司制造部的机构设置，就体现了分工明确、精简高效的特点。制造部下属4个部门，制造工程部负责工艺技术准备工作，设施部负责生产设施保障，制造支援部负责零件、工装、工具、材料、资料的配套供应，生产部负责组织现场生产任务的完成。这样，制造部副总裁只要从工程部拿到图纸资料，从器材部拿到器材，就可以依靠下属四个部组织任务的完成。如果与工程部、质保部、器材部有了矛盾，到执行副总裁那里就可以解决。

上飞厂原有组织机构内权力线（指挥环节）不明。照美国的管理方式，谁负责哪项工作，都有十分明确的概念。在多数情况下，负责的主管人员均能获得必要的授权。而上飞厂管理部门的相互关系十分复杂，要区分责任和权力是很困难的。

美国人这种讲究精确的精神，在工作过程中也表现得很突出。比如说，麦道公司对文件的归档、工艺流程的处理、计划的安排都十分精确，说得俗一些，就是大猫钻大洞、小猫钻小洞。比如说，麦道公司将6200小时作为一架飞机的标准工时，主管人员是通过完成多少标准工时来了解工程进展状况的。而上飞厂以前则没有这种习惯，只是有个大概估计，如一架运十飞机就是用现场指挥的方式制造，整整耗去了一年的时间，麦道公司在生产管理中，对车间的温度、湿度都有精确的要求，而我们则习惯“毛估估”，大约差不多就可以了。

4.美国的民族哲学：实用主义

实用主义是美国的民族哲学。美国民族热衷于实际效用，而不关心崇高的理想，这都可以从实用主义中找到合理解释。

这种精神也体现在麦道管理中。上飞厂厂长和MD-82项目办公室主任认为，麦道公司现在十分注重研究明治维新时代的历史，通过了解日本现代化的整个进程来从中吸取有益的经验。他们发现日本企业管理的一个巨大特点就是团体精神。这种团体精神表现为，传统的家族意识转化为现代“公司”的集团意识；传统的效忠精神转化为对公司的忠诚；集团竞争法则转化为公司的通力合作和强烈的对外竞争意识。而这些对日本在国际间的竞争起了重要的作用。

麦道公司深受启发，因此，也积极培植公司的企业文化，增强公司的凝聚力。目前，麦道公司在每个季度都发布一册题为《精神》的小册子，其中第一页就是总裁的讲话，中心内容就是宣讲企业的基本信念、基本道德。公司还每周出一期厂报，用以表扬好人好事。本来，在美国企业中企业与职工的关系是严格的雇佣关系，企业可以任意解雇工人。

目前麦道还有这种制度，但已经基本上不解雇工人，与日本的终身雇佣有些接近，而平时对工人也总是给予应得的荣誉和待遇。如定期给职工颁发荣誉证书、送工人出国深造、组织工人旅游等。麦道公司现在也有“自然工作小组”，这种小组由10名左右成员组成，其中有工长、工会成员、普通工人等。“自然工作小组”定期举行活动，将工作中的心得、困难、要求、设想告诉管理人员。

从组织形态上来看，自然工作小组属于“非正式组织”。所谓非正式组织就是企业成员在共同工作的过程中，由于抱有共同的思想感情而形成的非正式团体。这些团体有自然形成的规范或惯例。有时候，正式组织不能解决的事，通过非正式组织往往能得到解决。事实上，这种“自然工作小组”就是借鉴日本的质量管理小组（QC小组）而设立的。

当然，中国也有很好的经验被美国人采用了。美方专家说：“任何到中国来参与项目的人都可以学到许多经验，就像做事情可以有多种方法一样，有时候，我们觉得他们的方法同我们的一样好。”目前，麦道公司学习中国的管理，也有了厂长接待日，也有了“党委书记”——他们称之为“协调员”。厂长接待日可以做到上情下达、下情上传，协调员能够协调处理错综复杂的人际关系。

5. 美国人最头痛的问题：内耗

如果说日本式的企业管理是因为强调团体精神、强化企业内部员工的团结奋斗、集团竞争精神，因而很少有内耗的话，那么美国式的企业管理则是因为企业内部职责明确、制度严密，再加上美国人有很强的宪法意识，所以也很少有“扯皮”与“窝里斗”现象。

这在中国则不同了。中国传统的以家庭为中心的小农经济生产使社会长期处于分散状态。合作精神只体现在家庭和以血缘、亲缘、地缘为主体的组织中，而不是体现在集体和社会的组织中。由此，就产生了狭隘的地方意识和帮派体系。

对此，MD-82 中国项目主任举例道：某种物品需要化验，化验是在中心实验室进行，那么，样品怎样到达中心实验室呢？是由中心实验室去拿，还是由车间去送？这时候，扯皮现象就发生了。中国企业管理中的扯皮，对于来自大洋彼岸的美国人，感触特别深刻。

美方经理也谈到，我们管理不行，内耗严重，车间各方面的配套协调跟不上。他们特别指出，碰到需要相互协作的情况，中国的习惯是大家退缩，因为中国的习俗是，干好了，谁也不说好；干坏了，则群起而攻之。对于干的人来说，有百害而无一益。这自然就产生了扯皮现象。他们认为，推诿扯皮直接影响了工程程序的执行，影响产品质量，应当尽快消除。

6. 共同语言

尽管上海的麦道飞机制造厂中有着这样那样的摩擦和冲突，不过无论如何，从 1985 年 3 月 18 日上海市航空工业公司与美国麦克唐纳·道格拉斯公司经过长期谈判，达成合作协议，到 1987 年 7 月 2 日处女飞行成功，从 1989 年举行的传统的表示飞机已转交主人的剪领带仪式，到今天继续在生产上取得的辉煌成就，上海飞机厂的成绩是可喜可贺的。

麦道公司负责中国分公司业务的副总裁说：“上海，现在已成了长滩的缩影。我们的一套做法，如工艺流程、造型、工程制度、规程、标准、质量保证、资料、电脑化运输和接收系统及仓储管理都已在这里实施。工人们正在学习如何依照联邦航空局的检验要求，生产出国际上认可的客机。全世界只有少数几个国家能够做到这一点。”

无疑，东西方将继续相会，文化的冲突与摩擦将继续发生。但通过飞机，上海与长滩能找到更多的“共同语言”，飞机能够巧妙地弥合差距——无论它属于文化上还是地理上。

思考题

1. 你认为麦道公司在上海出现了怎样的沟通问题呢？

2. 中美员工在沟通过程中出现跨文化沟通上的困难时，可以采取哪些措施改进或解决跨文化沟通的问题呢？

3. 你认为项目主管将如何培训美国和中国的员工，以弥补双方的文化冲突？

参考文献

[1] Judith N. Martin, Thomas K. Nakayama, and Lisa A. Flores. Readings in Intercultural Communication: Experiences and Contexts (2nd Edition). McGraw-Hill Education, 2009

[2] Eva Alcon Soler. Intercultural Language Use and Language Learning. Chemical Industry Press, 2007

[3] Donald Freeman. Icon: International Communication Through English: Student B. McGraw-Hill Education, 2005

[4] K. O. Locker. Business and Administrative Communication (5th Edition). China Machine Press, McGraw-Hill, 2005

[5] Michael E. Hattersley and Linda M. McJannet. Management Communication: Principles and Practice (2nd Edition). China Machine Press, 2004

[6] William B. Gudykunst and Young Yun Kim. Communicating with Strangers: An Approach to Intercultural Communication. McGraw-Hill Education, 2003

[7] Desmond W. Evans. People, Communication and Organizations(2nd Edition). Pitman Publishing, 1990

[8] Linda Beamer. Intercultural Communication in the Global Workplace(2nd Edition). McGraw-Hill, 2001

[9] Stewart L. Tubbs and Sylvia Moss. Human Communication(6th Edition). McGraw-Hill, 1991

[10]Nigel J. Holden. Cross-cultural Management. Prentice Hall, 2002

[11]魏江,严进.管理沟通:成功管理的基石(第2版).北京:机械工业出版社,2010

[12]郁文蕾.跨文化商务沟通.广州:华东理工大学出版社,2009

[13]刘晓萍.跨文化商务交际.天津:南开大学出版社,2008

[14]王春阳,鲍平平.跨文化商务沟通.大连:大连理工大学出版社,2007

[15][美]戴凡.文化碰撞:中国北美人际交往误解剖析.上海:上海外语教育出版社,2003

[16][英]亚伦·皮斯,芭芭拉·皮斯.身体语言密码.王甜甜,黄佼编译.北京:中国城市出版社,2007

[17][美]赫布·科恩.谈判天下(如何通过谈判获得你想要的一切).深圳:海天出版社,2006

[18][美]罗杰.道森.优势谈判.刘祥亚编译.重庆:重庆出版社,2008

[19]郑赢川.有效的选才与面谈技巧.厦门:厦门大学出版社,2007

[20]夏志芳. 地域文化·课程开发. 合肥:安徽教育出版社,2008
[21]钱瑛. 身体语言的 N 种密码. 北京:中国纺织出版社,2009
[22]申明. 管理沟通(修订版). 北京:企业管理出版社,2002
[23]邓明明. 破译身体语言密码. 北京:新世纪图书出版社,2009
[24][美]曼纽尔·卡斯特. 网络社会:跨文化的视角二. 北京:社会科学文献出版社,2009
[25]D. 赫尔雷格等. 组织行为学(第 9 版). 上海:华东师范大学出版社,2001
[26]斯蒂芬·P. 罗宾斯. 管理学(第 9 版). 北京:中国人民大学出版社,2008
[27][美]蒙特. 管理沟通指南——有效商务写作与交谈(第四版). 北京:清华大学出版社,2003
[28]康青. 管理沟通. 北京:中国人民大学出版社,2006
[29]钱众,张卓. 商务沟通. 北京:立信会计出版社,2006
[30]吴思. 潜规则:中国历史中的真实游戏(修订版). 上海:复旦大学出版社,2009
[31]吴思. 血酬定律:中国历史上的生存游戏(最新修订版). 北京:语文出版社,2009
[32]胡百精. 中国危机管理报告 2008—2009. 北京:中国人民大学出版社,2009
[33]陈晓萍. 跨文化管理(全球化领袖书架). 上海:清华大学出版社,2005
[34]张岩松. 危机管理案例精选精析. 北京:中国社会科学出版社,2008
[35]基蒂·O. 洛克. 商务管理与沟通. 北京:机械工业出版社,2005
[36]郑启明. 赢道:世界 500 强企业危机管理中化险为夷之道. 北京:中国经济出版社,2009
[37]黄光国. 儒家关系主义:文化反思与典范重建. 北京:北京大学出版社,2006
[38]尹祥智. 拓展你的圈子. 北京:北京工业大学出版社,2006
[39]云中天. 圈子成功术. 南昌:百花洲文艺出版社,2007
[40]杨国枢,黄光国,杨中芳. 华人本土心理学(上下册). 重庆:重庆大学出版社,2008
[41]张健鹏,陈亚明. 圈子(文渊阁历史丛书). 北京:当代世界出版社,2009
[42]易中天. 闲话中国人(品读中国书系). 上海:上海文艺出版社,2006
[43]翟学伟. 人情面子与权力的再生产(社会学论丛). 北京:北京大学出版社,2008
[44]汪凤炎,郑红. 中国文化心理学. 广州:暨南大学出版社,2006
[45]杜慕群. 管理沟通. 北京:清华大学出版社,2009 年
[46]张涛. 面子(中国社会舞台上的面子艺术). 北京:地震出版社,2006
[47]若木. 面子. 北京:中国言实出版社,2007
[48]张廷伟. 国学中的管理智慧. 北京:中国言实出版社,2008
[49][美]赛佛林坦卡德. 传播理论:起源方法与应用(第 5 版). 北京:北京广播学院出版社,2006
[50]葛剑雄. 葛剑雄谈地域文化(2DVD). 北京:中国国际电视总公司,2006
[51]余凯成,程文文,陈维政. 人力资源管理. 大连:大连理工大学出版社,1999
[52]欧阳友权. 网络传播与社会文化. 北京:高等教育出版社,2005
[53]蒋原伦,陈华芳. 我聊故我在(IM 人际传播的革命). 桂林:广西师范大学出版社,2006
[54][美]罗纳德·B. 阿德勒,珍妮·玛库特·埃尔霍斯特. 商务传播:沟通的艺术. 施宗靖编译. 上海:复旦大学出版社,2006

[55]彭兰.网络传播学.北京:中国人民大学出版社,2009
[56]翟学伟.中国社会心理学评论(第2辑).北京:社会科学文献出版社,2006
[57]陈冠任.中国各地商人性格新解读——大成商道.北京:中国戏剧出版社,2006
[58]许芳.组织行为学原理与实务.北京:清华大学出版社,2007
[59]杨宇.中国社会心理学评论(第4辑).北京:社会科学文献出版社,2008
[60]曾仕强.人际关系与沟通.北京:清华大学出版社,2004
[61]康青等.管理沟通教程.上海:立信会计出版社,2000
[62]田志龙,高海涛.沟通创造价值.北京:清华大学出版社,2007
[63]刘必荣.办公室里的沟通谈判术.北京:北京大学出版社,2008
[64]刘永芳.管理心理学.北京:清华大学出版社,2008
[65]陈国海.组织行为学.北京:清华大学出版社,2006
[66]胡河宁.组织沟通.合肥:中国科技大学出版社,2006
[67]王怀明,王君南,张欣平.管理沟通.济南:山东人民出版社,2007
[68]崔佳颖.组织的管理沟通.北京:中国发展出版社,2007
[69]肖晓春.人性化管理沟通.北京:中国经济出版社,2008
[70]程艳霞.管理沟通(修订本).武汉:武汉理工大学出版社,2005
[71]陈国海,李艳华,吴清兰.管理心理学.北京:清华大学出版社,2008
[72]张文昌,成龙.管理沟通:行为与心理教程.济南:山东人民出版社,2008
[73]王建民.管理沟通理论与实务.北京:中国人民大学出版社,2005
[74]倪砒,徐爱华.促进我的团队沟通.上海:上海交通大学出版社,2005
[75]张莉.管理沟通.北京:高等教育出版社,2007
[76]赵慧军.管理沟通——理论技能实务(第2版).北京:首都经贸大学出版社,2006
[77]俞文钊.管理心理学.大连:东北财经大学出版社,2000
[78]张德.组织行为学.北京:高等教育出版社,2002
[79]黄大钊.敢说会说巧说:当众讲话三部曲.北京:中国书籍出版社,2005
[80]应天常.口才训练术.上海:上海文艺出版社,2004
[81]孙海燕,刘伯奎.口才训练十五讲.北京:北京大学出版社,2004
[82]刘伯奎.口才与演讲系统化训练.北京:北京交通大学出版社,2008
[83]苏东水.东方管理学.上海:复旦大学出版社,2005
[84]王克忠.国学精粹.北京:中国纺织出版社,2007
[85]乔雨.悟国学论管理.北京:中国文史出版社,2008
[86]查尔斯·贝克.管理沟通——理论与实践的交融.北京:中国人民大学出版社,2003
[87]苏东水,彭贺.中国管理学.上海:复旦大学出版社,2007
[88]张利,林天.国学解码:商道.北京:机械工业出版社,2007
[89]严文华.跨文化沟通心理学.上海:上海社会科学院出版社,2006
[90]黎红雷.中国管理智慧教程.北京:人民出版社,2006
[91]李成谊.实用沟通与演讲教程.武汉:华中科技大学出版社,2005
[92]杜慕群.管理沟通案例.北京:清华大学出版社,2013

后　　记

本书是国内高等学校管理沟通系列教材中的一部。作为人文素养类教材，本书的写作注重理论系统性和实际应用性，努力做到知识准确，表述简明，内容贴近实际管理过程。本书的写作，侧重对管理沟通实践做出充分的说明和评述，尽量避免艰深的学术分析和抽象的理论探讨。为了方便教学和学生掌握教材内容，本书的每章都附有教学案例和思考题。

本书得以付梓，离不开宁波大学相关领导的关怀指导。在编写过程中，得到了宁波大学重点建设教材的资助，同时该书也是宁波大学研究生重点课程建设的一部分。宁波大学教务处处长李学兰教授、研究生院院长汪浩瀚教授、法学院院长张炳生教授，还有很多的同事都对教材提出了一些宝贵意见，并给予了许多支持与帮助，在此表示衷心的感谢。而在与他们的接触沟通中，也使我对管理沟通重要性的认识得到了进一步提高，对管理沟通技巧有了更进一步的理解。

同时，感谢宁波大学相关领导将我在宁波大学讲授的通识课《管理沟通》，推荐到教育部，荣幸地和国内各大知名高校教师的精品课程一起，被推选为国内高校师资网络培训课程。这为国内同行对本书提出建议提供了一个良好的契机，也让本书得到进一步的完善。

我还要感谢宁波大学公共管理系本科生、研究生给我的帮助，许多内容得益于他们给我的启发，本书中的部分案例也由他们提供。感谢参与本书编写的每一位成员，是他们与我之间紧密的团队合作，为顺利编撰完成本书打下了良好的基础。

在本书编辑过程中，我还吸收与借鉴了国内外同行的最新教学研究成果。参考和引用了其他国内有关教材、专著、案例和各种文献资料，限于篇幅，未能一一注明，在此谨向各位前辈和同行表示衷心感谢。

感谢浙江大学出版社朱玲编辑在本书还是初步提纲的时候，第一时间给予了及时的鼓励支持，并在整个编撰过程中，提出了宝贵的修订意见，从而让本书能够按时出版。

学海无涯！管理沟通貌似简单，似乎人人能教、人人能学、人人能做。但要真正教好、学好、做好，必须付出毕生的不懈努力，需要我们在现实生活和管理过程中不断地去体悟、思考和总结。

由于水平有限，本书在编写过程中还存在许多疏落、不足之处，敬请理论研究者、实际工作者和广大读者批评指正。

2014 年夏季于宁波